Die Zulässigkeit von Zwangsmaßnahmen im Verfahren des Widerrufs einer Strafaussetzung zur Bewährung

Europäische Hochschulschriften

European University Studies

Publications Universitaires Européennes

Reihe II **Rechtswissenschaft**

Series II Law

Série II Droit

Band/ Volume **5997**

Wilfried Gunia

Die Zulässigkeit von Zwangsmaßnahmen im Verfahren des Widerrufs einer Strafaussetzung zur Bewährung

PETER LANG

Bibliografische Information der Deutschen Nationalbibliothek
Die Deutsche Nationalbibliothek verzeichnet diese Publikation in der Deutschen Nationalbibliografie; detaillierte bibliografische Daten sind im Internet über http://dnb.d-nb.de abrufbar.

Zugl.: Münster (Westfalen), Univ., Diss., 2017

D 6
ISSN 0531-7312
ISBN 978-3-631-74677-6 (Print)
E-ISBN 978-3-631-74967-8 (E-PDF)
E-ISBN 978-3-631-74968-5 (EPUB)
E-ISBN 978-3-631-74969-2 (MOBI)
DOI 10.3726/b13538

Peter Lang – Berlin · Bern · Bruxelles · New York · Oxford · Warszawa · Wien

Diese Publikation wurde begutachtet.

www.peterlang.com

Inhaltsverzeichnis

Kapitel 1
Einleitung

1.1 Problemstellung

Zu denjenigen Formen staatlicher Reaktion auf strafbares Verhalten, die auch im Bewusstsein der Öffentlichkeit präsent sind, gehört die Verurteilung zu einer Freiheitsstrafe unter Aussetzung der Strafvollstreckung zur Bewährung, § 56 StGB. Dieses strafrechtliche Instrument verfolgt die Zielsetzung, dem Verurteilten die Rechtswidrigkeit seiner Tat vor Augen zu führen und ihn zu veranlassen, sich künftig straffrei zu verhalten. Gleichzeitig soll er eine realistische Chance erhalten, in einem Leben in Freiheit zu beweisen, dass er nun gewillt ist, sich künftig straffrei zu verhalten. Er soll die Chance haben, sich zu bewähren. Damit ihm dabei keine Steine in den Weg gelegt werden, sollen nach Möglichkeit diejenigen, meist schwerwiegenden sozialen Konsequenzen vermieden werden, welche die Vollstreckung der Freiheitsstrafe mit sich bringt: Verlust des Arbeitsplatzes, Probleme im familiären Bereich, Verlust von sozialen Kontakten, Freundschaften und Beziehungen. Die bloße Tatsache, dass der Täter in ein Strafverfahren verwickelt ist und das Erlebnis einer mündlichen Verhandlung vor einem Strafgericht sollen den Täter dermaßen beeindrucken, dass er in Zukunft keine weiteren Straftaten mehr begehen wird. Die Möglichkeit der Strafaussetzung zur Bewährung gibt es nur bei einer Verurteilung zu einer Freiheitsstrafe von höchstens einem Jahr, in Ausnahmefällen von bis zu zwei Jahren.

Das Gericht setzt die Vollstreckung der Strafe aber nur dann zur Bewährung aus, wenn zu erwarten ist, dass der Verurteilte künftig auch ohne die Einwirkung des Strafvollzugs keine Straftaten mehr begehen wird. Diese sog. Erwartungsformel ist in § 56 Abs. 1 S. 1 StGB enthalten. Das erkennende Gericht muss sich also Gedanken darüber machen, ob es wahrscheinlich ist, dass der Verurteilte keine weiteren Straftaten mehr begehen wird, wenn er die Freiheitsstrafe nicht verbüßen muss und in Freiheit bleibt. Das Gericht muss eine Prognose treffen, die im Zeitpunkt der Aussetzungsentscheidung zu treffen ist.

Zum Wesen einer jeden Prognose gehört, dass sie sich im Laufe der Zeit als falsch erweisen kann. Der Verurteilte kann erneut straffällig werden, wodurch die Prognose als Voraussetzung für die Aussetzung widerlegt wird, mit der Folge, dass der Widerruf der Aussetzung, § 56f Abs. 1 StGB, in Betracht kommt.

Es gibt aber auch noch andere Gründe, aus denen die Vollstreckungsaussetzung zu widerrufen sein kann. Die einzelnen Gründe nennt das Gesetz in § 56f

StGB. Ein Widerrufsgrund liegt vor, wenn der Verurteilte in der Bewährungszeit eine Straftat begeht, gegen Weisungen oder Auflagen verstößt, die ihm das Gericht bei der Strafaussetzung zur Bewährung erteilt hat oder sich der Aufsicht und Leitung des Bewährungshelfers entzieht.

Die genannten Widerrufsgründe führen für sich genommen jedoch noch nicht zwangsläufig zum Widerruf. Es müssen weitere Voraussetzungen erfüllt sein, um diese Rechtsfolge auszulösen. Wenn der Verurteilte erneut straffällig wird, liegt auf der Hand, dass sich die Erwartung, die der Strafaussetzung ursprünglich zugrunde lag, nicht erfüllt hat, § 56f Abs. 1 S. 1 Ziff. 1 StGB. Ein Weisungsverstoß für sich genommen löst den Bewährungswiderruf dagegen noch nicht aus. Hinzukommen muss, dass er „gröblich oder beharrlich" ist. Genau wie das Verhalten desjenigen Verurteilten, der sich der Aufsicht und Leitung des Bewährungshelfers entzieht, muss der Weisungsverstoß Anlass zu der Besorgnis geben, dass die verurteilte Person erneut Straftaten begehen wird, § 56f Abs. 1 S. 1 Ziff. 2 StGB.

Fraglich ist allerdings, wie das Gericht beurteilen können soll, ob wirklich damit zu rechnen ist, dass der Verurteilte neue Straftaten begeht. Wie schon bei der Entscheidung über die Strafaussetzung zur Bewährung muss das Gericht auch jetzt wieder eine Prognose darüber anstellen, ob von dem Verurteilten in Zukunft erneut Straftaten zu erwarten sind.

Um die Entscheidung über den Widerruf der Strafaussetzung vorzubereiten, kann es durchaus hilfreich sein, sich ein präzises Bild darüber zu verschaffen, welches Persönlichkeitsbild der Verurteilte aufweist und welche Umstände zu der Tat oder dem Verhalten geführt haben, das jetzt der Grund für einen Widerruf sein könnte. Es könnte immerhin sein, dass die erneute Straftat die Folge ganz außergewöhnlicher Umstände war, sodass sich die Erwartung straffreien Verhaltens zwar nicht erfüllt hat, in Zukunft aber trotzdem keine weiteren Straftaten zu erwarten sind, weil es sehr unwahrscheinlich ist, dass derart ungewöhnliche Umstände jemals wieder zusammentreffen. Ob dies tatsächlich so ist, bedarf einer genauen Aufklärung, u. U. auch einer genauen Untersuchung des Verurteilten und seiner Persönlichkeit. Denkbar ist z. B., dass jemand wiederholt wegen Diebstahls verurteilt wurde und der Verurteilte die Taten zur Finanzierung seiner Drogensucht begangen hat. Im Gegensatz dazu kann die erneute Straftat, wegen der es jetzt zum Widerruf kommen könnte, einen ganz anderen Hintergrund haben. So kann es sein, dass der Verurteilte seine Drogensucht zwischenzeitlich überwunden hat und die erneute Straftat, wie vorstehend ausgeführt, auf ganz außergewöhnlichen Umständen beruht und keine weiteren Straftaten mehr zu befürchten sind[1].

Natürlich wird das Gericht, das über den Widerruf zu entscheiden hat, aufgrund seiner langjährigen Erfahrung über ein entsprechendes Beurteilungsvermögen verfügen. Trotzdem verfügt es nicht über das Fachwissen eines Psychologen oder Psychiaters, sodass es immer wieder vorkommen wird, dass es Fälle zu beurteilen hat, in denen das eigene Beurteilungsvermögen nicht mehr ausreicht und ein psychologisches oder psychiatrisches Gutachten eingeholt werden muss. Nun kann das Gericht aber nicht einfach ein Gutachten anfertigen lassen. Dies ist nur dann möglich, wenn der Verurteilte damit einverstanden ist oder eine gesetzliche Regelung das Gericht hierzu ausdrücklich ermächtigt.

Wenn der Verurteilte mit einer solchen Begutachtung einverstanden ist, stellt die Einholung eines Gutachtens ohnehin kein Problem dar. Liegt das Einverständnis des Verurteilten jedoch nicht vor, benötigt man eine gesetzliche Ermächtigungsgrundlage. Bei der Suche nach einer solchen Ermächtigungsgrundlage stößt man jedoch auf Schwierigkeiten. Zwar existieren solche Ermächtigungsgrundlagen für das Erkenntnisverfahren, also für das Verfahren bis zur Rechtskraft des Urteils. Es gibt im Gesetz jedoch keine entsprechenden Ermächtigungsgrundlagen für das Widerrufsverfahren. Es stellt sich also die Frage, ob die Zulässigkeit solcher und anderer Maßnahmen, sollen sie zwangsweise gegen den Willen des Verurteilten durchgeführt werden, rechtlich begründet werden kann.

1.2 Die Entscheidung des OLG Hamm vom 17.1.1974

Ausgangspunkt der vorliegenden Untersuchung ist ein bereits älterer, aber nach wie vor aktueller Beschluss des OLG Hamm vom 17.1.1974[2]. Dort war die Frage zu entscheiden, ob die Anordnung einer Maßnahme nach § 81 StPO zur Vorbereitung einer Entscheidung nach § 42h Abs. 3 StGB a. F. im Strafvollstreckungsverfahren statthaft ist[3].

---

1 Vgl. hierzu den Beispielsfall S. 107.

2 NJW 1974, S. 914f.

3 § 42h Abs. 3 StGB a. F. lautete: „Zeigt der Verurteilte durch sein Verhalten in der Freiheit, dass der Zweck der Maßregel seine Unterbringung erfordert, und ist die Vollstreckung der Maßregel noch nicht verjährt, so ordnet das Gericht die Vollstreckung an." § 42h Abs. 3 StGB a. F. entsprach somit § 67g Abs. 1 StGB n. F. Diese Vorschrift regelt den Widerruf der Aussetzung einer Unterbringung, „wenn sich ergibt, dass der Zweck der Maßregel ihre Unterbringung erfordert."
Zunächst gibt es sprachliche Abweichungen („seine Unterbringung"/„ihre Unterbringung"), die sich daraus ergeben, dass § 42 h Abs. 3 StGB a. F. von „dem Verurteilten"

Der Entscheidung lag folgender Sachverhalt zugrunde:

Ein seit 1957 „wegen Geistesschwäche Entmündigter" fiel am 30.1.1964 wegen eines Falls aggressiver Exhibition auf. Da er unzurechnungsfähig war, ordnete das Landgericht D seine Unterbringung in einer Heil- oder Pflegeanstalt an, weil von ihm weitere exhibitionistische Handlungen und schwerwiegende Sittlichkeitsdelikte Kindern gegenüber erwartet wurden.

Zum 3.5.1968 wurde er bedingt aus der Unterbringung entlassen, weil die Gefahr schwerer sexueller Kriminalität nicht mehr wahrscheinlich erschien, obwohl im psychischen Zustand des Verurteilten keine Besserung eingetreten war.

Seit Anfang des Jahres 1970 fiel der Verurteilte verschiedentlich durch aggressive Handlungen auf, die teilweise im Umfeld des Sexuellen entstanden. Seit Mai 1973 wurde sogar wegen Verdachts der schweren Unzucht in Tateinheit mit Notzucht (§ 176 StGB a. F.) gegen ihn ermittelt.

Die Staatsanwaltschaft hatte beantragt, die weitere Vollstreckung der Maßregel nach § 42h Abs. 3 StGB a. F. wegen der erneuten Vorkommnisse anzuordnen. Da jedoch die bedingte Entlassung bereits 1968 erfolgt war, hielt es die

---

sprach, während § 67g Abs. 1 StGB n. F. von „der verurteilten Person" spricht. I. Ü. unterscheiden die beiden Vorschriften sich nur insoweit, als § 67g Abs. 1 StGB n. F. die Voraussetzungen genauer formuliert, unter denen anzunehmen ist, dass der Zweck der Maßregel nur durch die Unterbringung erreicht werden kann. Während § 42h Abs. 3 StGB a. F. allgemein formuliert: „Zeigt der Verurteilte durch sein Verhalten in der Freiheit, dass der Zweck der Maßregel seine Unterbringung erfordert, ...", führt § 67g Abs. 1 S. 1 StGB n. F. aus, in welcher Weise die verurteilte Person durch ihr Verhalten die Notwendigkeit ihrer Unterbringung zeigt, nämlich durch Begehung einer rechtswidrigen Tat während der Dauer der Führungsaufsicht, durch groben oder beharrlichen Verstoß gegen Weisungen oder Sichentziehen von der Aufsicht und Leitung des Bewährungshelfers oder der Aufsichtsstelle.

Die Voraussetzungen, unter denen das alte Recht die Aussetzung der Unterbringung ermöglichte, gleichen denen des neuen Rechts. § 42f Abs. 2 StGB a. F. formulierte: „Ist keine Höchstfrist vorgesehen oder ist die Frist noch nicht abgelaufen, so ordnet das Gericht die Entlassung des Untergebrachten an, sobald verantwortet werden kann zu erproben, ob der Untergebrachte außerhalb des Maßregelvollzugs keine mit Strafe bedrohten Handlungen mehr begehen wird." § 42h Abs. 1 S. 1 StGB a. F. stellt klar: "Ist keine Höchstfrist der Unterbringung vorgesehen oder ist die Frist noch nicht abgelaufen, so gilt die Entlassung des Untergebrachten nur als bedingte Aussetzung der Unterbringung." Dem entspricht § 67d Abs. 2 S. 1 StGB n. F.: „Ist keine Höchstfrist vorgesehen oder ist die Frist noch nicht abgelaufen, so setzt das Gericht die weitere Vollstreckung der Unterbringung zur Bewährung aus, wenn zu erwarten ist, dass der Untergebrachte außerhalb des Maßregelvollzugs keine rechtswidrigen Taten mehr begehen wird."

Strafkammer für geboten, den Verurteilten vor einer weiteren Vollstreckung der Maßregel durch einen Facharzt für Psychiatrie dahin begutachten zu lassen, ob immer noch Zurechnungsunfähigkeit zu bejahen war. Da der Sachverständige sich ausserstande sah, das erforderliche Gutachten ohne stationäre Beobachtung des Verurteilten zu erstatten, dieser aber nicht bereit war, sich stationär untersuchen zu lassen, hatte die Strafkammer nach § 81 StPO a. F.[4] seine Unterbringung zur Beobachtung angeordnet. Hiergegen erhob der Vormund die nach §§ 462, 463a StPO a. F. zulässige Beschwerde[5], die das OLG Hamm als begründet ansah[6].

Zur Begründung führte das OLG Hamm an, dass das Vollstreckungsgericht, wenn es Zweifel daran gehabt hätte, ob die Voraussetzungen des Widerrufs gegeben sind, ob also der Zweck der ursprünglich angeordneten Maßnahme deren weitere Vollstreckung erfordert, diese Zweifel zugunsten des Verurteilten zu berücksichtigen gehabt hätte[7]. Für einen solchen Fall hätte der Widerruf somit unterbleiben müssen[8].

Weiterhin sei der rechtskräftig zur Unterbringung Verurteilte nicht Beschuldigter i. S. d. § 81 StPO. Als solcher sei nur jemand anzusehen, gegen den das öffentliche Strafverfahren eingeleitet, gegen den aber noch keine das Erkenntnisverfahren abschließende Entscheidung ergangen sei.

Eine solche Anordnung, wie sie das Vollstreckungsgericht vorgenommen habe, stelle sich nicht etwa schon deshalb als zulässig dar, weil sie gegenüber der Anordnung weiterer Vollstreckung selbst die geringer belastende Maßnahme wäre.

Die Anordnung nach § 81 StPO in solchen Fällen erscheine im übrigen aber auch schon deshalb nicht geboten, weil in dem Ermittlungsverfahren wegen der neuen Tat ohne weiteres die Möglichkeit der Unterbringung zur Untersuchung gegeben gewesen sei, um eine Klärung des Persönlichkeitsbildes herbeizuführen, und zwar auch mit Bedacht auf eine etwa in Frage stehende weitere Unterbringung des Beschuldigten in dem anderen Verfahren.

---

4 Der Wortlaut des § 81 StPO a. F. entspricht dem des § 81 StPO n. F. Lediglich die Worte „Geisteszustand" und „öffentliche Heil- oder Pflegeanstalt" sind durch die Worte „psychischer Zustand" sowie „öffentliches psychiatrisches Krankenhaus" ersetzt worden. § 81 Abs. 1 S. 2 StPO a. F. entspricht § 81 Abs. 3 StPO n. F.

5 §§ 462, 463a StPO a. F. wurden durch §§ 462, 463 StPO n. F. ersetzt.

6 OLG Hamm, Fn. 2, auf S. 13, S. 915.

7 Zur Begründung bezog es sich auf Sch.-Sch., 16. Aufl., § 42h, Rn. 9; OLG Celle, NJW 1958, S. 33; OLG Schleswig, NJW 1958, S. 1791.

8 Zur Anwendung des Grundsatzes „in dubio pro reo" bei Zweifeln über das Vorliegen der Widerrufsvoraussetzungen vgl. unten 8.2.

1.3 Inhaltliche Aspekte der Ausgangsentscheidung

Die Entscheidung des OLG Hamm zeigt vier Aspekte auf, die im weiteren Verlauf der Untersuchung eine Rolle spielen werden. In verfahrensrechtlicher Hinsicht geht es um die Frage, ob eine an sich unzulässige Zwangsmaßnahme im Wege der Amtshilfe durch das Gericht eines laufenden Erkenntnisverfahrens durchgeführt werden kann. Hinsichtlich des Prozesses der Entscheidungsfindung wird die Frage aufgeworfen, inwieweit dem Verurteilten bei zweifelhaften Widerrufsvoraussetzungen der Grundsatz „In dubio pro reo" zugute kommen kann. Schließlich geht es um die Beschuldigteneigenschaft des Verurteilten als Rechtmäßigkeitsvoraussetzung für Zwangsmaßnahmen sowie um das Verhältnismäßigkeitsprinzip, nämlich die Frage, ob die Anordnung des Vollstreckungsgerichts schon deshalb rechtmäßig ist, weil sie gegenüber der Anordnung der weiteren Vollstreckung selbst die geringer belastende Maßnahme wäre.

1.4 Weiterführende Aspekte zur Ausgangsentscheidung

Die vorstehend genannten Aspekte sollen mit einer Reihe weiterer Aspekte durch die Untersuchung der eingangs gestellten Frage der Zulässigkeit von Zwangsmaßnahmen im Widerrufsverfahren führen.

Folgende Aspekte sollen untersucht werden:

- Kann man bei der Anwendung von Zwangsmaßnahmen auf zeitgleich stattfindende Erkenntnisverfahren zurückgreifen, um sich der dort zur Verfügung stehenden Ermächtigungsgrundlagen zu bedienen, die im Widerrufsverfahren nicht zur Verfügung stehen?
- Ist es erforderlich, einen Sachverständigen mit der Begutachtung des Probanden zu beauftragen? Kann der Richter den Probanden nicht aus eigenem Beurteilungsvermögen beurteilen?
- Kann man von einer Prognose überzeugt sein oder bleibt sie immer mit Unsicherheiten behaftet? Sind die Grundlagen, anhand derer das Gericht seine Überzeugung bildet, überhaupt beweisbar?
- Wie geht man mit Zweifeln über die Grundlagen, mit deren Hilfe das Gericht eine Prognose zu treffen versucht, um?
- Ist es vertretbar, bei der Prüfung des Vorliegens der Widerrufsvoraussetzungen ungenau zu sein, wenn mit einem Rückfall des Probanden zu rechnen ist?
- Von Interesse könnte die Regelung des § 454 Abs. 2 S. 1 Nr. 2 StPO sein. Sie regelt den Fall, dass jemand wegen einer Straftat schwereren Gewichts verurteilt ist, das Gericht die Vollstreckung des Strafrestes von einer ursprünglich mehr als zweijährigen Freiheitsstrafe zur Bewährung aussetzen will und

dabei Bedenken aus Gründen der öffentlichen Sicherheit hat. In diesen Fällen holt das Gericht gem. § 454 Abs. 2 S. 1 StPO das Gutachten eines Sachverständigen über den Verurteilten ein. Diese Regelung betrifft also auch den Fall der Begutachtung eines bereits Verurteilten. Vielleicht lassen sich aus dieser Regelung Erkenntnisse bzgl. der Rechtslage beim Widerruf einer Strafaussetzung zur Bewährung gewinnen.

- Kann die mangelnde Beschuldigteneigenschaft des Verurteilten durch entsprechende Anwendung der Grundsätze von der Behandlung des sog. „Störers“ im öffentlichen Recht ausgeglichen werden? Der Störer gibt durch sein Verhalten Anlass zu der Besorgnis, dass eine Gefahr für die öffentliche Sicherheit und Ordnung bestehen könnte und muss es u. U. hinnehmen, von den Ordnungsbehörden deswegen in Anspruch genommen zu werden, mit dem Ziel, die Gefahr für die öffentliche Sicherheit und Ordnung zu beseitigen.
- Kann die Anwendung von Zwang damit gerechtfertigt werden, dass diese sogar einen für den Probanden positiven Zweck verfolgt, nämlich zu gewährleisten, dass er seine Verfahrensrechte wahrnimmt, insbesondere seine Anhörungsrechte?
- Besteht Handlungsbedarf seitens des Gesetzgebers? Wie müsste eine lex ferenda aussehen?

Kapitel 2
Zwangsmaßnahmen in der StPO

Um das Arbeitsfeld bei dieser Untersuchung sinnvoll einzugrenzen, erscheint es zweckmäßig, sich zunächst einen Überblick über die Zwangsmaßnahmen der StPO zu verschaffen und zu untersuchen, inwieweit sie im Hinblick auf das Widerrufsverfahren überhaupt von Bedeutung sind, insbesondere im Hinblick auf die Frage, ob sich die Erwartung, die der Strafaussetzung zugrunde lag, nicht erfüllt hat; vgl. § 56 f Abs. 1 Nr. 1 StGB.

2.1 Zwangsmaßnahmen zur Untersuchung des Körpers und der Psyche eines Beschuldigten

Die erste Gruppe von Zwangsmaßnahmen ist in den §§ 81ff. StPO geregelt und betrifft Untersuchungen des körperlichen und psychischen Zustandes des Beschuldigten. § 81 StPO regelt die Verbringung des Beschuldigten in ein öffentliches psychiatrisches Krankenhaus zur Vorbereitung eines Gutachtens über seinen psychischen Zustand, § 81a StPO die körperliche Untersuchung zur Feststellung von Tatsachen, die „für das Verfahren von Bedeutung sind". Im Zusammenhang mit § 81a StPO ist § 81g StPO zu sehen. Während § 81a Abs. 1 S. 2 StPO die Entnahme von Blutproben regelt, regelt § 81g Abs. 1 S. 1 StPO die Entnahme von Körperzellen zu Zwecken molekulargenetischer Untersuchungen. Allen vorstehend genannten Zwangsmaßnahmen ist gemeinsam, dass sie sich gegen einen Beschuldigten richten, also gegen jemanden, der noch nicht rechtskräftig verurteilt ist.

§ 81g StPO enthält allerdings auch eine Ausnahmeregelung, welche die Identitätsfeststellung auch bei einer bereits verurteilten Person, und somit nicht nur bei einem Beschuldigten, ermöglicht. § 81g Abs. 4 StGB bestimmt: „Die Absätze 1 bis 3 gelten entsprechend, wenn die betroffene Person wegen der Tat rechtskräftig verurteilt [...] worden ist und die entsprechende Eintragung im Bundeszentralregister oder Erziehungsregister noch nicht getilgt ist." § 81g StPO wurde durch das DNA-Identitätsfeststellungsgesetzes vom 7.9.1998 in die StPO eingefügt. § 2 Abs. 1 DNA-IdentitätsfestellungsG lautete: „Maßnahmen, die nach § 81g der Strafprozessordnung zulässig sind, dürfen auch durchgeführt werden, wenn der Betroffene wegen einer der in § 81g Abs. 1 der Strafprozessordnung genannten Straftaten rechtskräftig verurteilt (...) worden ist." Danach war es nach Inkrafttreten des DNA-Identitätsfeststellungsgesetzes möglich, Maßnahmen nach

§ 81g StPO auch gegen einen bereits rechtskräftig Verurteilten anzuwenden. Das DNA-IdentitätsfeststellungsG ist allerdings mit Wirkung zum 1.11.2005 wieder außer Kraft getreten. Es wurde durch das Gesetz zur Novellierung der forensischen DNA-Analyse vom 12.8.2005, BGBl. I 2005, S. 2360, außer Kraft gesetzt. Durch dieses Gesetz wurden in den § 81g StPO die Absätze 4 und 5 eingefügt. Sie lösten die früheren, inhaltsgleichen §§ 2 u. 3 DNA-IdentitätsfeststellungsG ab und übertrugen dessen Regelungsgehalt in die StPO[1].

Im Gegensatz zu den bereits genannten Vorschriften regeln die §§ 81c und 81h StPO die Untersuchung von Personen, die weder Beschuldigte eines Strafverfahrens noch als Verurteilte aus einem Strafverfahren hervorgegangen sind. § 81c StPO betrifft dieselben Eingriffsarten wie § 81a StPO, also die körperliche Untersuchung und die Entnahme von Blutproben, erweitert den Kreis der Betroffenen aber auf „andere Personen als Beschuldigte". § 81h StPO regelt sog. molekulargenetische Untersuchungen und ermöglicht ihre Anwendbarkeit über die Person eines Beschuldigten hinaus auch auf solche Personen, die „bestimmte, auf den Täter vermutlich zutreffende Prüfungsmerkmale erfüllen", und erweitern dadurch den Kreis der Betroffenen.

Die in den §§ 81, 81a u. 81g StPO geregelten Zwangsmaßnahmen könnten für das Widerrufsverfahren insofern von Bedeutung sein, als die mit ihrer Hilfe zu gewinnenden Erkenntnisse Grundlagen für die vom Widerrufsgericht zu treffende Kriminalprognose liefern könnten. Das nach § 81 StPO zu gewinnende Gutachten über den psychischen Zustand des Beschuldigten kann eine Beurteilungsgrundlage dafür liefern, ob die untersuchte Person aufgrund ihrer psychischen Verfassung in der Gefahr steht, erneut Straftaten zu begehen. Eine körperliche Untersuchung nach § 81a StPO könnte insofern von Bedeutung sein, als sie zu Erkenntnissen führt, die sogar eine positive Prognose begründen und den Probanden somit entlasten. Denkbar wäre z. B. der Fall eines Probanden, der wiederholt wegen verschiedener Straßenverkehrsdelikte in Erscheinung getreten ist, z. B. wegen Unerlaubten Entfernens vom Unfallort, § 142 StGB, zwischenzeitlich aber aufgrund eines körperlichen Gebrechens unfähig geworden ist, überhaupt Auto zu fahren und somit am Straßenverkehr teilzunehmen.

Dass Zwangsmaßnahmen im Zusammenhang mit prognostischen Zwecken von Bedeutung sein können, zeigt der Wortlaut des § 81g Abs. 1 S. 1 StPO. Er enthält eine Formulierung, die schon sprachlich ein Prognoseelement voraussetzt. Danach darf die Entnahme von Körperzellen dann erfolgen, wenn sie „zur Identitätsfeststellung in künftigen Strafverfahren" dienen. Voraussetzung ist,

---

1 Vgl. Senge [55], NJW 2005, S. 3028 [3031].

dass „wegen der Art oder Ausführung der Tat, der Persönlichkeit des Beschuldigten oder sonstiger Erkenntnisse Grund zu der Annahme besteht, dass gegen ihn künftig Strafverfahren wegen einer Straftat von erheblicher Bedeutung zu führen sind".

Fraglich ist, inwieweit diese Vorschrift für die vorliegende Untersuchung relevant ist. Um dies zu beantworten, müsste geklärt werden, was mit der Formulierung „eine Straftat von erheblicher Bedeutung" gleich zu Beginn des § 81g Abs. 1 S. 1 StPO gemeint ist. Welche Straftaten der Gesetzgeber dabei im Sinn gehabt hat, ergibt sich aus der Anlage zu § 2c des DNA-Identitätsfeststellungsgesetzes vom 7.9.1998, durch welches § 81g in die StPO eingefügt wurde. Die Anlage zu § 2c DNA-IdentitätsfeststellungsG beeinhaltet einen Katalog von Straftatbeständen, bzgl. derer die Staatsanwaltschaften im Zusammenhang mit Maßnahmen nach § 81g StPO Auskünfte aus dem Bundeszentralregister und dem Erziehungsregister einholen durften. Der Katalog umfasst insges. 41 Straftatbestände, von denen hier nur der sexuelle Missbrauch von Schutzbefohlenen, § 174 StGB, der Menschenhandel, § 180b StGB[2], und die räuberische Erpressung, § 255 StGB, beispielhaft genannt seien[3]. Da die genannten Straftatbestände zur Verhängung von Freiheitsstrafen von mehr als zwei Jahren führen können und somit so schwer wiegen, dass die wegen ihrer Begehung verhängten Freiheitsstrafen zwei Jahre durchaus überschreiten und dann nicht zur Bewährung ausgesetzt werden können, ist die Vergleichbarkeit mit der Situation des Widerrufsverfahrens auf den ersten Blick nicht gegeben, sodass die Maßnahmen des § 81g StPO für das Widerrufsverfahren nicht in Betracht zu kommen scheinen. Zu bedenken ist aber, dass die hier genannten Straftaten im Höchstmaß mit Strafen bedroht sind, die zwei Jahre übersteigen, im Mindestmaß aber unterhalb von zwei Jahren liegen, mit der Folge, dass die Verurteilung auch hier zu weniger als zwei Jahren erfolgen kann und die Bewährungsaussetzung auch bei diesen Taten möglich ist. So ist der Missbrauch von Schutzbefohlenen gem. § 174 StGB im Mindestmaß lediglich mit einer Freiheitsstrafe von drei Monaten bedroht, die räuberische Erpressung gem. § 255 StGB im Mindestmaß mit nicht weniger als einem Jahr. Eine Vollstreckungsaussetzung ist daher auch bei solchen Taten nicht von vornherein ausgeschlossen. Gem. § 56 Abs. 1 StGB kann die Aussetzung der Vollstreckung bei Freiheitsstrafen von nicht mehr als einem Jahr erfolgen, gem.

---

2 § 180b StGB wurde durch Art. 1 des 37. StrÄndG vom 11.2.2005 (BGBl. I, S. 239) aufgehoben.

3 Zu den übrigen Straftatbeständen vgl. den Gesetzestext, BGBl. I, S. 3018; ebenfalls zit. bei Pfeiffer [45], § 81g, Rn. 1. Das DNA-IdentitätsfeststellungsG ist mit Wirkung zum 1.11.2005 wieder außer Kraft getreten.

§ 56 Abs. 2 StGB ausnahmsweise auch bei einer Freiheitsstrafe, die zwei Jahre nicht übersteigt.

Zu bedenken ist außerdem, dass nach § 57 StGB auch die Möglichkeit der Vollstreckungsaussetzung eines Strafrestes möglich ist. Gem. § 57 Abs. 1 S. 1 Ziff. 1 StGB ist die Aussetzung der Vollstreckung des Restes einer zeitigen Freiheitsstrafe möglich, wenn zwei Drittel der verhängten Strafe, mindestens jedoch zwei Monate verbüßt sind. Danach ist es also durchaus denkbar, dass die Aussetzung der Vollstreckung einer zeitigen Freiheitsstrafe gem. § 56 StGB zunächst nicht möglich ist, weil sie höher als ein bzw. zwei Jahre ist, während die Vollstreckung zu einem späteren Zeitpunkt gem. § 57 StGB sehr wohl ausgesetzt werden kann, weil nur noch ein Strafrest von nicht mehr als zwei Jahren zu verbüßen ist. Demnach wäre eine Strafrestaussetzung z. B. sogar noch bei einer Freiheitsstrafe von ursprünglich sechs Jahren möglich.

Die Regelung des § 57 Abs. 2 Nr. 1 StGB sieht die Strafrestaussetzung sogar schon nach Verbüßung der Hälfte der Freiheitsstrafe vor, wenn der Verurteilte erstmals eine Freiheitsstrafe verbüßt. Allerdings greift diese Regelung gem. § 57 Abs. 2 Ziff. 1 StGB nur dann ein, wenn die Freiheitsstrafe zwei Jahre nicht übersteigt, womit diese Regelung bei Taten aus dem Katalog der Anlage zu § 2c DNA-IdentitätsfeststellungsG ebenfalls nur dann zur Anwendung kommen kann, wenn die Verurteilung im Einzelfall trotz der hohen Strafandrohung zwei Jahre nicht übersteigt.

Dass Straftaten von erheblicher Bedeutung i. S. d. § 81g StGB durchaus ein Strafmaß nach sich ziehen können, dass gering genug ausfällt, um nach den Kriterien des § 56 Abs. 1 u. 2 StGB zur Bewährung ausgesetzt werden zu können, zeigen schon die Möglichkeiten, nur wegen des Versuchs einer Straftat, §§ 22, 23 StGB, wegen einer im Zustand der verminderten Schuldfähigkeit begangenen Straftat, § 21 StGB, oder wegen der Teilnahme an der Straftat eines anderen in Gestalt der Beihilfe, § 27 StGB, bestraft werden zu können. In all den genannten Fällen ist die Strafe nach Maßgabe des § 49 Abs. 1 StGB zu mildern (§§ 23 Abs. 2; 21 u. 27 Abs. 2 S. 2 StGB), mit der Folge, dass es zur Verhängung einer Freiheitsstrafe von nicht mehr als zwei Jahren und die Anwendung einer Zwangsmaßnahme i. S. d. § 81 g StPO im Widerrufsverfahren durchaus in Betracht kommen kann.

2.2 Zwangsmaßnahmen zur Erlangung gegenständlicher Beweismittel

Nachdem es in dem vorangegangenen Abschnitt um solche Zwangsmaßnahmen ging, welche mit unmittelbarer Wirkung auf die Person des Betroffenen angewendet werden, geht es im Folgenden um die Gruppe der in den §§ 94ff. StPO geregelten Zwangsmaßnahmen. Sie betreffen die Erlangung gegenständlicher Beweismittel im Wege der Beschlagnahme. Dabei regelt § 94 StPO die Beschlagnahme von Gegenständen, die für die Untersuchung von Bedeutung sein können und § 99 StPO diejenige von Postsendungen und Telegrammen. Diese Zwangsmaßnahmen haben auf den ersten Blick keinen direkten Bezug zum Widerrufsverfahren, zumal sie keinen unmittelbaren Bezug zur Person des Beschuldigten bzw. des Probanden zu haben scheinen. Interessant ist jedoch die Vorschrift des § 95 StPO. Danach können im Falle der Weigerung der Herausgabe Zwangsmaßnahmen nach § 70 StPO gegen den Gewahrsamsinhaber angewandt werden. Dies sind die Auferlegung von Kosten, § 70 Abs. 1 S. 1 StPO, die Festsetzung von Ordnungsgeld oder Ordnungshaft, § 70 Abs. 1 S. 2 StPO sowie die Anordnung von Erzwingungshaft, § 70 Abs. 2 StPO. Diese auf die Durchführung einer Beschlagnahme gerichteten Zwangsmaßnahmen könnten für das Widerrufsverfahren und für die darin zu stellende Sozialprognose durchaus von Interesse sein. Insbesondere die Befürchtung der Begehung weiterer Straftaten, § 56f Abs. 1 Nr. 2 StGB, könnte durch die Beschlagnahme von Gegenständen erhärtet werden, die auf die Vorbereitung einer Straftat hindeuten. Die Zwangsmaßnahmen der §§ 95, 70 StPO sind im Hinblick auf das Widerrufsverfahren auch deshalb von Interesse, als deren Zulässigkeit keinen Beschuldigten voraussetzt, wie ja auch der in dem Widerrufsverfahren verflochtene Proband kein Beschuldigter mehr ist.

2.3 Zwangsmaßnahmen zur Überwachung des gesprochenen Wortes

Eine weitere Gruppe von Zwangsmaßnahmen ist in den §§ 100a, 100c u. 100f StPO geregelt und betrifft die Überwachung des gesprochenen Wortes. Während § 100a StPO das Abhören von Telefongesprächen ermöglicht, regeln die §§ 100c u. 100f StPO das Abhören von Gesprächen innerhalb (§ 100c StPO) und außerhalb (§ 100f StPO) von Wohnungen. Bei der Frage, inwieweit die Anwendung dieser Zwangsmaßnahmen auch im Widerrufsverfahren wünschenswert wäre, ist zu beachten, dass sie nur dann angewendet werden dürfen, wenn der Verdacht besonders schwerer Straftaten vorliegt, wie z. B. Friedensverrat (§ 100a Abs. 2 Ziff. 1a StPO) oder die Bildung krimineller Vereinigungen (§ 100c Abs. 2 Ziff. 1b StPO). § 100f Abs. 1 StPO enthält keinen eigenen Katalog von Straftaten, sondern verweist insofern auf § 100a Abs. 2 StPO. Die genannten Straftaten sind mit Freiheitsstrafen von nicht unter zehn Jahren (Vorbereitung eines Angriffskrieges, § 80 StGB), von drei Monaten bis fünf Jahren (Aufstacheln zum

Angriffskrieg, § 80a StGB) bzw. bis zu fünf Jahren oder mit Geldstrafe (Bildung krimineller Vereinigungen, § 129 StGB) bedroht. Daraus ist ersichtlich, dass es sich um Straftaten handelt, die aufgrund ihres Gewichts mit denen, um die es im Widerrufsverfahren geht, nicht vergleichbar sind, da nur die Vollstreckung von Freiheitsstrafen von nicht mehr als einem, höchstens zwei Jahren, zur Bewährung ausgesetzt werden kann, § 56 Abs. 1 u. 2 StGB.

Hier ist allerdings auch die Möglichkeit in Betracht zu ziehen, dass die Verhängung von Mindeststrafen in den o. g. Fällen durchaus zu einer Unterschreitung der Ein- bzw. Zweijahresgrenze des § 56 Abs. 1 bzw. 2 StGB führen könnte, mit der Folge, dass Strafaussetzungen oder Strafrestaussetzungen doch noch möglich sind und die Maßnahmen aus der hier behandelten Gruppe durchaus zur Anwendung kommen könnten. Entsprechendes gilt in Fällen des Versuchs, der Beihilfe und der verminderten Schuldfähigkeit[4].

Man könnte natürlich darüber nachdenken, ob nicht der Gesetzgeber die Absicht gehabt haben könnte, diese Zwangsmaßnahmen nur im Falle des Verdachts derart schwerer Straftaten, wie den genannten, einzusetzen. Wollte man also die Anwendbarkeit dieser Zwangsmaßnahmen im Widerrufsverfahren erreichen, müsste man nicht nur die Hürde der fehlenden Beschuldigteneigenschaft überwinden (denn auch diese Zwangsmaßnahmen setzen als Betroffenen einen Beschuldigten und somit ein noch nicht rechtskräftig abgeschlossenes Erkenntnisverfahren voraus). Vielmehr müsste auch ein rechtlich schützenswertes Interesse daran begründet werden können, auch bei der Erwartung erneuter, verhältnismäßig leichter Straftaten solche Zwangsmaßnahmen einsetzen zu können, die eigentlich nur bei wesentlich schwereren Straftaten vorgesehen sind.

Dieser Gedanke ist aber letztlich unbeachtlich. Natürlich handelt es sich bei Straftaten der hier genannten Art um verhältnismäßig schwerwiegende, deren Gewicht sich aus der Art des geschützten Rechtsgutes ableitet. Indem aber der Gesetzgeber auch bei diesen Straftaten die Strafrahmen ganz unterschiedlich ausgestaltet hat, gibt er zu erkennen, dass auch diese Straftaten und die dadurch hervorgerufenen Rechtsgutverletzungen je nach Lage des Einzelfalls unterschiedlich und somit auch als weniger schwerwiegend zu bewerten sein können, was sich auch in einem entsprechend geringen Strafmaß niederschlägt, wodurch selbst eine solche Tat in den aussetzungsfähigen Bereich rücken kann. Demnach kann die Anwendung dieser Zwangsmaßnahmen durchaus wünschenswert sein, weil es auch bei Straftaten der hier genannten Art zu Bewährungsaussetzungen und demzufolge auch zu Widerrufsverfahren kommen kann.

---

4 Wegen der Einzelheiten sei auf die Ausführungen oben, S. 22 verwiesen.

2.4 Zwangsmaßnahmen zur Erkundung der Nutzung telefonischer Verbindungen

Die nächste Gruppe von Zwangsmaßnahmen ermöglicht die Gewinnung von Erkenntnissen über Einzelheiten telefonischer Verbindungsdaten sowie telefonisch übermittelter Daten. Solche Daten können natürlich erhoben werden, ohne den genauen Aufenthalt des Betroffenen zu kennen, indem einfach in die laufende Gesprächsverbindung eingegriffen wird. Diese Maßnahmen sind in den §§ 100g (Erhebung von Verkehrsdaten) u. 100i (Maßnahmen bei Mobilfunkendgeräten) StPO geregelt. § 100g StPO verweist auf §§ 96 Abs. 1 u. 113a TelekommunikationsG. Dort wird i. E. aufgezählt, was unter „Verkehrsdaten" i. S. d. § 100g StPO zu verstehen ist[5]. § 113a TelekommunikationsG regelt die Pflicht zur Speicherung von Verkehrsdaten durch Telekommunikationsdienstleister für sechs Monate. Allerdings verstößt diese Vorschrift gegen Art. 10 Abs. 1 GG und ist deshalb nichtig[6].

§ 100i StPO regelt die Ermittlung der Gerätenummer eines Mobilfunkendgerätes und die Kartennummer der darin verwendeten Karte sowie des Standorts eines Mobilfunkendgerätes.

Bei der Frage, inwieweit die genannten Zwangsmaßnahmen auch im Widerrufsverfahren wünschenswert wären, kann auf das zu den Zwangsmaßnahmen zur Überwachung des gesprochenen Wortes Gesagte entsprechend verwiesen werden[7]. Diese Maßnahmen sind für Straftaten vorgesehen, die aufgrund ihres Gewichts mit denen, um die es im Widerrufsverfahren geht, auf dem ersten Blick nicht zu vergleichen sind, da nur die Vollstreckung von Freiheitsstrafen von nicht mehr als einem Jahr, höchstens aber zwei Jahren, zur Bewährung ausgesetzt werden kann. Auch hier ist allerdings die Möglichkeit in Betracht zu

---

5 Dabei handelt es sich um 1) die Nummer oder Kennung der beteiligten Anschlüsse oder der Endeinrichtung, personenbezogene Berechtigungskennungen, bei Verwendung von Kundenkarten auch die Kartennummer, bei mobilen Anschlüssen auch die Standortdaten, 2) den Beginn und das Ende der jeweiligen Verbindung nach Datum und Uhrzeit und (soweit die Entgelte davon abhängen) die übermittelten Datenmengen, 3) den vom Nutzer in Anspruch genommenen Telekommunikationsdienst, 4) die Endpunkte von festgeschalteten Verbindungen, ihren Beginn und ihr Ende nach Datum und Uhrzeit und (soweit die Entgelte davon abhängen) die übermittelten Datenmengen, 5) sonstige zum Aufbau und zur Aufrechterhaltung der Telekommunikation sowie zur Entgeltabrechnung notwendige Verkehrsdaten.

6 BVerfGE, Entsch. v. 2.3.2010, Az. 1 BvR 256/08, 1 BvR 263/08 u. 1 BvR 586/08. Vgl. auch LR-Hauck [18], § 100g, „Entstehungsgeschichte" u. Rn. 2ff.

7 Oben 2.3.

ziehen, dass die Verhängung von Mindeststrafen in den o. g. Fällen durchaus zu einer Unterschreitung der Ein- bzw. Zweijahresgrenze des § 56 Abs. 1 bzw. 2 StGB führen könnte, mit der Folge, dass Strafaussetzungen oder Strafrestaussetzungen doch noch möglich sind und die Maßnahmen aus der hier behandelten Gruppe durchaus zur Anwendung kommen könnten. Entsprechendes gilt in Fällen des Versuchs, der Beihilfe und der verminderten Schuldfähigkeit[8].

Auch bei den hier behandelten Zwangsmaßnahmen wird die Absicht des Gesetzgebers erkennbar, diese vor allem im Falle des Verdachts schwerer Straftaten einzusetzen, da §§ 100g Abs. 1 S. 1 Nr. 1; 100i Abs. 1 StPO ebenfalls auf den Katalog des § 100a Abs. 2 StPO verweisen. Wollte man also die Anwendbarkeit dieser Zwangsmaßnahmen im Widerrufsverfahren erreichen, müsste man auch hier nicht nur die Hürde der fehlenden Beschuldigteneigenschaft überwinden sondern auch ein rechtlich schützenswertes Interesse daran begründen können, bei der Erwartung der Begehung erneuter, verhältnismäßig leichter Straftaten solche Zwangsmaßnahmen einsetzen zu können. Auch diese Straftaten und die dadurch hervorgerufenen Rechtsgutverletzungen können je nach Lage des Einzelfalls unterschiedlich zu bewerten sein, sodass sie im konkreten Einzelfall durchaus auch als weniger schwerwiegend bewertet werden können, was sich auch in einem entsprechend geringen Strafmaß niederschlägt, mit der Folge, dass selbst eine solche Tat in den aussetzungsfähigen Bereich rücken kann. Demnach kann die Anwendung dieser Zwangsmaßnahmen durchaus wünschenswert sein, weil es auch bei diesen Straftaten zu Bewährungsaussetzungen und demzufolge auch zu Widerrufsverfahren kommen kann.

2.5 Zangsmaßnahmen zu Durchsuchungszwecken

Eine andere Gruppe von Zwangsmaßnahmen eröffnet die Möglichkeit, unter Durchbrechung des Grundrechts auf Unverletzlichkeit der Wohnung, Art. 13 GG, Durchsuchungen bei dem einer Straftat Verdächtigen durchzuführen. § 102 StPO regelt die Durchsuchung beim Verdächtigen als solche, § 104 StPO die Durchsuchung zur Nachtzeit und § 108 StPO die Möglichkeit der Beschlagnahme solcher Gegenstände, die mit dem Gegenstand der Durchsuchung nichts zu tun haben, aber auf die Begehung einer anderen Straftat hindeuten. Die Anwendung dieser Zwangsmaßnahmen im Widerrufsverfahren könnte durchaus verfahrensfördernde Wirkung haben. Prüft das Gericht, ob von dem Verurteilten die Begehung erneuter Straftaten zu befürchten und die Strafaussetzung daher

---

8 Wegen der Einzelheiten sei auf die Ausführungen oben S. 22 verwiesen.

zu widerrufen ist, könnte eine Durchsuchung der Wohnung des Verurteilten durchaus wertvolle Erkenntnisse darüber liefern, ob vielleicht eine neue Straftat in Vorbereitung ist. Bei § 56f Abs. 1 S. 1 Nr. 2 StGB wird zunächst ein eindeutiges Verhalten des Verurteilten vorausgesetzt, nämlich ein Weisungsverstoß und dass der Verurteilte sich der Aufsicht und Leitung der Bewährungshelferin bzw. des Bewährungshelfers entzieht. Allerdings muss hier noch ein wertendes Element hinzukommen, nämlich die Besorgnis der Begehung erneuter Straftaten. Hier muss das Gericht darüber befinden, wie es zu werten ist, dass der Verurteilte die in Nr. 2 beschriebenen Verstöße begangen hat. Dabei könnte es u. U. hilfreich sein, wenn man mittels einer Durchsuchung Einblick in die Wohnung des Verurteilten nehmen und prüfen kann, ob etwa Gegenstände vorhanden sind, die auf die Vorbereitung einer Straftat hindeuten. Die Anwendbarkeit dieser Zwangsmaßnahme im Widerrufsverfahren erscheint also durchaus wünschenswert.

2.6 Untersuchungshaft

Eine besondere Stellung innerhalb dieses Überblicks über die Zwangsmaßnahmen der StPO nimmt die Untersuchungshaft, § 112 StPO, ein. Sie wird angeordnet, wenn der Beschuldigte der Tat dringend verdächtig ist und ein sog. Haftgrund besteht. Sie soll verhindern, dass sich der Beschuldigte dem gegen ihn gerichteten Verfahren entzieht oder durch Manipulation von Zeugen oder Beweismitteln die Wahrheitsfindung erschwert oder behindert. Diese Vorschrift nimmt insofern eine Sonderstellung ein, als die StPO in dem Abschnitt über die Strafvollstreckung ein Pendant enthält, das auf das Widerrufsverfahren zugeschnitten ist. Es ist § 453c StPO. Danach kann das Gericht bis zur Rechtskraft des Widerrufsbeschlusses, um sich der Person des Verurteilten zu versichern, vorläufige Maßnahmen treffen und notfalls sogar unter den Voraussetzungen des § 112 Abs. 2 Nr. 1 oder 2 (Flüchtigkeit oder Fluchtgefahr des Verurteilten) oder bei der Gefahr der Begehung erheblicher Straftaten durch den Verurteilten einen Haftbefehl erlassen. Diese Vorschrift erklärt die Untersuchungshaft für das Widerrufsverfahren quasi für entsprechend anwendbar, sodass es keiner Überlegung bedarf, ob ihre Anwendbarkeit im Widerrufsverfahren wünschenswert wäre.

2.7 Einstweilige Unterbringung

Eine besondere Stellung nimmt ebenfalls die einstweilige Unterbringung gem. § 126a StPO ein. Danach kann das Gericht durch Unterbringungsbefehl die einstweilige Unterbringung in einem psychiatrischen Krankenhaus oder einer

Entziehungsanstalt anordnen, wenn dringende Gründe für die Annahme bestehen, dass jemand eine rechtswidrige Tat im Zustand der Schuldunfähigkeit oder verminderten Schuldfähigkeit begangen hat und seine Unterbringung in einer dieser Anstalten gem. §§ 63, 64 StGB im Urteil als Rechtsfolge der Tat angeordnet werden wird. Bemerkenswert ist, dass das Gesetz an dieser Stelle nicht von einem Beschuldigten, sondern von „jemandem" spricht. Trotz des abweichenden Sprachgebrauchs setzt aber auch diese Vorschrift als Betroffenen einen Beschuldigten voraus. § 126a StPO setzt voraus, dass dringende Gründe für die Annahme vorhanden sind, dass jemand eine rechtswidrige Tat begangen hat. Eine Person ist dann Beschuldigter, wenn Tatsachen vorliegen, die auf eine nahe liegende Möglichkeit der Täterschaft oder Teilnahme schließen lassen[9]. Häufiger ist die Definition anzutreffen, dass Beschuldigter jeder Tatverdächtige ist, gegen den alleine oder mit anderen zusammen ein Ermittlungsverfahren eingeleitet worden ist[10]. Eine eigene Definition des Begriffs des Beschuldigten enthält das Gesetz nicht. In § 157 StPO werden lediglich die Begriffe „Angeschuldigter" und „Angeklagter" definiert, wobei der Beschuldigtenbegriff praktisch vorausgesetzt wird. Da § 126a StPO „dringende Gründe" für die Annahme der Begehung einer rechtswidrigen Tat voraussetzt, ist die vorstehend genannte Voraussetzung einer „nahe liegenden Möglichkeit" der Täterschaft oder Teilnahme an einer rechtswidrigen Tat für den Beschuldigtenbegriff erfüllt, sodass beim Vorliegen derartiger Verdachtsgründe der Betroffene auf jeden Fall auch Beschuldigter ist.

Fraglich ist, wie sich § 126a StPO von dem zuvor geschilderten § 112 StPO unterscheidet. Abgesehen davon, dass die Anwendung des § 112 StPO zu einer Inhaftierung des Beschuldigten führt, während § 126a StPO die Unterbringung in einem psychiatrischen Krankenhaus oder einer Entziehungsanstalt zum Ziel hat, ist beiden Regelungen gemeinsam, dass der Beschuldigte in Gewahrsam genommen und von der Öffentlichkeit abgeschirmt wird. Der wesentliche Unterschied zwischen den beiden Regelungen besteht in dem jeweiligen Schutzzweck. Während § 112 StPO der Sicherung des Verfahrens dient, dient § 126a StPO dem Schutz der Allgemeinheit vor gefährlichen Straftätern[11]. Beide Verfahrensziele könnten auch im Widerrufsverfahren von Bedeutung sein. Während der Zweck des § 112 StPO im Widerrufsverfahren aber schon dadurch erreicht werden kann, dass er über § 453c StPO, welcher vorläufige Maßnahmen vor dem

---

9 Meyer-Goßner/Schmitt [42], Einl., Rn. 77

10 LR-Gleß [11], § 133, Rn. 2; § 136, Rn. 4ff.; KK-Fischer [25], Einl., Rn. 298f.

11 KK-Schultheis [25], § 126a, Rn. 1; LR-Hilger [11], § 126a, Rn. 1; Meyer-Goßner/Schmitt [42], § 126a, Rnrn. 1 u. 5.

Widerruf des Aussetzung ermöglicht, gewissermaßen entsprechend anwendbar ist, könnte eine Anwendung des § 126a StPO in Betracht zu ziehen sein.

Wie bereits ausgeführt, soll über diese Vorschrift die Allgemeinheit vor schweren Straftaten geschützt werden. Wenn man bedenkt, dass vom Grundsatz her nur Straftaten von nicht mehr als zwei Jahren zur Bewährung ausgesetzt werden können, dann dürfte es sich hierbei nicht um derart schwere Taten handeln, dass ihre Täter wegen ihrer großen Allgemeingefährlichkeit in einem psychiatrischen Krankenhaus oder einer Entziehungsanstalt untergebracht werden müssten. Dieser Gedanke ist letztlich aber auch hier zu relativieren. Natürlich handelt es sich bei Straftaten der hier genannten Art um verhältnismäßig schwerwiegende. Der Gesetzgeber hat aber auch bei diesen Straftaten die Strafrahmen ganz unterschiedlich ausgestaltet, sodass diese Straftaten und die dadurch hervorgerufenen Rechtsgutverletzungen je nach Lage des Einzelfalls mit einer leichten Strafe geahndet werden und selbst solche Taten in den aussetzungsfähigen Bereich rücken können. Demnach kann die Anwendung dieser Zwangsmaßnahmen auch hier wünschenswert sein, weil es auch hier zu Bewährungsaussetzungen und zu Widerrufsverfahren kommen kann.

Es ist durchaus möglich, dass eine Strafe von ursprünglich mehr als zwei Jahren verhängt und der Strafrest nach den Regeln des § 57 StGB zur Bewährung ausgesetzt wurde. Auch in diesen Fällen kann die Strafaussetzung widerrufen werden. Zu diesem Zweck erklärt § 57 StGB, der die Aussetzung des Strafrestes bei zeitigen Freiheitsstrafen regelt, in Abs. 5 den § 56f StGB für entsprechend anwendbar. In diesen Fällen liegen natürlich Taten zugrunde, die im Falle ihrer Wiederholung eine weitaus höhere Gefährlichkeit in sich bergen, als die Fälle, in denen die Strafaussetzung nach § 56 StGB erfolgt. In solchen Fällen könnte natürlich auch die Anwendbarkeit des § 126a StPO im Widerrufsverfahren von Interesse sein. In den Fällen, die von der Regelung des § 57f StGB erfasst werden und in denen Freiheitsstrafen von nicht mehr als zwei Jahren im Raum stehen, dürfte die Anwendung der einstweiligen Unterbringung in einem psychiatrischen Krankenhaus oder in einer Entziehungsanstalt gem. § 126a StPO aber nicht wünschenwert sein.

2.8 Sachverständige Begutachtung gem. § 454 Abs. 2 Nr. 1 StPO bei Aussetzung lebenslanger Freiheitsstrafen gem. § 57a StGB

Am Schluss dieser Aufzählung soll noch ein Blick auf § 454 Abs. 2 Nr. 1 StPO geworfen werden. Diese Vorschrift betrifft zwar das Verfahren der Aussetzung des Strafrestes zur Bewährung und somit nicht den Widerruf einer bereits erfolgten

Aussetzung. Jedoch ergeht auch die Entscheidung über die Reststrafenaussetzung nach Rechtskraft des Urteils und somit unter den gleichen verfahrensmäßigen Bedingungen, wie die Widerrufsentscheidung.

§ 454 Abs. 2 Nr. 1 StPO macht die Aussetzung des Strafrestes einer lebenslangen Freiheitsstrafe von der Einholung eines Sachverständigengutachtens abhängig. Es muss eine Prognose darüber erstellt werden, ob die durch die Tat zutage getretene Gefährlichkeit des Verurteilten fortbesteht. Hierbei handelt es sich aber nur scheinbar um eine Rechtsgrundlage für die Anwendung für die Begutachtung erforderlicher Zwangsmaßnahmen. Tatsächlich enthält § 454 Abs. 2 Nr. 1 StPO keine Ermächtigungsgrundlage. § 454 Abs. 2 StPO regelt lediglich das von dem Gericht bei der Aussetzungsentscheidung zu beobachtende Verfahren. § 454 Abs. 2 Nr. 1 StPO ermächtigt das Gericht nicht zur Anordnung von Zwangsmaßnahmen, sondern erlaubt dem Gericht die Reststrafenaussetzung lebenslanger Freiheitsstrafen nur unter der Bedingung, dass ein Sachverständigengutachten tatsächlich vorliegt. Dessen Erstellung aber richtet sich nach den nach Rechtskraft für die Begutachtung geltenden, außerhalb des § 454 Abs. 2 StPO normierten Regelungen. So sieht § 81 Abs. 1 StPO die Unterbringung zur Beobachtung ausdrücklich nur für das Verfahren bis zur Rechtskraft des Urteils vor, wie schon aus der Verwendung des Begriffes „Beschuldigten" ersichtlich ist. Auch in der Literatur herrscht Einigkeit, dass die Zwangsunterbringung nach Rechtskraft ausgeschlossen ist[12]. § 454 Abs. 2 StPO regelt die Aussetzungsvoraussetzungen. Fehlt es an der Voraussetzung der sachverständigen Begutachtung, darf die Aussetzung nicht erfolgen.

2.9 Zusammenfassung

Die bisherigen Ausführungen gaben einen Überblick über die Vielzahl von Zwangsmaßnahmen, die der Gesetzgeber in der StPO zur Verfügung stellt, soweit ihre Anwendbarkeit im Widerrufsverfahren wünschenswert erscheint. Diese sind die Unterbringung des Beschuldigten in einem psychiatrischen Krankenhaus gem. § 81 StPO zur Vorbereitung eines Gutachtens über den psychischen Zustand des Beschuldigten, die körperliche Untersuchung des Beschuldigten gem. § 81a StPO zur Feststellung von Tatsachen, die für das Verfahren von Bedeutung sind und die Zwangsmittel zur Erzwingung der Herausgabe von Gegenständen, die als Beweismittel für das Ermittlungsverfahren von Bedeutung

12 Vgl. LR-Krause [12], § 81, Rn. 2; KK-Senge [25], § 81, Rn. 1; Meyer-Goßner/Schmitt [42], § 81, Rn. 1; AnwK-Walther [35], § 81, Rn. 1; Eisenberg [9], Rn. 1188; Malek/Wohlers [41], Rn. 326.

sein können, §§ 95 Abs. 2; 70 StPO. Die Zulässigkeit der einstweiligen Unterbringung in einem psychiatrischen Krankenhaus oder einer Entziehungsanstalt gem. § 126a StPO wäre im Widerrufsverfahren dann wünschenswert, wenn es um den Widerruf der Aussetzung eines Strafrestes von weniger als zwei Jahren geht und die durch den Widerruf zu vermeidende Rückfalltat eine Gefährdung der öffentlichen Sicherheit darstellt.

Kapitel 3
Zulässigkeit psychiatrischer Begutachtung im Parallelverfahren

Nach diesem Überblick über die verschiedenen Zwangsmaßnahmen in der StPO sollen nun die einzelnen in der Entscheidung des OLG Hamm vom 17.1.1974 aufgezeigten Aspekte zur Zulässigkeit von Zwangsmaßnahmen im Widerrufsverfahren untersucht werden. Der erste Aspekt ist die Auffassung, in dem Ermittlungsverfahren wegen der neuen Tat sei ohne weiteres die Möglichkeit der Unterbringung zur Untersuchung gegeben gewesen. Diese Auffassung erscheint widersprüchlich. Zum einen wird die Anwendung von Zwangsmaßnahmen für unzulässig erklärt, zum anderen soll die Unterbringung im Rahmen eines parallelen Strafverfahrens möglich sein. Die Entscheidung hinterlässt den Eindruck, als wolle das Gericht unbedingt eine Maßnahme zur Anwendung bringen, obwohl es von ihrer Unzulässigkeit überzeugt ist. Das Ergebnis wäre die Umgehung der Unzulässigkeit einer Zwangsmaßnahme im Widerrufsverfahren.

Etwas anderes kann nur dann gelten, wenn das die Anlasstat aburteilende Gericht sich auch um eine ausführliche Aufklärung der für das Widerrufsverfahren maßgeblichen Prognosegesichtspunkte bemüht hat. So kann es sein, dass der Angeklagte in der Hauptverhandlung von sich aus zu erkennen gibt, dass ihm hinsichtlich der Ersttat der Widerruf droht oder es schon wieder zur Einleitung eines neuen Ermittlungsverfahrens gekommen ist. Wenn das Gericht auf diese Weise von den aktuellen Lebensumständen des Angeklagten erfährt, kann es diese Umstände in die neue Prognoseentscheidung einbeziehen[1]. In diesen Fällen kann das Widerrufsgericht der Prognoseentscheidung des über die Anlasstat erkennenden Gerichtes folgen[2]. Hinzu kommt, dass das erkennende Gericht in der Hauptverhandlung einen persönlichen Eindruck von dem

1 Vgl. SK-Schall [69], § 56f, Rn. 10 m. w. N. Danach ist der Angeklagte gut beraten, wenn er bereits in der Hauptverhandlung über die Anlasstat den ihm hinsichtlich der Vorverurteilung drohenden Widerruf offenlegt, damit dieser Umstand in die neue Prognoseentscheidung mit einbezogen werden kann. Vgl. aber auch LK-Hubrach [37], § 56, Rn. 20, wonach der bevorstehende Widerruf einer früheren Vollstreckungsaussetzung nicht als künftig zu erwartende Veränderung in den Lebensverhältnissen des Täters gewertet werden kann.

2 Fischer [21], § 56f, Rn. 8b; LK-Hubrach [37], § 56f, Rn. 16; Sch./Sch.-Stree/Kinzig [20], § 56f, Rn. 9; SK-Schall [69], § 56f, Rn. 10.

Verurteilten hat gewinnen können, was für die Entscheidung über den Widerruf einer Strafaussetzung von entscheidender Bedeutung ist[3]. Es ist allerdings nicht immer geboten, wegen der besseren Erkenntnismöglichkeiten des die Anlasstat aburteilenden Gerichts dessen sach- und zeitnähere Prognose zu übernehmen. Dies ist jedenfalls dann bedenklich, wenn sich das neue Urteil mit den der früheren Aussetzungsentscheidung zugrundeliegenden Erwägungen nur unzureichend auseinandersetzt oder wenn die neue Aussetzungsentscheidung von unzutreffenden Voraussetzungen ausgeht[4]. Ausgeschlossen ist die Übernahme der Prognoseentscheidung jedenfalls dann, wenn die Strafaussetzung in der Entscheidung über die Anlasstat auf der Erwägung beruht, dass die aufgrund des zu erwartenden Widerrufs der früheren Strafaussetzung zu verbüßende Strafe eine günstige Prognose begründe[5]. Wollte das Widerrufsgericht in diesem Fall wegen der von dem erkennenden Gericht erstellten günstigen Prognose von dem Bewährungswiderruf absehen, würde es genau das Gegenteil von dem tun, was Grundlage für die günstige Prognose des über die Anlasstat urteilenden Gerichts war und die Aussetzung eben nicht widerrufen. In diesem Fall knüpft die Erwartung eines künftig straffreien Lebens an den Wirkungen des Strafvollzugs an, während die Prognose eigentlich an der Überlegung anknüpft, wie die weitere Entwicklung des Verurteilten ohne die Einwirkung des Strafvollzugs verlaufen wird.

Vereinzelt wird übrigens vorgeschlagen, die Widerrufsentscheidung dem über die Anlasstat erkennenden Gericht zu übertragen. Diese Überlegungen betreffen allerdings den Fall, dass das erkennende Gericht die Anlasstat noch nicht abgeurteilt hat und das Widerrufsgericht die Widerrufsentscheidung auf den Widerrufsgrund des Begehens einer neuen Straftat, § 56f Abs. 1 Nr. 1 StGB, stützen möchte[6].

Legt der Verurteilte seine Situation offen, wird er kooperieren wollen und einer Untersuchung seiner Person wahrscheinlich ohnehin zustimmen. Wenn er sich aber jeder Mitwirkung widersetzt, wird er das erkennende Gericht des neuen Verfahrens auch nicht über den bevorstehenden Widerruf oder zu erwartende neue Anklagen unterrichten. Natürlich erfährt das Gericht von früheren Verurteilungen des Beschuldigten auch auf andere Weise. Spätestens durch die Verlesung des Auszugs aus dem Bundeszentralregister während der

---

3 OLG Hamm, Beschl. v. 7.10.2002, StraFo 2003, S. 21f.

4 Vgl. Fischer [21], § 56f, Rn. 8b; LK-Hubrach [37], § 56f, Rn. 16; MK-Groß [30], § 56f, Rn. 30.

5 Vgl. a. a. O.; LK-Hubrach [37], § 56, Rn. 20.

6 Lackner/Kühl [32], § 56f, Rn. 3.

Hauptverhandlung nach § 243 Abs. 5, S. 3 u. 4 StPO haben ohnehin alle Verfahrensbeteiligten Kenntnis von früheren Bewährungsstrafen, sodass ein bevorstehender Widerruf bei der Entscheidungsfindung berücksichtigt werden kann. Es kommt in der Praxis aber durchaus vor, dass der in der Hauptverhandlung verlesene, bei den Akten befindliche Zentralregisterauszug noch nicht aktuell ist und die frische Entscheidung eines anderen Gerichts noch nicht berücksichtigt. Auch haben der Sitzungsvertreter der Staatsanwaltschaft und der Vorsitzende nicht immer Kenntnis von laufenden, gegen den Angeklagten gerichteten Ermittlungsverfahren. In dieser Situation ist der Angeklagte selbst oft die einzige Erkenntnisquelle, aus der Gericht und Staatsanwaltschaft von weiteren Verurteilungen oder Ermittlungen gegen den Angeklagten erfahren können.

Widersetzt sich der Angeklagte einer psychiatrischen Untersuchung, sodass diese nur in Anwendung des § 81 StPO erfolgen kann, kann eine zwangsweise durchgeführte Untersuchung nur solche Fragen zu klären versuchen, die das Verfahren betreffen, in dessen Verlauf sie angeordnet wurde. Würde die Untersuchung sich auch mit Aspekten des bevorstehenden Widerrufs befassen, würde eine Zwangsmaßnahme zur Anwendung kommen, obwohl das Verfahren, das von der konkreten Maßnahme gefördert wird, Ermächtigungsgrundlagen hierfür nicht vorsieht. Würde man also im Rahmen des Verfahrens wegen eines Ladendiebstahls Untersuchungen über die Aggressivität und Gewaltbereitschaft des Verurteilten und seine Neigung zu Körperverletzungsdelikten anstellen, würde man sich der äußeren Form eines völlig anderen Verfahrens bedienen, um eine Untersuchung durchzuführen, für die eine Ermächtigungsgrundlage sonst nicht vorhanden ist.

3.1 Zeitlicher Zusammenhang der Widerrufsentscheidung mit der Begutachtung des Verurteilten

Das Fehlen von Ermächtigungsgrundlagen kann aber auch nicht dadurch aufgefangen werden, dass die psychiatrische Begutachtung im Zuge eines anderen zugleich stattfindenden Erkenntnisverfahrens abgewartet wird. Grundsätzlich ist die Entscheidung über den Widerruf erst zu treffen, sobald die Widerrufsgründe feststehen[7]. Dabei hat die Prüfung, ob die Voraussetzungen eines Widerrufs vorliegen, zu beginnen, sobald dem Gericht Anhaltspunkte dafür bekannt werden,

7 Fischer [21], § 56f, Rn. 19; Lackner/Kühl [32], § 56f, Rn. 7; LK-Hubrach[37], § 56f, Rn. 48; MK-Groß [30], § 56f, Rn. 20; SK-Schall [69], § 56f, Rn. 2.

dass ein Widerrufsgrund vorliegen könnte[8]. Das Widerrufsgericht kann aber mit der Einleitung des Verfahrens zuwarten oder ein bereits eingeleitetes Verfahren so lange aussetzen, bis abgesehen werden kann, dass das Ergebnis der Beweisaufnahme des Erkenntnisverfahrens bald feststeht. Dass das Widerrufsgericht seine Entscheidung durchaus lange aufschieben kann, zeigt der Umstand, dass der Widerruf auch nach Ablauf der Bewährungszeit noch zulässig ist[9].

An sich aber soll die Widerrufsentscheidung eine unmittelbare Reaktion auf das Anlassverhalten des Verurteilten darstellen und kann somit eigentlich nicht von Untersuchungsergebnissen abhängig gemacht werden, die erst geraume Zeit später gewonnen werden. Es ist stets damit zu rechnen, dass der Verurteilte (etwa unter dem Eindruck der dem neuen Erkenntnisverfahren vorgelagerten Untersuchungshaft oder sonst in der Zeit nach der neuen Straftat bis zum Entscheidungszeitpunkt) eine persönliche Veränderung erfährt, die seine Persönlichkeit im Zeitpunkt der Untersuchung anlässlich des Erkenntnisverfahrens in einem ganz anderen Licht erscheinen lässt, als dies noch zu Beginn des Widerrufsverfahrens der Fall gewesen wäre[10]. Die Erhebung von Nachweisen hinsichtlich des Zustandes der Persönlichkeit des Verurteilten bedarf also der unmittelbaren zeitlichen Nähe zum Widerrufsanlass. Dementsprechend sind eigene „Ermittlungen" durch das Widerrufsgericht wünschenswert und es ist unbefriedigend, dass im Widerrufsverfahren eigene Ermächtigungsgrundlagen, etwa um die Untersuchung durch einen psychiatrischen Sachverständigen anzuordnen, nicht existieren.

I. Ü. kann das Widerrufsgericht seine Entscheidung auch nicht beliebig lange aufschieben. Sobald einer der Widerrufsgründe des § 56f Abs. 1 StGB vorliegt, ohne dass einer der Gründe des § 56f Abs. 2 StGB für das Absehen vom Widerruf gegeben ist, ist ein weiteres Zurückstellen des Widerrufs nicht mehr zulässig[11]. Das Gericht muss den Widerruf aussprechen, wenn und sobald es vom Vorhandensein aller notwendigen Widerrufsvoraussetzungen überzeugt ist[12]. Die Entscheidung hat also unverzüglich zu erfolgen. Widerruft es nicht oder lässt es die Sache liegen, so hat dies die endgültige Unzulässigkeit des Widerrufs zur

---

8 MK-Groß [30], § 56f, Rn. 38.

9 Fischer [21], § 56f, Rn. 19a; LK-Hubrach [37], § 56f, Rn. 50; MK-Groß [30], § 56f, Rn. 38; Sch./Sch.-Stree/Kinzig [20], § 56f, Rn. 27; SK-Schall [69], § 56f. Rn. 40.

10 Vgl. SK-Schall [69], § 56f, Rn. 43, unter Hinweis auf OLG Düsseldorf, StV 1991, S. 29.

11 SK-Schall [69], §56f, Rn. 44.

12 Fischer [21], § 56f, Rn. 19; LK-Hubrach [37], § 56f, Rn. 48; SK-Schall [69], § 56f, Rn. 44. Vgl. auch Sch./Sch.-Stree/Kinzig [20], § 56f, Rn. 27.

Folge[13]. In diesem Zusammenhang wird diskutiert und z. T. auch bejaht, dass das Verstreichen des Widerrufszeitpunkts den Straferlass gem. § 56g Abs. 1 S. 1 StGB zur Folge haben muss[14]. Diesen verfahrensmäßigen Anforderungen an die Rechtzeitigkeit des Widerrufs könnte sicher eher entsprochen werden, wenn dem Widerrufsgericht Eingriffsbefugnisse zur Verfügung stünden.

Außerdem kann dem Betroffenen ein unnötig langes Hinausschieben der Widerrufsentscheidung nicht zugemutet werden, da sein Grundrecht auf ein faires Verfahren auch das Recht auf ein beschleunigtes Verfahren umfasst und er erwarten kann, dass die Entscheidung nicht mehr als nötig hinausgezögert wird. Nach Ablauf der Bewährungszeit darf er sogar darauf vertrauen, dass sein u. U. zum Widerruf führendes Verhalten keine Konsequenzen mehr nach sich zieht[15].

An dieser Stelle sei noch folgendes angemerkt: Die vorstehenden Überlegungen beziehen sich, wie eingangs angemerkt, auf den Fall, in dem jemand Beschuldigter eines neuen Strafverfahrens ist, während zugleich schon das Widerrufsverfahren wegen einer bereits vorher abgeurteilten Tat im Gange ist. In der Praxis kommt diese Konstellation freilich nicht sehr häufig vor, da das Widerrufsgericht i. d. R. den Ausgang des Verfahrens wegen der neuen Tat abwarten wird.

3.2 Zwangsmaßnahmen und Amtshilfe

Unklar bleibt in der Entscheidung des OLG Hamm aber nicht nur die Frage der Zulässigkeit der Maßnahme an sich. Das OLG Hamm hat sich in seiner Entscheidung vom 17.1.1974 letztlich auch nicht mit der Frage auseinandergesetzt, ob es Regelungen gibt, nach denen es überhaupt möglich wäre, die fragliche Zwangsmaßnahme in einem anderen anhängigen Strafverfahren durchführen zu lassen. Solche Regelungen hätten diejenigen über die Amtshilfe sein können. Offen geblieben ist, ob die von dem Oberlandesgericht für rechtmäßig gehaltene Verfahrensweise im Wege dieser Amtshilfe hätte erfolgen können.

---

13 Sch./Sch.-Stree/Kinzig [20], § 56f, Rn. 27; SK-Schall [69], § 56f, Rn. 44.

14 Vgl. SK-Schall [69], § 56f, Rn. 44.

15 Fischer [21], § 56f, Rn. 19a; LK-Hubrach [37], § 56f, Rn. 50; Sch./Sch.-Stree/Kinzig [20], § 56f, Rn. 27. Vgl. auch SK-Schall [69], § 56f, Rn. 42, der statt mit dem Aspekt des Vertrauensschutzes mit dem der rechtsstaatswidrigen Verletzung des Beschleunigungsgebotes argumentiert.

3.2.1 Die Grundsätze der Amtshilfe

Gem. Art. 35 GG haben sich die Behörden des Bundes und der Länder gegenseitig Rechts- und Amtshilfe zu leisten. Unter Amtshilfe ist die Tätigkeit einer Behörde zu verstehen, welche sie auf Ersuchen einer anderen Behörde vornimmt, um die Durchführung der Aufgaben der ersuchenden Behörde zu ermöglichen oder zu erleichtern[16]. Ein Beispiel für Amtshilfe während eines Strafverfahrens ist die Vernehmung von Beschuldigten oder Beweispersonen durch andere Staatsanwaltschaften.

Die Rechtshilfepflicht besteht ohne Rücksicht auf das Stadium des Verfahrens. Ihr unterliegen alle Prozesshandlungen, die der Durchführung des anhängigen Verfahrens zu dienen bestimmt sind[17]. Das Rechtshilfeersuchen ist jedoch nur dann zulässig, wenn die Vornahme der ersuchten Handlung im Wege der Amtshilfe rechtlich überhaupt vorgesehen ist. Ein Beispiel hierfür ist § 223 Abs. 1 StPO. Danach kann das Gericht die Vernehmung eines Zeugen oder Sachverständigen durch einen beauftragten oder ersuchten Richter anordnen, wenn dessen Erscheinen in der Hauptverhandlung für eine längere oder ungewisse Zeit Krankheit oder Gebrechlichkeit oder andere nicht zu beseitigende Hindernisse entgegenstehen. Dasselbe gilt, wenn einem Zeugen oder Sachverständigen das Erscheinen wegen großer Entfernungen nicht zugemutet werden kann, § 223 Abs. 2 StPO.

Eine solche ausdrückliche Regelung in Bezug auf die Durchführung psychiatrischer Zwangsmaßnahmen ist aus dem Gesetz jedoch nicht ersichtlich. Im Übrigen beschränkt sich die Amtshilfe darauf, für den ersuchenden Richter solche Handlungen vorzunehmen, deren Vornahme durch ihn selbst einfach nur zu umständlich wäre, eben weil z. B. der zu vernehmende Sachverständige sonst eine unverhältnismäßig weite Reise unternehmen müsste. Diese Handlungen können dann von dem ersuchten Gericht vorgenommen werden, das hierfür

---

16 Maunz/Dürig [27], Art. 35, Rn. 1. Vgl. auch Sodan-Leisner [56], Art. 35, Rn. 1f.; LR-Franke [13], Vor § 156, Rn. 1–3, wo zwischen den Begriffen Rechts- u. Amtshilfe differenziert wird, je nach dem, ob die Hilfe von Gerichten untereinander oder im Verhältnis von Gerichten und Verwaltungsbehörden geleistet wird, ferner danach, ob im Wege der (Rechts-) Hilfe Aufgaben des ersuchenden Gerichts von dem ersuchten Gericht wahrgenommen werden oder ob sich das ersuchende Gericht im Wege der (Amts-) Hilfe zur Ausübung der ihm obliegenden Aufgaben lediglich der sächlichen Unterstützung des ersuchten Gerichts bedient, etwa durch Bereitstellung eines Vernehmungszimmers.

17 Meyer-Goßner/Schmitt [42], § 156 GVG, Rn. 1.

allerdings sachlich zuständig sein muss[18]. Das ersuchte Gericht darf für das ersuchende Gericht nur solche Handlungen vornehmen, die dem ersuchenden Gericht an sich erlaubt sind. Das ersuchte Gericht darf also keine Handlungen vornehmen, die schon das ersuchende Gericht selbst nicht vornehmen dürfte.

Die Unzulässigkeit einer vom ersuchenden Gericht beabsichtigten Maßnahme kann nicht dadurch umgangen werden, dass zu ihrer Durchführung ein Gericht ersucht wird, das aufgrund eines bei ihm anhängigen Verfahrens über die Befugnis zur Durchführung solcher Maßnahmen verfügt.

3.2.2 Die Zwangsmaßnahmen des Amtshilfeverfahrens

Voraussetzung für die Durchführung einer Zwangsmaßnahme im Wege der Amtshilfe ist also die Zulässigkeit der Zwangsmaßnahme an sich. Dass die Rechtshilfe letztlich nur zur Vereinfachung in tatsächlicher Hinsicht dienen und nicht etwa auch rechtliche Verfahrenshindernisse beseitigen soll, zeigt schon § 157 Abs. 1 GVG. Danach ist das Rechtshilfeersuchen an das Amtsgericht zu richten, in dessen Bezirk die Amtshandlung vorgenommen werden soll. Ausschlaggebend sind also Zweckmäßigkeitsgesichtspunkte[19]. Um die Effektivität der Verlagerung einzelner Verfahrenshandlungen auf den ersuchten Richter zu gewährleisten, hat der Gesetzgeber den ersuchten Richter mit eigenen Befugnissen zur Anwendung von Zwangsmaßnahmen ausgestattet, so z. B. die Auferlegung von Kosten, die infolge des Ausbleibens von Zeugen oder Sachverständigen entstanden sind bzw. die Verhängung von Ordnungsgeldern, §§ 51, 70, 77, 133, 134 StPO, 178 GVG[20]. Daraus kann jedoch nicht der Schluss hergeleitet werden, dass auch solche Zwangsmaßnahmen von dem ersuchten Richter angeordnet werden dürften, die ihm vom Gesetz nicht ausdrücklich gestattet sind.

Bei den vom Gesetz zur Gewährleistung der Amtshilfe ausdrücklich genannten Zwangsmaßnahmen handelt es sich ausschließlich um solche, die zur Durchsetzung von Verfahrenshandlungen und somit zur Aufrechterhaltung der äußeren Verfahrensordnung, nicht aber zur Gewinnung entscheidungserheblicher Beurteilungsgrundlagen erforderlich sind. Schließlich verfolgt die Amtshilfe nur den Zweck, konkrete Handlungen, nicht aber die allein dem ersuchenden

18 Meyer-Goßner/Schmitt [42], Vor §§ 156ff GVG, Rn. 1.

19 Vgl. KK-Mayer [25], § 157 GVG, Rn. 2; LR-Boll [14], § 157 GVG, Rn. 2; Meyer-Goßner/Schmitt [42], § 157 GVG, Rn. 2; Pfeiffer [45], § 157 GVG, Rn. 1; SK (StPO)-Degener [68], § 157 GVG, Rn. 2.

20 LR-Boll [14], § 156 GVG, Rn. 4; Meyer-Goßner/Schmitt [42], § 157 GVG, Rn. 4; SK (StPO)- Degener [68], § 156 GVG, Rn. 5; vgl. auch KK-Mayer [25], § 157, Rn. 5.

Richter obliegende Entscheidungsfindung zu übernehmen. Diese Zwangsmaßnahmen wären in dem Verfahren vor dem ersuchenden Richter ebenso zulässig. Andere Eingriffe, die schon der ersuchende Richter nicht durchführen darf, können von dem ersuchten Richter ebensowenig mit Zwang durchgesetzt werden.

Um nicht zum Ausführenden einer unzulässigen Verfahrenshandlung zu werden, muss das ersuchte Gericht die rechtlichen Voraussetzungen der nachgesuchten Maßnahme prüfen[21]. Einer anderen Meinung zufolge hat das ersuchte Gericht weder das Recht noch die Pflicht, die tatsächlichen Voraussetzungen der ersuchten Hilfeleistung nachzuprüfen[22]. Letztlich kommt es auf diese Meinungsverschiedenheit hier nicht an, denn das Ersuchen ist jedenfalls gem. § 158 Abs. 2 S. 1 GVG abzulehnen, wenn die vorzunehmende Handlung ausdrücklich oder nach dem Sinn der gesetzlichen Vorschrift verboten ist. Hierfür ist nach h. M. erforderlich, dass sie schlechthin rechtlich unzulässig ist; schließlich ist der ersuchte Richter nur der „verlängerte Arm" des ersuchenden Richters[23]. Ist die vorzunehmende Handlung nicht schlechthin unzulässig sondern resultiert die Unzulässigkeit aus streitigen Rechtsfragen, so hat des ersuchte Gericht die Rechtsansicht des ersuchenden Gerichts zu respektieren[24]. Wenn der ersuchte Richter Grund zu der Annahme hat, dass die Grundlage des Ersuchens mangelhaft ist oder sich inzwischen wesentlich geändert hat, ist vor der Ausführung eine Entscheidung des ersuchenden Gerichts darüber herbeizuführen, ob das Ersuchen zurückgenommen oder geändert wird[25].

Aus diesen Gründen ist die Anordnung der Unterbringung zur Beobachtung durch das Gericht eines gegen den Verurteilten anhängigen Erkenntnisverfahrens im Wege der Amtshilfe nicht möglich. Das ersuchte Gericht müsste in Erfüllung der ihm obliegenden Prüfungspflichten feststellen, dass das von dem ersuchenden Gericht betriebene Verfahren, hier also das Widerrufsverfahren, keine Ermächtigungsgrundlage für die ersuchte Maßnahme bereit hält und die vorhandenen Ermächtigungsgrundlagen von den Regeln der Amtshilfe auch nicht erweitert werden. Im Übrigen wäre das ersuchte Gericht auch gar nicht dazu berufen, anstelle des ersuchenden Gerichts eine Entscheidung über die

21 Vgl. Pfeiffer [45], § 158 GVG, Rn. 2.

22 KK-Mayer [25], § 158 GVG, Rn. 3., LR-Boll [14], § 158 GVG, Rn. 7.

23 KK-Mayer [25], § 159 GVG, Rn. 5; Meyer-Goßner/Schmitt [42], § 158 GVG, Rn. 2; LR-Boll [14], § 158 GVG, Rn. 6.

24 LR-Boll [14], § 158 GVG, Rn. 10; SK (StPO)-Degener [68], § 158 GVG, Rn. 9.

25 LR-Boll [14], § 158 GVG, Rn. 7; Meyer-Goßner/Schmitt [42], § 158 GVG, Rn. 2; Pfeiffer [45], § 158 GVG, Rn. 4; Vgl. KK-Mayer [25], § 158 GVG, Rn. 6; SK (StPO)-Degener [68], § 158 GVG, Rn. 13.

Anwendung einer Zwangsmaßnahme zu treffen. Zwar ist das ersuchte Gericht verpflichtet, die Rechtmäßigkeit der ersuchten Handlung zu prüfen. Es ist jedoch nicht befugt, anstelle des ersuchenden Gerichts selbst eine Entscheidung zu treffen. Es kann und muss lediglich das ersuchende Gericht auf die rechtlichen Bedenken hinweisen und es zu einer neuen, eigenen Entscheidung veranlassen[26].

Dass das ersuchte Gericht nicht anstelle des ersuchenden entscheiden darf, steht im Einklang mit der grundsätzlichen Entscheidung des Gesetzgebers, die Befugnisse zur Anordnung von Zwangsmaßnehmen durchgehend demselben Gericht zuzuweisen. Gem. § 81 Abs. 3 StPO, der sich auf die Unterbringung zur Beobachtung des Beschuldigten in einem öffentlichen psychiatrischen Krankenhaus bezieht, entscheidet im vorbereitenden Verfahren das Gericht, das auch für die Eröffnung des Hauptverfahrens zuständig wäre. Daraus geht hervor, dass die Befugnis zur Anordnung der Maßnahme durchgehend dem gleichen Gericht zustehen soll, das insoweit Herr des Verfahrens ist. Dieser Grundsatz würde verletzt, wenn im Zuge des bei dem ersuchten Gericht anhängigen Verfahrens auch Maßnahmen angeordnet würden, die den Zwecken eines anderen, nämlich des bei dem ersuchenden Gericht anhängigen Verfahrens dienen. Die Initiative zu der Maßnahme ginge letztlich von dem ersuchenden Gericht aus, während die Anordnung der Maßnahme selbst von einem unzuständigen Gericht getroffen würde.

3.3 Zwangsmaßnahmen und Verfahrenszweck

Ein weiteres Kriterium hinsichtlich der Anordnung von Zwangsmaßnahmen durch ein ersuchtes Gericht ist die enge Verknüpfung von Zwangsmaßnahmen und Untersuchungszweck. Zur Veranschaulichung mag § 81a Abs. 1 S. 1 StPO dienen. Diese Vorschrift regelt die körperliche Untersuchung des Beschuldigten zur Feststellung von Tatsachen, die für das Verfahren von Bedeutung sind. Dazu zählen solche Tatsachen, welche die Straftat, die Täterschaft und Schuld des Beschuldigten beweisen oder die Rechtsfolgenentscheidung beeinflussen können[27]. Diese Zielsetzung entspricht der Zweckbestimmung der strafprozessualen Zwangsmaßnahmen. Zu den Zwecken der strafprozessualen Zwangsmaßnahmen gehören Ermittlung, Beweissicherung, Verhütung von Straftaten u. a.[28].

---

26 A. a. O.

27 KMR-Bosch [61], § 81a, Rn. 22; LR-Krause [12], § 81a, Rn. 16; Meyer-Goßner/Schmitt [42], § 81a, Rn. 6; Pfeiffer [45], § 81a, Rn. 2; Vgl. SK (StPO)-Rogall [71], § 81a, Rn. 10.

28 KK-Greven [25], Vor. § 94, Rn. 1; LR-Schäfer [18], § 94, Rn. 1; Pfeiffer [45], Vor. §§ 94ff., Rn. 1; Vgl. Meyer-Goßner/Schmitt [42], Vor. § 94, Rn. 1.

Ein Zweck besteht in der Verfahrensförderung sowie der Feststellung solcher Tatsachen, „die für das Verfahren von Bedeutung sind“[29]. Es liegt auf der Hand, dass zu den verfahrensfördernden Zwecken nur die gehören können, welche für das konkrete Verfahren von Bedeutung sind. Anderenfalls könnte das Problem, dass Ermächtigungsgrundlagen für bestimmte Maßnahmen in einem Verfahren fehlen, dadurch umgangen werden, dass der Betroffene im Zuge eines anderen Verfahrens zwangsweise untersucht wird.

Ein weiteres Beispiel in diesem Zusammenhang ist § 81 Abs. 2 StPO. Nach dieser Vorschrift ordnet das Gericht die Verbringung und Beobachtung in einem psychiatrischen Krankenhaus nur an, wenn der Beschuldigte der Tat dringend verdächtig ist. Das Gericht darf die Anordnung nicht treffen, wenn sie „zu der Bedeutung der Sache“ und der zu erwartenden Strafe oder Maßregel der Besserung und Sicherung außer Verhältnis steht. Auch hier wird die Anordnung im vorbereitenden Verfahren gem. § 81 Abs. 3 StPO von dem Gericht getroffen, das für die Eröffnung des Hauptverfahrens zuständig wäre.

Die Formulierungen zeigen, dass die durchzuführenden Untersuchungen stets mit dem Untersuchungszweck eng verknüpft sein müssen. Der zu Untersuchende muss der Tat dringend verdächtig sein. Voraussetzung ist somit der Bezug zu der Tat, wegen der das konkrete Verfahren eingeleitet worden ist, und nicht zu einer völlig anderen Tat, die nur Gegenstand eines anderen Verfahrens sein kann. Wäre die Auffassung des OLG Hamm zutreffend, müsste es konsequenterweise auch möglich sein, psychiatrische Untersuchungen in einem gleichzeitig stattfindenden Strafverfahren durchzuführen, das sich zwar gegen dieselbe Person richtet, aber eine völlig andere Straftat betrifft, die wegen des fehlenden inneren kriminologischen Zusammenhanges mit der zu treffenden Widerrufsentscheidung in keinerlei rechtlichem oder tatsächlichem Zusammenhang steht.

Ein weiterer Anhaltspunkt dafür, dass eine Zwangsmaßnahme auf den Zweck des jeweiligen Verfahrens ausgerichtet sein muss, liegt in den Anforderungen an den gegen den Beschuldigten bestehenden Tatverdacht. Soll z. B. der Beschuldigte zur Sicherung des Verfahrens in Untersuchungshaft genommen werden, muss er, von weiteren Voraussetzungen abgesehen, der Tat dringend verdächtig sein; § 112 Abs. 1 S. 1 StPO. Dringender Tatverdacht besteht, wenn die Wahrscheinlichkeit groß ist, dass der Beschuldigte Täter oder Teilnehmer einer Straftat ist[30].

---

29 A. a. O.

30 KMR-Wankel [62], § 112, Rn. 1; LR-Hilger [11], § 112, Rn. 16; Meyer-Goßner/Schmitt [42], § 112, Rn. 5; KK-Graf [25], § 112, Rn. 3; Pfeiffer [45], § 112, Rn. 2; SK (StPO)-Paeffgen [73], § 112, Rn. 4.

Es liegt auf der Hand, dass hiermit nur die Straftat gemeint sein kann, die Untersuchungsgegenstand des konkreten Strafverfahrens ist. Die bloße Beziehung des zu Untersuchenden zu einem außerhalb des Verfahrens liegenden Untersuchungsgegenstand rechtfertigt die Anwendung dieser Maßnahmen nicht. Außerdem muss der jeweilige Haftgrund, wie z. B. die Verdunkelungsgefahr, in dem Verfahren gegen den Beschuldigten bestehen. Es reicht nicht aus, wenn die Verdunkelungsgefahr in einem anderen Verfahren besteht, welches mit dem gegen den Beschuldigten gerichteten Verfahren zwar in Zusammenhang steht, mit diesem aber nicht identisch ist[31].

Es genügt aber nicht nur, dass die Zwangsausübung überhaupt in einer Beziehung zu der den Verfahrensgegenstand bildenden Tat steht. Vielmehr muss die konkrete Zwangsmaßnahme zu der zu erwartenden Strafe oder Maßregel in Verhältnis stehen. Dies ergibt sich z. B. aus § 81 Abs. 2 S. 2 StPO, welcher die Unterbringung in einem psychiatrischen Krankenhaus regelt. Danach darf die Anordnung der Maßnahme nicht erfolgen, wenn sie „zu der Bedeutung der Sache und der zu erwartenden Strafe oder Maßregel der Besserung und Sicherung außer Verhältnis steht." Die Intensität des Eingriffs ist also an der zu erwartenden Rechtsfolge zu messen, die der Gegenstand des Verfahrens, hier die jeweilige Straftat, nach sich zieht. Durch die vorgenannten Kriterien wird der Bezug von Zwangsmaßnahme und Verfahrensgegenstand deutlich, der nicht mehr gegeben wäre, wenn die Maßnahme wegen eines außerhalb des Verfahrens liegenden Untersuchungsgegenstandes durchgeführt würde.

3.4 Rechtsunsicherheit bei verschiedenartigen Untersuchungszielen

Die Durchführung von Zwangsmaßnahmen in einem parallelen Erkenntnisverfahren könnte darüberhinaus problematisch sein, weil einzelne Maßnahmen im Hinblick auf die verschiedenen Untersuchungsziele unterschiedlich auszugestalten sein könnten. Außerdem könnte die Rechtmäßigkeit einer einzelnen Maßnahme unterschiedlich zu beurteilen sein, da sie je nach Untersuchungsgegenstand verhältnismäßig oder unverhältnismäßig sein könnte. Eine zuverlässige Beurteilung des Zustandes des zu Untersuchenden ist jedoch nur dann möglich, wenn der Untersuchende auf solche Umstände keine Rücksicht nehmen muss und die Untersuchung nach einheitlichen Gesichtspunkten durchgeführt

31 OLG Nürnberg, Beschl. v. 29.11.2002, StraFo 2003, S. 89f. [90].

werden kann. Vermischungen verschiedener Untersuchungszwecke im selben Verfahren sind daher zu vermeiden.

3.4.1 Verschiedene Beweggründe bei früherer Tat und Anlasstat

Zur Veranschaulichung mag folgendes Beispiel dienen:

Ein wegen zahlreicher Drogendelikte Verurteilter befindet sich auf freiem Fuß, da die Vollstreckung der verhängten bzw. der restlichen Freiheitsstrafe zur Bewährung ausgesetzt wurde. Bei den von ihm verübten Delikten handelt es sich hauptsächlich um unerlaubten Besitz von Betäubungsmitteln sowie um Beschaffungskriminalität, etwa um Autoaufbrüche zur Entwendung von Stereoanlagen oder Mobiltelefonen zur Geldbeschaffung. Während der Bewährungszeit wird der Verurteilte erneut rückfällig, da er in einem Kaufhaus oder Supermarkt Lebensmittel und Bekleidungsgegenstände für den eigenen Gebrauch entwendet. Es spricht manches dafür, dass die erneuten Diebstähle nicht unter Suchtdruck geschehen und daher auch nicht dem Zweck der Geldbeschaffung dienen. Entweder besteht die Abhängigkeit nicht mehr oder der Verurteilte hat kurz vor der Tat noch konsumiert, sodass im Zeitpunkt der Tat kein Suchtdruck bestand und die Diebstahlstaten ausschließlich auf einen Hang zu solchen Taten zurückzuführen sind.

Für den Widerruf der Strafaussetzung wegen der bereits abgeurteilten Drogenstraftaten ist nun die Frage der Drogenabhängigkeit als solche bzw. deren Zusammenhang zur Diebstahlsbereitschaft von Interesse. Es kommt darauf an, ob das Gericht zu der Prognose gelangt, dass in Zukunft mit weiteren Straftaten zu rechnen ist. Für die Verurteilung wegen des erneuten Diebstahls und die damit zusammenhängende Vollstreckungsentscheidung hingegen ist entscheidend, ob der Diebstahl auf einen Hang zu Eigentumsdelikten zurückzuführen ist oder vielleicht nur zur Überbrückung einer gegenwärtigen Notlage des Täters diente.

In dem hier gebildeten Fall können demnach verschiedene Zwangsmaßnahmen erforderlich sein, um die gewünschten Erkenntnisse zu gewinnen. Während im Hinblick auf eine etwaige Diebstahlsneigung ein Explorationsgespräch mit dem Sachverständigen ausreichend sein kann, kann zur Untersuchung einer etwa noch bestehenden Drogenabhängigkeit eine Untersuchung von Körperflüssigkeiten (z. B. Urin) oder der Körperbehaarung oder auch eine längerfristige Beobachtung erforderlich sein, um das Verhalten des Untersuchten unter völligem Drogenentzug beurteilen zu können. Diese kann z. B. im Rahmen einer meist dreiwöchigen Entgiftung in der entsprechenden Station eines spezialisierten Krankenhauses geschehen. Im engen Kontakt mit den Behandlern können Erkenntnisse über das Verhalten des Probanden unter Entzug gewonnen werden. Die Untersuchungszwecke des Widerrufsverfahrens und des Erkenntnisverfahrens sind hier so unterschiedlich, dass Untersuchungen, die im Hinblick auf das Widerrufsverfahren im Zuge des neuen Erkenntnisverfahrens durchgeführt werden, im Gegensatz zu dem Verfahrensgegenstand stehen, um den es eigentlich geht.

Dies gilt auch dann, wenn der Angeklagte dem erkennenden Gericht eröffnet, dass ihm wegen der früheren Drogendelikte der Widerruf der Strafaussetzung droht. Es liegt auf der Hand, dass das Gericht, das über die ohne Suchtdruck verübten Diebstähle zu befinden hat, den Angeklagten nicht auf Drogenabhängigkeit hin untersuchen kann. Außerdem hat es ja eine Prognose darüber anzustellen, ob der Angeklagte in der Zukunft überhaupt irgendwelche Straftaten begehen wird, unabhängig davon, welche dies sein könnten und ob diese unter Drogeneinfluss geschehen. Wenn das Gericht aber eine Sozialprognose erstellt, muss es alle Prognosegrundlagen heranziehen, die bekannt geworden sind. Hierzu kann auch eine etwaige Drogenabhängigkeit gehören. Wenn das Gericht über Diebstahlstaten zu befinden hat, die trotz bestehender Abhängigkeit ohne Suchtdruck verübt wurden, muss es die Möglichkeit in Betracht ziehen, dass die Abhängigkeit sich verändern und eine rein seelische Abhängigkeit sich derart verändern kann, dass sie in Zukunft wieder zu vom Suchtdruck motivierten Straftaten führen kann. Es kann also sein, dass sich das erkennende Gericht im Rahmen der Prognosestellung mit Fragen der Abhängigkeit befassen muss, obwohl die zu beurteilende Tat nicht aus Abhängigkeit begangen wurde.

Die oben S. 33 erwähnte Möglichkeit, dass das Widerrufsgericht der Prognose des erkennenden Gerichtes folgt, scheidet aus. Es ist auch durchaus denkbar, dass das Widerrufsgericht zu der Feststellung gelangt, dass die Erwartung straffreien Verhaltens trotz der neuen Tat nicht widerlegt ist, weil der neuen Tat Umstände vorausgingen, die im Prognosezeitpunkt noch gar nicht vorhersehbar waren, weswegen sie auch nicht Grundlage der widerlegten Erwartung werden konnten. Überlegungen darüber, ob es zu dem Widerruf tatsächlich kommt und das Widerrufsgericht zu der Feststellung gelangen wird, dass sich die der Aussetzungsprognose zugrunde liegende Erwartung nicht erfüllt hat, wird das erkennende Gericht nicht anstellen. Das erkennende Gericht wird die Tatsache, dass dem Beschuldigten hinsichtlich einer früheren Verurteilung der Widerruf der Strafaussetzung zur Bewährung bevorsteht, nur bei der Strafzumessung berücksichtigen, denn gem. § 46 Abs. 1 S. 2 StGB sind die Wirkungen, die von der Strafe für das künftige Leben des Täters in der Gesellschaft zu erwarten sind, zu berücksichtigen. Hierzu zählt auch der drohende Widerruf einer ausgesetzten Freiheitsstrafe[32].

3.4.2 Positive Prognose nach erneuter Straftat trotz früherer Verurteilungen

In diesem Zusammenhang wäre auch der Fall denkbar, dass ein verurteilter Proband wegen einer neuen Straftat verurteilt wird, die singulären Charakter hat und aus der sich keinerlei Hinweise auf eine Rückfallgefahr ergeben. Das erkennende Gericht weiß aber von den früheren Straftaten und erfährt zudem, dass es z. B. eine Rauschproblematik gab, die fortbesteht, und somit auch eine Rückfallgefahr. In diesem Fall führt die isolierte Betrachtung der neuen Straftat zu einer positiven Prognose, die sich aber bei umfassender Betrachtung als falsch erweist.

Dieser Fall ist mit dem auf S. 44 gebildeten Fallbeispiel vergleichbar. Denkbar ist z. B., dass der früheren Verurteilung eine Tat zugrunde lag, bei deren Begehung der Verurteilte betäubungsmittelabhängig war und auch unter Suchtdruck gehandelt hat, während der erneuten Verurteilung eine Tat zugrunde lag, die ohne Suchtdruck begangen wurde. Entweder war der Verurteilte immer noch betäubungsmittelabhängig, hatte in der konkreten Situation aber keinen Suchtdruck, oder er ist schon gar nicht mehr abhängig, weil er in der Zwischenzeit erfolgreich therapiert wurde. Wenn nun das erkennende Gericht bei der erneuten Verurteilung und isolierter Betrachtung der neuerlichen Tat keine Rückfallgefahr sieht, aber um die Umstände der früheren Verurteilung weiß, muss es bei der Prognose anlässlich der neuen Tat alle Prognosegesichtspunkte berücksichtigen, die im Zeitpunkt der Prognosestellung bekannt sind. Dazu gehören auch die Umstände der früheren Verurteilung und der dabei zu erstellenden Prognose.

In dem Fall, in dem der Täter ohne Suchtdruck handelte, weil er erfolgreich therapiert wurde und die Sucht nicht mehr bestand, wird das Gericht keinen Anlass haben, eine Rückfallgefahr anzunehmen und die Bewährungsaussetzung zu versagen. Die neuerliche Tat birgt keine Rückfallgefahr in sich und die Umstände, die der früheren Tat zugrunde lagen, sind weggefallen. In dem Fall, in dem zwar während der Tatausführung kein Suchtdruck bestand, die Abhängigkeit an sich aber noch vorhanden war, wird das Gericht wahrscheinlich ebenfalls zu der Feststellung gelangen, dass keine Rückfallgefahr mehr vorliegt. Die neue Straftat

32 Fischer [21], § 46, Rn. 7 unter Hinweis auf OLG Hamm, NStZ-RR 2010, S. 202 L; OLG Düsseldorf, StV 2011, S. 99; MK-Miebach [30], § 46, Rn. 38; Sch./Sch.-Stree/Kinzig [20], § 46, Rn. 55.

für sich genommen birgt ja schon kein Rückfallrisiko. Die frühere Tat barg zwar ein Rückfallrisiko, welches aus der Abhängigkeit resultierte, welches sich in der neuen Tat aber gerade nicht realisiert hat, denn diese Tat wurde ja ohne Suchtdruck verübt. Das Gericht müsste daher bei der Aburteilung der erneuten Tat in jedem Fall zu einer positiven Prognose gelangen.

Abgesehen davon wird es bei der Entscheidung immer zu berücksichtigen haben, dass der Verurteilte ja noch mit dem Widerruf wegen der früheren Tat rechnen muss. Dabei wird es auch berücksichtigen, dass auch das Widerrufsgericht bei seiner Entscheidung noch eine aktuelle Prognose erstellen wird, etwa um zu prüfen, ob nicht weniger einschneidende Maßnahmen als der Widerruf ausreichend sind.

Bei der Widerrufsentscheidung durch das die frühere Tat aburteilende Gericht stellt sich dann die Frage der Vollstreckung der Bewährungsstrafe. Für die Widerrufsentscheidung ist nicht maßgeblich, ob bei einem Rückfall mit einer Tat zu rechnen wäre, die mit der abgeurteilten vergleichbar wäre. Es kommt nur darauf an, ob überhaupt mit einer neuen Straftat zu rechnen ist. Soweit das Gericht bei der ursprünglichen Aussetzungsentscheidung davon ausgegangen ist, dass es wohl zu keinen neuen Straftaten kommen würde, wird es dieser Entscheidung die im Zeitpunkt der früheren Prognoseentscheidung bestehende Suchtsituation des Täters zugrunde gelegt haben und zu dem Ergebnis gelangt sein, dass es aufgrund der Abhängigkeit wahrscheinlich nicht mehr zu neuen Straftaten kommen wird. Diese Erwartung hat sich schließlich auch erfüllt, entweder weil die Sucht sich in der Anlasstat nicht ausgewirkt hat oder weil sie schon gar nicht mehr besteht. Soweit das Gericht also der Prognose im Widerrufsverfahren den Suchtaspekt zugrunde legt, wird es auch weiterhin zu einer positiven Prognose gelangen müssen.

Im nächsten Schritt wird es prüfen müssen, welche Umstände letztlich zu der erneuten Tat geführt haben. Wenn es sich nicht sowieso der Prognose des erkennenden Gerichts anschließt und schon deshalb eine positive Prognose erstellt, wird es u. U. feststellen müssen, dass Umstände zu der Tat geführt haben, die in der Konstellation, in welcher sie zu der erneuten Tat geführt haben, wohl nicht mehr auftreten werden und es deshalb auch zu keiner weiteren Straftat mehr kommen wird. Dies gilt vor allem dann, wenn die neue Tat singulären Charakter hat. Dann wird man annehmen können, dass in einem solchen Fall auch die Tatumstände singulär waren. Das Widerrufsgericht wird daher wohl erneut zu einer positiven Sozialprognose kommen und die Aussetzung zur Bewährung nicht widerrufen.

Handelte es sich um singuläre Tatumstände, dann dürfte es sich um solche handeln, die in der konkreten Konstellation nicht vorhersehbar waren, letztlich aber doch eingetreten sind und zu der Tat geführt haben. Daher muss auch das Widerrufsgericht davon ausgehen, dass wieder einmal Umstände auftreten können, die in ihrer Konstellation einzigartig und deshalb nicht vorhersehbar sind und zu einer Straftat führen können. Daher stellt sich die Frage, ob die Strafaussetzung für einen solchen Fall nicht doch zu widerrufen wäre. Dabei kommt es entscheidend darauf an, dass bei der erneuten Tat, über die das erkennende Gericht zu urteilen hatte, diese Umstände ja auch singulär und konkret nicht vorhersehbar bzw. prognostizierbar waren. Daher wird auch das Widerrufsgericht zwar nicht ausschließen können, dass nochmal eine so außergewöhnliche Konstellation von Umständen auftritt und zu einer neuen Straftat führt. Das Gericht muss das Auftreten solcher Umstände aber prognostizieren können, und das kann es gerade nicht.

Um die Vollstreckungsaussetzung zu widerrufen, muss das Gericht die Tatsachen, die eine negative Prognose tragen, positiv feststellen können; dass eine erneute Straftat nicht ausgeschlossen werden kann, genügt nicht. Das Widerrufsgericht wird die Vollstreckungsaussetzung daher nicht widerrufen sondern allenfalls die Bewährungszeit verlängern, Auflagen oder Weisungen erteilen oder den Verurteilten einem Bewährungshelfer unterstellen, soweit dies nicht ohnehin schon geschehen ist.

3.5 Verknüpfung von Maßnahme und Verfahrenszweck am Beispiel des Beschlagnahmerechts

Die enge Verknüpfung zwischen der Zwangsmaßnahme und dem konkreten Verfahrenszweck wird deutlich, wenn die Vorschriften anderer Bereiche des Eingriffsrechts, insbesondere des Beschlagnahmerechts, §§ 98ff. StPO, zum Vergleich herangezogen werden. Gem. § 108 Abs. 1 S. 1 StPO sind solche Gegenstände einstweilen in Beschlag zu nehmen, die bei Gelegenheit einer Durchsuchung gefunden werden, zu ihr in keiner Beziehung stehen, gleichzeitig aber auf die Verübung einer anderen Straftat hindeuten. Durch dieses Verfahren soll der Staatsanwaltschaft die Möglichkeit eröffnet werden, die Notwendigkeit der Einleitung eines neuen Ermittlungsverfahrens gegen den von der Untersuchung Betroffenen zu prüfen und in diesem Verfahren den Gegenstand dann tatsächlich zu beschlagnahmen oder die Beschlagnahme in einem anderen Verfahren anzuordnen, das bereits anhängig ist. § 108 Abs. 1 StPO erlaubt aber nicht, die Untersuchung als Vorwand zu benutzen, um nach Gegenständen zu suchen, auf die sich die Durchsuchungsanordnung nicht bezieht[33]. Gibt die Staatsanwaltschaft den einstweilig beschlagnahmten Gegenstand nicht frei, muss sie seine Beschlagnahme nach den §§ 94, 98 StPO herbeiführen. Die Anordnung der Beschlagnahme erfolgt dann durch den Richter der neuen Sache. Es genügt nicht, wenn lediglich der Richter der Sache, wegen der die Durchsuchung an sich stattgefunden hat, die Beschlagnahme bestätigt[34]. Unterlässt die Staatsanwaltschaft die Einleitung eines neuen Verfahrens und die Beantragung der endgültigen Beschlagnahme in angemessener Frist, muss die einstweilige Beschlagnahme aufgehoben werden[35].

Diese Grundsätze zeigen, dass der staatliche Zugriff auf ein Rechtsgut nur im Rahmen eines Verfahrens möglich ist, dessen Gegenstand mit dem konkreten, betroffenen Rechtsgut in einem unmittelbaren Zusammenhang steht. Die rein formale, unter zuständigkeits- und kompetenzrechtlichen Gesichtspunkten gegebene Möglichkeit, überhaupt auf Rechtsgüter wie das betroffene Zugriff nehmen zu können, genügt nicht. Soll ein Fund in rechtlich zulässiger Weise beschlagnahmt werden können, kann dies nur im Rahmen eines Verfahrens geschehen, dessen Gegenstand mit dem Fund in unmittelbarem Zusammenhang steht. Ohne diese verfahrensmäßige Zuordnung muss der Gegenstand wieder freigegeben werden. Die Tatsache, dass das Gericht des früheren Verfahrens den ursprünglichen Durchsuchungszweck nicht nachträglich erweitern kann, zeigt, dass die verfahrensmäßige Anbindung der fraglichen Maßnahme für deren Rechtmäßigkeit unerläßlich ist.

3.6 Anwendung der §§ 81, 81a StPO bei Gleichartigkeit von Anlasstat und abgeurteilter Tat

Die Anwendung der §§ 81, 81a StPO ist ebenfalls nur dann zulässig, wenn sie in einem inneren Zusammenhang zum Verfahrensgegenstand steht. Gegenstand

33 KK-Bruns [25], § 108, Rn. 1 („Geplante Zufallsfunde“); KMR-Hadamitzky [62], § 108, Rn. 1 u. 2 („Gezielte Suche nach Zufallsfunden“); LR-Schäfer [18], § 108, Rn. 9; Meyer-Goßner/Schmitt [42], § 108, Rn. 1 m. w. N., insbesondere OLG Karlsruhe, StV 1986, S. 10; LG Berlin, StV 1987, S. 97; LG Bonn, NJW 1981, S. 292; LG Bremen, StV 1984, S. 505; Krekeler [34], S. 1423; Welp [64], S. 289; Pfeiffer [45], § 108, Rn. 1; SK (StPO)-Wohlers [73], § 108, Rn. 4.

34 KMR-Hadamitzky [62], § 108, Rn. 7 unter Verweis auf BGHSt. 19, S. 374ff 376.

35 KMR-Hadamitzky [62], § 108, Rn. 7; LR-Schäfer [18], § 108, Rn. 15; Meyer-Goßner/Schmitt [42], § 108, Rn. 7; Pfeiffer [45], § 108, Rn. 2; SK (StPO)-Wohlers [73], § 108, Rn. 14.

einer Beobachtung können nur solche Tatsachen sein, die für das fragliche Erkenntnisverfahren von Bedeutung sind. Sie müssen einen konkreten Bezug zu der untersuchten Straftat, der Täterschaft des Beschuldigten und den etwa zu erwartenden Rechtsfolgen haben. Dies ist nicht gegeben, wenn die Untersuchungen zu einem Zweck durchgeführt werden, welcher Gegenstand eines Widerrufsverfahrens ist, das ein ganz eigenständiges Verfahren darstellt und eine bereits abgeurteilte Straftat betrifft, wegen der nur noch die Vollziehung der Rechtsfolge fraglich ist. Eine verfahrensmäßige Anbindung an das lediglich die äußere Form abgebende Erkenntnisverfahren besteht dagegen nicht. Ihm kommt von vornherein ein Zweck zu, der mit dem des Widerrufsverfahrens in keiner Verbindung steht.

Etwas anderes könnte freilich dann gelten, wenn das parallele Erkenntnisverfahren eine Straftat zum Gegenstand hat, die mit der abgeurteilten Tat vergleichbar ist. Das Untersuchungsziel des Widerrufsverfahrens entspricht sachlich dem Gegenstand des nunmehr stattfindenden Erkenntnisverfahrens, an dessen Abschluss auch die Frage der Vollstreckungsaussetzung geprüft werden muss, wenn eine Verurteilung zu einer Freiheitsstrafe von nicht mehr als einem Jahr erfolgt, vgl. § 56 Abs. 1 StGB. Es ist der Hang des Verurteilten zu ein ganz bestimmtes Rechtsgut betreffenden Straftaten zu beurteilen. Die dazu erforderliche Prognose wird nach den gleichen Kriterien zu erstellen sein, wie im Widerrufsverfahren. Infolge der engen Verknüpfung von Erkenntnis- und Widerrufsverfahren durch die neue Anlasstat ist es ggf. sogar möglich und geboten, den Ausgang des Erkenntnisverfahrens abzuwarten und im Widerrufsverfahren die Untersuchungsergebnisse des Erkenntnisverfahrens der Prognose zugrundezulegen[36]. In diesem Zusammenhang sei noch erwähnt, dass eine Straftat i. S. d. § 56 Abs. 1 StGB grundsätzlich jede strafbare Handlung ist. Eine günstige Prognose ist nicht schon dann gegeben, wenn von dem Verurteilten keine der bereits abgeurteilten Tat ähnliche Tat zu erwarten ist. Umgekehrt ist eine Prognose nicht schon dann negativ, wenn die von dem Verurteilten zu erwartenden Straftaten nach Art und Schwere der bereits abgeurteilten Tat entsprächen[37].

---

36 Vgl. schon oben S. 33.

37 LK-Hubrach [37], § 56, Rn. 15.

3.7 Bedeutung der Gleichartigkeit in der Entscheidung des OLG Hamm

Offenbar geht auch das OLG Hamm in seiner Entscheidung vom 17.1.1974[38] von diesen Grundsätzen aus. Es führt aus, dass in dem Ermittlungsverfahren wegen der neuen Tat ohne weiteres die Unterbringung zur Untersuchung möglich ist, sofern diese gravierend genug ist. Wenn die Auffassung des OLG Hamm tatsächlich zuträfe, müsste die zwangsweise Einlieferung in ein psychiatrisches Krankenhaus zur Beobachtung im Rahmen des Erkenntnisverfahrens doch in jedem Fall zulässig sein, unabhängig davon, ob der Gegenstand des neuen Verfahrens an sich schon die Maßnahme rechtfertigen würde. Das Gericht stellt aber selbst darauf ab, ob die dem neuen Verfahren vorausgehende Straftat schwer genug wiegt, um einen solchen Eingriff zu rechtfertigen. Auch danach ist also die Zulässigkeit einer solchen Maßnahme stets an dem Gegenstand des Verfahrens zu messen, in welchem sie durchgeführt wird. Andere Untersuchungsziele vermögen eine solche Maßnahme nicht zu rechtfertigen.

3.8 Zwischenergebnis

Die Untersuchungen haben gezeigt, dass Zwangsmaßnahmen nicht in einem Erkenntnisverfahren angewendet werden können, um so das Nichtvorhandensein von Ermächtigungsgrundlagen in einem gleichzeitig stattfindenden Widerrufsverfahren zu umgehen. Wegen des fehlenden kriminologischen Zusammenhangs von Anlasstat und abgeurteilter Tat würde der notwendige Zusammenhang der im Hinblick auf den Widerruf durchgeführten Maßnahmen mit dem Zweck des Erkenntnisverfahrens fehlen. Dies äußert sich unter Umständen auch in der Ausgestaltung der anzuwendenden Maßnahmen, die je nach Untersuchungszweck durchaus unterschiedlich sein können. Letztlich können die notwendigen Zulässigkeitsvoraussetzungen auch nicht im Wege der Amtshilfe geschaffen werden.

38 S. 13, Fn. 2, dort S. 915.

Kapitel 4
Meinungsstand zur Entbehrlichkeit von Ermächtigungsgrundlagen bei Unterbringungen

Unklarheiten hinsichtlich der Anwendbarkeit von Zwangsmaßnahmen bestehen aber nicht nur insoweit, als es um psychiatrische Begutachtungen als solche geht. Meinungsverschiedenheiten gibt es schon dann, wenn es um die Anordnung der Unterbringung zum Zwecke der Untersuchung gem. § 80 StPO bzw. die mit der psychiatrischen Begutachtung zwangsläufig verbundene Freiheitsentziehung geht.

4.1 Die Auffassung des OLG Celle

Es wurde dargelegt, dass das OLG Hamm das Vorhandensein einer Ermächtigungsgrundlage für eine Zwangsmaßnahme zwar als notwendig erachtet, sich zu ihrer Anwendung aber eines anderen Verfahrens bedient, in dem die gewünschte Ermächtigungsgrundlage zur Verfügung steht. Im Gegensatz dazu hält das OLG Celle keine gesonderte Ermächtigungsgrundlage für die Zwangsanwendung für erforderlich, da der zu Untersuchende aufgrund der Tatsache, dass er sich in Strafhaft befindet, ohnehin schon unter einem Eingriff in seine Freiheit steht.

Das OLG Celle hatte im Jahre 1991 einen Sachverhalt zu beurteilen, in dem ein Landgericht eine eintägige Untersuchung eines Angeklagten durch einen Sachverständigen angeordnet hatte, nachdem der Angeklagte nicht freiwillig bereit war, sich bei dem Sachverständigen in dessen Nervenklinik zu einer entsprechenden Untersuchung einzufinden. In dem Verfahren handelte es sich um die Berufung gegen die von einem Amtsgericht verhängte Freiheitsstrafe wegen Körperverletzung. Gegen den Beschluss des Landgerichts hatte der Angeklagte Beschwerde beim OLG Celle eingelegt[1].

Nach Auffassung des OLG Celle hätte es keiner weiteren Zwangsmaßnahmen gegen den Beschuldigten bedurft, da er sich ohnehin in Strafhaft befand. Die Untersuchungen durch den Sachverständigen könnten im Strafvollzug durchgeführt werden. Den maßgeblichen Grund hierfür sieht das OLG Celle in der freiheitsentziehenden Wirkung, welche die sachverständige Begutachtung mit

1 OLG Celle, Beschl. v. 18.6.1991, NStZ 1991, S. 598ff.

sich bringt. Da der Angeklagte sich in Strafhaft befinde, sei ihm die Freiheit zum Zeitpunkt der Begutachtung ohnehin schon entzogen. Die Beschränkung seiner Freiheit, welcher der Angeklagte bei einer Vorführung vor den Sachverständigen unterzogen werde, erleide er bereits, wenn auch auf anderer Grundlage. Einer gesonderten Ermächtigungsgrundlage sowie einer darauf gestützten Verfügung bedürfe es daher überhaupt nicht.

Es sei auch keineswegs erforderlich, dass der Sachverständige in die Justizvollzugsanstalt komme, in welcher der Angeklagte inhaftiert ist, um die Untersuchungen dort durchzuführen. Die Vollzugsanstalt könne darum ersucht werden, den Angeklagten vorübergehend in eine nahegelegene Justizvollzugsanstalt oder ein psychiatrisches Krankenhaus zu überstellen. Es würde sich dann um ein Ersuchen um Amtshilfe handeln, das sich sowohl an die überstellende Justizvollzugsanstalt als auch an die den Angeklagten aufnehmende Einrichtung richten würde[2].

4.1.1 Stellungnahme zur Auffassung des OLG Celle

Die Argumentation des OLG Celle begegnet Bedenken. Sie ist schon deshalb unzutreffend, weil es die von einer psychiatrischen (und ggf. körperlichen) Untersuchung ausgehenden Wirkungen verkennt. Indem das Gericht schwerpunktmäßig auf den Aspekt der Freiheitsentziehung abstellt, bleibt außer Acht, dass schon die sachverständige Untersuchung an sich Beeinträchtigungen mit sich bringt, die über die bloße Freiheitsbeschränkung hinausgehen. Dies können körperliche Beeinträchtigungen sein, etwa dann, wenn der Sachverständige den Verurteilten auch körperlich untersucht, und psychische Beeinträchtigungen, da die Befragung durch einen Sachverständigen den zu Untersuchenden psychisch beansprucht, was dieser u. U. als belastend empfinden und Stresssituationen auslösen kann. Zwar könnte man die mit der sachverständigen Begutachtung einhergehende Freiheitsbeschränkung noch als von der Grundlage des ohnehin bestehenden Freiheitsentzuges gedeckt ansehen. Jedoch sind die körperlichen und psychischen Beeinträchtigungen, etwa während der Untersuchung durch den Sachverständigen aufkommender Stress, davon nicht mehr gedeckt.

Dem könnte entgegengehalten werden, dass eine lediglich psychiatrische Untersuchung, etwa in Gestalt eines Explorationsgesprächs, also der Befragung des zu Untersuchenden zur Feststellung des psychischen Zustandes, noch keine körperliche oder psychische Beeinträchtigung auslöst. Dies ist aber nur auf den ersten Blick richtig. Es kann nicht übersehen werden, dass die Befragung durch

2 A. a. O.

einen Psychiater selbst dann, wenn er den zu Untersuchenden nicht einmal berührt, diesen einer besonderen Stresssituation und somit psychischem Druck aussetzt. So kann es z. B. vorkommen, dass ein Proband, der im Laufe seiner „Karriere“ einen Großteil seines bisherigens Lebens in Haft zugebracht hat, im Laufe dieser Zeit schon mehrfach von psychiatrischen Sachverständigen untersucht wurde, u. U. sogar von demselben. In diesen Fällen wird der Proband aufgrund seiner Erfahrungen mit früheren Begutachtungen und deren Resultaten sich u. U. eine Strategie zurechtlegen, wie er meint, sich dem Sachverständigen gegenüber verhalten zu müssen, um das Gutachtenergebnis beeinflussen zu können. In diesen Fällen wird natürlich kein Zwang auf den Probanden ausgeübt. Vielmehr geht der Entschluss, sich in einer bestimmten Weise dem Gutachter gegenüber taktisch zu verhalten, von ihm selbst aus. Ungeachtet dessen muss das Verhalten des Probanden in solchen Fällen in gewisser Weise als zwanghaft, und als nicht unbeeinflusst und freiwillig bezeichnet werden.

Im materiellen Strafrecht ist im Bereich der Körperverletzungsdelikte durchaus anerkannt, dass nicht nur physische sondern auch psychische Einwirkungen tatbestandlich sein können, wenn sie sich körperlich auswirken. Das Merkmal körperlicher Kraftentfaltung als alleiniges Kriterium für eine körperliche Beeinträchtigung wurde vom BGH in dessen Entscheidung BGHSt. 1, S. 143, aufgegeben. Dort bestand die zu beurteilende Tathandlung in der Beibringung von Betäubungsmitteln, die aufgrund des äußeren Erscheinungsbildes gewaltlos erfolgt zu sein schien[3]. Eine Einwirkung auf die Psyche des Opfers und somit Körperverletzung in Gestalt dauernden „seelischen Quälens“ liegt auch beim sog. Telefonterror[4] vor, wenn der Telefonterror nicht nur zu einem bloßen seelischen Unwohlbefinden sondern zu einer somatisch objektivierbaren Beeinträchtigung[5], z. B. in Gestalt einer Nervenreizung oder einer psycho-vegetativen Störung führt[6]. Hierher gehören auch die Fälle, in denen ein Autofahrer durch

3 Fischer [21], § 240, Rn. 11a, m. w. N., auch hinsichtlich der dann folgenden, nicht mehr allein auf den physischen Gewaltbegriff abstellenden Rechtsprechung; Lackner/Kühl [32], § 240, Rn. 7; LK-Altvater [38], § 240, Rn. 12; MK-Sinn [31], § 240, Rn. 33; Sch./Sch.-Eser/Eisele [20], Vorbem. § 234ff., Rn. 7.

4 Fischer [21], § 223, Rn. 12; LK-Lilie [40], § 223, Rn. 15; MK-Joecks [31], § 223, Rn. 17; Sch./Sch.-Eser [20], § 223, Rn. 4; SK-Wolters [70], § 223, Rn. 9.

5 Mit der Bezeichnung psychosomatisch werden in der Medizin Krankheitserscheinungen charakterisiert, bei denen Wechselwirkungen zwischen körperlichen und seelischen Vorgängen angenommen werden.

6 Fischer [21], § 223, Rn. 12; LK-Lilie [40], § 223, Rn. 15; Sch./Sch.-Eser [20], § 223, Rn. 6; SK-Wolters [70], § 223, Rn. 9 u. 23; vgl. auch Lackner/Kühl [32], § 223, Rn. 4

dichtes Auffahren seines Hintermannes in einen Zustand erheblicher innerer Beunruhigung versetzt wird[7]. Eine physische Einwirkung auf den Körper des Opfers findet auch hier nicht statt.

Nach diesen Grundsätzen kann auch eine Befragung durch einen Psychiater zu einer Beeinträchtigung der persönlichen Integrität des Untersuchten führen, selbst wenn es zu körperlichen Einwirkungen nicht kommt. Dies gilt insbesondere dann, wenn der Betroffene (wie in dem vom OLG Celle zu beurteilenden Fall) von der Justizvollzugsanstalt, in welcher er sich gerade befindet, in eine andere Justizvollzugsanstalt oder ein psychiatrisches Krankenhaus verbracht wird, damit der Sachverständige ihn dort untersuchen kann und nicht zu dem Betroffenen in die Justizvollzugsanstalt kommen muss. Sowohl die Verbringung des Betroffenen als auch der daran anschließende Aufenthalt in der anderen Justizvollzugsanstalt oder dem psychiatrischen Krankenhaus sind freiheitsentziehende Eingriffe. Zwar gehen diese der anschließenden Exploration durch den Sachverständigen nur voran, jedoch ist die Exploration durch den Sachverständigen nicht möglich, ohne dass der Betroffene ihm (entweder in die Justizvollzugsanstalt oder das psychiatrische Krankenhaus) zugeführt wird. Schon deshalb ist eine Exploration durch den Sachverständigen ohne wenn auch nur mittelbar körperlich wirkender Zwang nicht möglich.

Die Beobachtung durch den Sachverständigen selbst hat schon deshalb beeinträchtigenden Charakter, weil sie den zu Untersuchenden der Lage aussetzt, eine konzentrierte Abwehrhaltung gegen die Befragungen des Sachverständigen zu entwickeln, wenn er wirklich entschlossen ist, an der Begutachtung nicht mitzuwirken, wozu er grundsätzlich ja auch nicht verpflichtet ist. Seine Mitwirkung darf nicht erzwungen werden[8]. Dies ist die Konsequenz daraus, dass der Beschuldigte eines Strafverfahrens sich grundsätzlich nicht selbst zu belasten braucht. Bei seiner ersten Vernehmung steht es ihm vollkommen frei, sich zu äußern, worauf er vor Beginn der Vernehmung auch hinzuweisen ist, § 136 Abs. 1 S. 2 StPO. Beide Situationen sind insoweit gleich zu beurteilen. Ähnliches gilt für denjenigen, der ein Zeugnis- oder Auskunftsverweigerungsrecht hat. Bei entsprechender Vernehmungstechnik und persönlichen Eigenschaften des Befragten wird aber auch er zu einer Aussage zu „verleiten“ sein. Er kann dazu

---

u. 5; MK-Joecks [31], § 223, Rn. 17 u. 19, unter Hinweis darauf, dass eine Trennung zwischen physischen und rein psychischen Abläufen schon medizinisch kaum möglich ist.

7 Fischer [21], § 240, Rn. 11a; Lackner/Kühl [32], § 240, Rn. 9; MK-Sinn [31], § 240, Rn. 53; Sch./Sch.-Eser/Eisele [20], Vorbem. § 234ff., Rn. 15; SK-Horn/Wolters [70], § 240, Rn. 10.

8 Eisenberg [9], Rn. 1202.

bestimmt werden, sich anders zu verhalten, als er es zu Beginn der Vernehmung noch zu tun gedachte, und seine Rechte nicht wahrzunehmen.

Nichts anderes gilt bei der Befragung durch den Sachverständigen. Je nach Art und Weise der Fragestellung wird der zu Untersuchende sich doch „einlassen", entgegen seinen Pflichten an der Untersuchung mitwirken und seine Absicht, dies eben nicht zu tun, letztlich aufgeben. Es kann nämlich nicht oft genug betont werden, dass der zu Untersuchende keinen Aussage- oder Mitwirkungspflichten unterliegt[9]. Hierin liegt eine Beeinträchtigung des Rechtsguts der Freiwilligkeit des zu Untersuchenden und seiner Freiheit, über seine Mitwirkung zu entscheiden. Außerdem kommt noch ein Aspekt hinzu, der sich gerade dann auswirkt, wenn ein Proband schon wiederholt Erfahrungen mit Begutachtungen durch Sachverständige gemacht hat. Er wird schon mehrfach die Erfahrung gemacht haben, dass das Gericht in der von dem Sachverständigen zu untersuchenden Frage auf den Sachverständigen „hört", weswegen die Stellungnahme des Sachverständigen in vielen Fällen einem Votum für die vom Gericht zu treffende Entscheidung gleichkommt. Der zu Untersuchende wird sich daher auch oder gerade in der Situation der Begutachtung durch den Sachverständigen so fühlen, als säße er schon dem erkennenden Gericht selbst gegenüber. In der Situation, dem Sachverständigen in einer Besucherzelle der Justizvollzugsanstalt allein gegenüber zu sitzen, wird es dem zu Begutachtenden schwerer fallen, seinen Entschluss, sich nicht an der Exploration beteiligen zu wollen, durchzuhalten, als es der Fall wäre, wenn er sich im Gerichtssaal dazu entschlösse, von seinem Schweigerecht Gebrauch zu machen. Hierbei spielt sicher auch eine Rolle, dass straffällig gewordene und inhaftierte Personen oftmals ein großes Mitteilungsbedürfnis haben und oft sogar froh sind, jemanden zu haben, dem sie sich mitteilen können. Aber auch wenn dies so ist, wird der Entschluss, schweigen zu wollen, in der Verhandlungssituation im Gerichtssaal noch eher durchzuhalten sein, als in der Situation mit dem Sachverständigen, in der man gewissermaßen „unter sich" ist, zumal wenn es der Sachverständige versteht, die potenzielle Redebereitschaft des Probanden durch eine geschickte Gesprächsführung zu lenken.

Dass diese Beeinträchtigung unzulässig ist, zeigt schon die Tatsache, dass die Unterbringung unverzüglich aufzuheben ist, wenn die Beobachtung allein keine Erfolgsaussichten bietet und sich der Beschuldigte weigert, an einer Exploration mitzuwirken[10]. Sobald die mangelnde Bereitschaft des Beschuldigten

---

9 SK (StPO) Rogall [71], § 81, Rn. 37.

10 Malek/Wohlers [41], Rn. 349, m. w. N.

zur Mitwirkung feststeht, entfällt die Rechtmäßigkeit der Untersuchungsmaßnahme. Jedes noch so kurze Fortdauern stellt eine Beeinträchtigung der körperlichen Freiheit und der Freiheit der Willensentschließung dar. Befindet sich der zu Untersuchende also wegen einer anderen, rechtskräftig abgeurteilten Tat in Strafhaft, ist diese Beeinträchtigung nicht schon deshalb rechtmäßig, weil die Strafhaft von einer Rechtsgrundlage gedeckt ist.

4.1.2 Die Auffassungen der OLGe Hamm und Celle im Vergleich

Wie vom OLG Celle ist dieser Aspekt auch vom OLG Hamm nicht erkannt worden. Die Unzulässigkeit von Zwangsmaßnahmen im Zuge des parallelen Strafverfahrens resultiert im Falle der Entscheidung des OLG Hamm jedoch noch aus einem anderen Gesichtspunkt: Während das OLG Celle davon ausging, dass der zu Untersuchende immerhin schon in Haft war und die Freiheitsentziehung als solche dadurch schon gedeckt war, befand sich der zu Untersuchende in dem vom OLG Hamm zu beurteilenden Sachverhalt noch auf freiem Fuß. Zu dem Problem der Rechtfertigung der Beeinträchtigungen der körperlichen Integrität kommt also noch das Problem der Rechtfertigung der Freiheitsentziehung als solche hinzu. Daher ist es schon gar nicht möglich, das Widerrufsgericht auf das Parallelverfahren zu verweisen.

4.2 Die herrschende Meinung

4.2.1 Meinungsstand

Im Gegenteil zur vorgenannten Auffassung des OLG Celle kann nach h. M. auf eine ausdrückliche Anordnung nach § 81 StPO nur dann verzichtet werden, wenn ein inhaftierter Beschuldigter in der psychiatrischen Abteilung eines Krankenhauses innerhalb der Justizvollzugsanstalt beobachtet werden soll, in der er auch inhaftiert ist. Dann genügt die Anweisung, ihn innerhalb der Justizvollzugsanstalt in die entsprechende Abteilung zu verlegen. Ansonsten ist eine gerichtliche Anordnung der Unterbringung selbst dann erforderlich, wenn sich der Beschuldigte in Untersuchungs- oder Strafhaft befindet, die Beobachtung aber außerhalb der Haftanstalt in einem psychiatrischen Krankenhaus erfolgen soll[11]. In diesem Sinne argumentiert auch Krause. Seiner Ansicht nach bedarf

11 KK-Senge [25], § 81, Rn. 2; KMR-Bosch [61], § 81, Rn. 5; Meyer-Goßner/Schmitt [42], § 81, Rn. 2; OLG Stuttgart, Beschl. v. 10.8.1961, NJW 1961, S. 2077; OLG Stuttgart, Beschl. v. 29.3.1973, NJW 1973, S. 1426; Pfeiffer [45], § 81 StPO, Rn. 1; Ranft [47], Rn. 746; Malek/Wohlers [41], S. 348 m. w. N.

es einer Anordnung nach § 81 StPO nur dann nicht, wenn der Beschuldigte in einer hierfür geeigneten Justizvollzugsanstalt zur Vorbereitung der Begutachtung beobachtet werden kann[12]. Die Begründung hierfür ist, dass ohne die Anordnung eines Gerichts jegliche Rechtsgrundlage dafür fehlt, Beschuldigte in ein psychiatrisches Krankenhaus einzuweisen. Etwas anderes kommt nur dann in Betracht, wenn die Unterbringung nach dem (Landes-) Unterbringungsgesetz angeordnet ist. Um solche Fälle aber geht es hier nicht.

Abgesehen davon haben die Justizvollzugsanstalten weder die Zuständigkeit noch die Kompetenz, einen Straf- oder Untersuchungsgefangenen in eine justizfremde Einrichtung zu überweisen. Als Ermächtigungsgrundlagen kämen nur § 65 Abs. 2 StVollzG, Nr. 57 UVollzO i. V. m. § 119 StPO in Betracht. Diese Ermächtigungsgrundlagen ermöglichen aber nur eine Unterbringung zu therapeutischen, also zu Behandlungszwecken. Die Vorbereitung oder Durchführung eines psychiatrischen Gutachtens ist danach nicht möglich[13].

4.2.2 Die Auffassungen der OLGe Hamm und Celle im Lichte der herrschenden Meinung

Diese Begründung zeigt in doppelter Hinsicht, dass die Auffassung des OLG Celle und infolge dessen auch die des OLG Hamm unzutreffend ist. Es kommt nicht entscheidend auf den Aspekt der Freiheitsentziehung an. Die Anordnung der Untersuchungs- oder Strafhaft rechtfertigt eine Maßnahme nicht schon deshalb, weil ihre Anwendung mit einer Freiheitsentziehung notwendigerweise einhergeht. Anderenfalls hielte die h. M. es nicht für erforderlich, die Verlegung in ein psychiatrisches Krankenhaus bei anderweitiger Inhaftierung des zu Untersuchenden von dem Erlass einer Anordnung nach § 81 StPO abhängig zu machen[14]. Wenn eine gesonderte Anordnung gem. § 81 StPO aber selbst dann erforderlich ist, wenn der zu Untersuchende durch Haft ohnehin schon in seiner persönlichen Freiheit beschränkt ist, dann ist sie erst recht erforderlich, wenn er sich noch in Freiheit befindet. Die Anforderungen an das Vorliegen der Rechtmäßigkeitsvoraussetzungen des § 81 StPO können dann aber nicht geringer sein, als bei Inhaftierung des zu Untersuchenden, also bei Vorliegen einer ohnehin schon gerechtfertigten Freiheitsentziehung. Die Rechtmäßigkeitsvoraussetzungen des § 81 StPO, insbesondere die der Beschuldigteneigenschaft, können nicht

12 LR-Krause [12], § 81, Rn. 4 u. 27, m. w. N.

13 A. a. O.

14 Vgl. oben zu „4.2.1 Meinungsstand“.

dadurch umgangen werden, dass man sich eines anderen Verfahrens mit einem völlig anderen Verfahrensgegenstand bedient.

4.3 Die Auffassung Wohlers‘

4.3.1 Ermächtigung zur Untersuchung des Beschuldigten innerhalb der Haftanstalt

Entgegen der h. M. verlangt Wohlers eine Anordnung nach § 81 StPO nicht nur dann, wenn sich der Beschuldigte in Untersuchungs- oder Strafhaft befindet, die Beobachtung aber außerhalb der Haftanstalt in einem psychiatrischen Krankenhaus erfolgen soll. Eine Anordnung nach § 81 StPO soll auch dann erforderlich sein, wenn die Beobachtung innerhalb psychiatrischer Abteilungen von Krankenhäusern der Justizvollzugsanstalten zu den in § 81 StPO genannten Zwecken stattfinden soll. Der Beschuldigte ist grundsätzlich nicht verpflichtet, an der Sachverhaltsaufklärung aktiv mitzuwirken[15]. Wenn er nicht bereit ist, weitergehende Maßnahmen freiwillig zu dulden, kann er allein aufgrund und im Rahmen der §§ 81, 81a und 81b StPO als Untersuchungsobjekt herangezogen werden[16].

Die Durchführung entsprechender Maßnahmen ist auch nicht auf Grundlage der §§ 65, 136ff. StVollzG i. V. m. 53f. StVollstrO bzw. der UVollzO i. V. m. § 119 StPO möglich. Diese Vorschriften ermöglichen allein die Unterbringung zu therapeutischen, also zu Behandlungszwecken. Auch der inhaftierte Beschuldigte kann daher zum Zwecke der Vorbereitung eines psychiatrischen Gutachtens i. S. d. § 81 StPO allein auf Grundlage eines gerichtlichen Beschlusses, nach Durchführung des in § 81 Abs. 1 StPO vorgesehenen Verfahrens und bei Vorliegen der in § 81 Abs. 1 u. 2 StPO genannten Voraussetzungen für die in § 81 Abs. 5 StPO vorgesehene Zeit in der psychiatrischen Abteilung eines Krankenhauses zur Beobachtung untergebracht werden[17].

Dies unterstreicht die enge Bindung zwischen einer Zwangsmaßnahme und dem jeweiligen Verfahren, für dessen Ziele sie durchgeführt werden soll. Eine Maßnahme darf nur durchgeführt werden, wenn das Verfahrensziel durch sie gefördert wird. Sonst ist die Maßnahme wegen Auseinanderfallens von Verfahrensziel und Untersuchungszweck unzulässig.

---

15 SK (StPO) Rogall [71], § 81, Rn. 37.
16 Wohlers [65], S. 348, m. w. N.
17 A. a. O.

4.4 Beschuldigteneigenschaft als Zulässigkeitsvoraussetzung

Die vorstehend geschilderten Auffassungen befassen sich mit der Frage, welche Zwangsmaßnahmen ohne gesonderte Anordnung zulässig sind, wenn der Betroffene aufgrund anderweitiger Anordnung ohnehin schon unter Zwangsanwendung steht. Thematisiert wird, inwieweit eine bereits erlittene Beeinträchtigung, nämlich die Freiheitsentziehung, mit der bevorstehenden Begutachtung und den mit ihr einhergehenden Beeinträchtigungen vergleichbar ist und eine gesonderte Anordnung entbehrlich macht. Bei dieser Betrachtung konzentriert sich der Blick schwerpunktmäßig auf die Reichweite der jeweils in Rede stehenden Zwangsmaßnahmen. Für die vorliegende Untersuchung kommt es jedoch nicht nur auf die Reichweite eines Zwangseingriffs sondern auf die Zulässigkeitsvoraussetzungen der jeweils zugrundeliegenden Ermächtigungsgrundlage an.

Die verschiedenen Ermächtigungsgrundlagen setzen jeweils einen Beschuldigten voraus, so z. B. § 80 StPO (Vernehmung des Beschuldigten zur Vorbereitung des Gutachtens), § 81 StPO (Unterbringung des Beschuldigten zur Beobachtung) oder § 81a StPO (Körperliche Untersuchung des Beschuldigten). Diese Vorschriften setzen als Betroffenen also eine Person voraus, die im Rahmen von Ermittlungshandlungen zumindest schon einmal verantwortlich vernommen oder gegen welche die öffentliche Klage erhoben oder die Eröffnung des Hauptverfahrens beschlossen ist; vgl. §§ 136, 157 StPO. Die Beschuldigteneigenschaft endet mit der Erledigung der Beschuldigung, sei es durch Einstellung des Ermittlungsverfahrens gem. §§ 170; 153ff. StPO durch die Staatsanwaltschaft oder durch rechtskräftigen Abschluss des Erkenntnisverfahrens[18]. Von diesem Zeitpunkt an sind solche Zwangsmaßnahmen unzulässig, die einen Beschuldigten voraussetzen.

Der Vollständigkeit halber sei hier noch auf die Möglichkeit einer Körperzellenentnahme zur molekulargenetischen Untersuchung des DNA-Identifizierungsmusters gem. § 81g StPO hingewiesen. Zwar setzt auch diese Vorschrift einen Beschuldigten voraus. Jedoch war die Anwendung unter den Voraussetzungen des am 1.11.2005 wieder außer Kraft getretenen[19] DNA-Identitätsfeststellungsgesetzes (§ 2) durchaus auch gegen einen Verurteilten zulässig[20].

---

18 Eisenberg [9], Rn. 8.

19 Vgl. hierzu oben S. 20.

20 § 2 Abs. 1 DNA-IdentitätsfestellungsG lautete: „Maßnahmen, die nach § 81g der Strafprozessordnung zulässig sind, dürfen auch durchgeführt werden, wenn der Betroffene wegen einer der in § 81g Abs. 1 der Strafprozessordnung genannten Straftaten rechtskräftig verurteilt (...) ist.“

Dieser Aspekt ist insoweit nicht relevant, als die diskutierte Entscheidung des OLG Celle den Fall einer Person zu beurteilen hatte, die gegen ein erstinstanzliches Urteil Berufung eingelegt hatte, somit noch nicht rechtskräftig verurteilt war und die Beschuldigteneigenschaft noch nicht verloren hatte. Auch Wohlers legt seinen Überlegungen die Situation eines noch Beschuldigten zugrunde. Die Ausgangsentscheidung des OLG Hamm vom 17.1.1974 befasste sich jedoch mit einem rechtskräftig Verurteilten, der die Beschuldigteneigenschaft also schon verloren hatte. Die Diskussion über die Erforderlichkeit von Ermächtigungsgrundlagen für die Durchführung von Zwangsmaßnahmen darf sich nicht darauf beschränken, die Reichweite solcher Zwangseingriffe zu bestimmen, welche der Betroffene aufgrund rechtmäßiger Anordnungen ohnehin schon hinzunehmen hat. Vielmehr muss gefragt werden, welche Ermächtigungsgrundlagen den beabsichtigten Eingriff eigentlich regeln und von welchen Rechtmäßigkeitsvoraussetzungen sie abhängen.

4.5 Zwischenergebnis

Als Zwischenergebnis ist festzuhalten, dass die von dem OLG Hamm gewählte Lösung, die in dem Widerrufsverfahren unzulässigen Zwangsmaßnahmen in einem zugleich stattfindenden Erkenntnisverfahren durchführen zu lassen, unzulässig ist. Eine gesetzliche Ermächtigungsgrundlage ist hierfür nicht vorhanden und kann nicht durch Rückgriff auf andere Verfahren ersetzt werden, in denen solche Grundlagen zur Verfügung stehen. Außerdem muss ein unmittelbarer Zusammenhang zwischen Maßnahmezweck und Verfahrensziel gegeben sein, der hier fehlt. Das Erkenntnisverfahren dient der Feststellung der Täterschaft des Beschuldigten hinsichtlich der vorgeworfenen Straftat, während die Zwangsmaßnahmen der Erforschung der Rückfallneigung zu neuen Straftaten dienen, wobei es nicht darauf ankommt, dass diese vom verletzten Rechtsgut her gesehen mit der abgeurteilten Tat vergleichbar sind[21]. Es fehlt somit schon am inneren Zusammenhang zwischen Widerrufsverfahren und parallelem Erkenntnisverfahren.

Zudem wird zwar darüber diskutiert, ob das Widerrufsgericht im Falle des Widerrufs gem. § 56f Abs. 1 Nr. 1 StGB eine rechtskräftige Entscheidung des

21 Vgl. LK-Hubrach [37], § 56, Rn. 15: „Es würde auch nicht einleuchten, weshalb z. B. die Wahrscheinlichkeit, der Täter werde künftig Einbrüche begehen, bei einem Dieb zur Versagung der Strafaussetzung führen soll, bei einem Totschläger dagegen nicht.“; MK-Groß [30], § 56, Rn. 18; Sch./Sch.-Stree/Kinzig [20], § 56, Rn. 16; SK-Schall [69], § 56, Rn. 13.

Strafgerichts über die Täterschaft des Verurteilten erst abwarten muss oder ob insoweit die eigene Überzeugung des Widerrufsgerichtes ausreicht[22]. Es wird dagegen nirgends erörtert, ob auch das Strafgericht über die von dem Widerrufsgericht zu treffende Prognose entscheiden kann[23]. Zwangsmaßnahmen im Widerrufsverfahren sind also nur dann zulässig, wenn deren Zulässigkeit schon in dem Widerrufsverfahren an sich gegeben ist. Die Unzulässigkeit kann nicht dadurch umgangen werden, dass die Gegebenheiten eines zur gleichen Zeit stattfindenden Erkenntnisverfahrens ausgenutzt werden. Klarheit kann letztlich nur gewonnen werden, wenn der Blick statt auf die mit einer Zwangsmaßnahme verfolgten Ziele auf die jeweiligen Rechtmäßigkeitsvoraussetzungen gelenkt wird. Hier kommt es vor allem auf die Beschuldigteneigenschaft an, welche im Falle eines bereits rechtskräftig Verurteilten nicht gegeben ist.

---

22 Fischer [21], § 56f, Rn. 4ff; Lackner/Kühl [32], § 56f, Rn. 3; LK-Hubrach [37], § 56f, Rn. 6ff; Sch./Sch.-Stree/Kinzig [20], § 56f, Rn. 7; SK-Schall [69], § 56f, Rn. 9ff; Vgl. Stree [58], S. 155; für die Abhängigkeit von der Entscheidung im neuen Erkenntnisverfahren z. B. OLG Stuttgart, Beschl. v. 10.12.1976, NJW 1977, S. 1249; EGMR, Urt. v. 3.10.2002, StV 2003, S. 82ff. [85, Ziff. 67]. Nach LG Zweibrücken, Beschl. v. 16.8.2006 (StraFO 11/2006, S. 466), kommt es bei dem Merkmal „Begehen einer neuen Straftat" nicht darauf an, „was sein könnte oder wünschenswert wäre." Das Merkmal des „Begehens einer neuen Straftat" kann danach nicht durch eine eigene Rechtsauffassung ersetzt werden. Vielmehr hindert eine ungeklärte Rechtslage stets den Widerruf.

23 Zu den Ausnahmen vgl. schon oben S. 33.

Kapitel 5
Richterliche Praxis und Regelungsbedarf

Die Frage der Anwendung von Zwangsmaßnahmen im Widerrufsverfahren ist insoweit problematisch, als durchaus ein praktisches Bedürfnis nach deren Anwendbarkeit besteht, was schon die eingangs untersuchte Entscheidung des OLG Hamm zeigt. Darüberhinaus enthält das Strafrecht eine Vielzahl von Vorschriften, die Prognoseentscheidungen beinhalten, zu deren Durchführung eine körperliche oder psychiatrische Untersuchung erforderlich wäre. Zur Veranschaulichung dient die nachfolgende Übersicht.

5.1 Strafaussetzung zur Bewährung, § 56 Abs. 1 S. 1 StGB

Bei der Verurteilung zu Freiheitsstrafe von nicht mehr als einem Jahr setzt das Gericht die Vollstreckung der Strafe zur Bewährung aus, wenn zu erwarten ist, dass der Verurteilte sich schon die Verurteilung zur Warnung dienen lassen und künftig auch ohne die Einwirkung des Strafvollzugs keine Straftaten mehr begehen wird. Es muss vorausgesehen werden können, dass der Verurteilte sich in Zukunft, nicht nur für die Dauer der Bewährungszeit, straffrei verhalten wird. Es ist nicht notwendig, dass das Gericht die Nichtbegehung weiterer Straftaten für gewiss hält. Es muß aber erwartet werden können, dass die Begehung weiterer Straftaten nicht wahrscheinlich ist[1].

5.2 Dauer der Bewährungszeit, § 56a StGB

Kriterium für das Ermessen bei der Entscheidung über die Dauer der Bewährungszeit ist die Prognose darüber, welches Zeitraums der Verurteilte bedarf, um, sei es mit Hilfe von Weisungen oder unter Anleitung eines Bewährungshelfers, so disponiert zu sein, dass er sich auch nach Ablauf der Bewährungszeit

---

1 Fischer [21], § 56, Rn. 4f; Lackner/Kühl [32], § 56, Rn. 8; LK-Hubrach [37], § 56, Rn. 12; MK-Groß [30], § 56, Rn. 24; Sch./Sch.-Stree/Kinzig [20], § 56, Rn. 17; SK-Schall [69], § 56, Rn. 15. Zur Anwendung des Grundsatzes „In dubio pro reo" vgl. unten in 8.2 u. Meyer-Goßner/Schmitt [42], § 261, Rn. 28 unter Hinweis auf Schöneborn [52], S. 443 und LR-Kühne [10], Einl. Abschnitt I, Rn. 49; Fischer [21], § 56, Rn. 3 (unter Hinweis darauf, dass die hier zu erstellende Prognose spezialpräventiv zu stellen ist).

straffrei verhalten wird, oder innerhalb welcher Zeit die Erfüllung etwa angeordneter Auflagen zu erwarten ist[2].

5.3 Widerruf der Strafaussetzung, § 56f StGB

Das Gericht widerruft die Strafaussetzung, wenn der Verurteilte in der Bewährungszeit eine Straftat begeht und dadurch zeigt, dass die Erwartung, die der Strafaussetzung zugrunde lag, sich nicht erfüllt hat. Es kommt darauf an, ob eine hinreichend günstige Prognose i. S. d. §§ 56, 57 StGB im Zeitpunkt der Widerrufsentscheidung gestellt werden kann. Der Widerruf kann daher erst dann erfolgen, wenn solche Umstände fehlen, derer es für eine günstige Prognose bedarf[3].

Der Widerruf erfolgt ferner, wenn der Verurteilte gegen Weisungen gröblich und beharrlich verstößt oder sich der Aufsicht und Leitung des Bewährungshelfers beharrlich entzieht und dadurch Anlass zu der Besorgnis gibt, dass er erneut Straftaten begehen wird.

Der Aussetzungswiderruf wegen eines Weisungsverstoßes setzt eine gegenüber der Strafaussetzung nach § 56 StGB neue, negative Prognose voraus. Das Gericht muss der Überzeugung sein, dass Umstände vorhanden sind, die eine schlechte Prognose, eine „Besorgnis" begründen. Die Prognose muss auf den Umständen basieren, die im Zeitpunkt der Entscheidung vorliegen. Die schlechte Prognose kann dadurch entfallen, dass die hypothetische Wirkung bestimmter Bewährungsmaßnahmen hinzugedacht wird.

5.4 Aussetzung des Strafrestes bei zeitiger Freiheitsstrafe, § 57 StGB

Das Gericht setzt die Vollstreckung des Restes einer zeitigen Freiheitsstrafe zur Bewährung aus, wenn dies unter Berücksichtigung des Sicherheitsinteresses der Allgemeinheit verantwortet werden kann. Bei dieser Entscheidung sind die Wirkungen zu berücksichtigen, die von der Aussetzung für ihn zu erwarten sind. Materielle Voraussetzung einer Aussetzung der Vollstreckung des Strafrestes ist

---

2 Fischer [21], § 56a, Rn. 1; Vgl. LK-Hubrach [37], § 56a, Rn. 2; Vgl. MK-Groß [30], § 56a, Rn. 9; Sch./Sch.-Stree/Kinzig [20], § 56b, Rn. 1; Vgl. SK-Schall [69], § 56a, Rn. 3 unter Hinweis auf OLG 11 Düsseldorf, VRS 74 (1988), S. 358; LK-Hubrach [37], § 56a, Rn. 2.

3 Fischer [21], § 56f, Rn. 8a; Lackner/Kühl [32], § 56f, Rn. 9; LK-Hubrach [37], § 56f, Rn. 14; Sch./Sch.-Stree/Kinzig [20], § 56f, Rn. 9; Vgl. SK-Schall [69], § 56f Rn. 30.

eine günstige Prognose, bei der es jedoch im Gegensatz zu derjenigen im Rahmen des § 56 StGB ausreicht, dass das Gericht lediglich die Hoffnung hegt, der Verurteilte werde keine Straftaten mehr begehen. Es genügt das Bestehen einer wirklichen Chance für ein positives Ergebnis einer Erprobung[4].

5.5 Aussetzung des Strafrestes bei lebenslanger Freiheitsstrafe, § 57a StGB

Diese Vorschrift regelt die Aussetzung der Vollstreckung des Restes einer lebenslangen Freiheitsstrafe und verweist u. a. auf § 57 Abs. 1 S. 1 Nr. 2 StGB sowie auf § 57 Abs. 1 S. 2 StGB. Die hier erforderliche Prognose erfolgt daher an sich nach den gleichen Grundsätzen, die auch bei § 57 StGB gelten. Besonderheiten ergeben sich aber daraus, dass es sich hierbei um die Strafrestaussetzung einer lebenslangen Freiheitsstrafe handelt. In diesen Fällen hat der Verurteilte eine besonders schwerwiegende Tat begangen. Einer günstigen Prognose steht dann z. B. entgegen, dass wegen der besonderen Schwere der von dem Verurteilten begangenen Tat die Aussetzung unter Berücksichtigung des Sicherheitsinteresses der Allgemeinheit nicht verantwortet werden kann. Die von einer erneuten Straftat ausgehenden Rechtsgutverletzungen wären zu groß, als die fraglichen Rechtsgüter, wie z. B. Leib und Leben anderer, einer solchen Gefährdung ausgesetzt werden könnten[5].

Hiergegen ließe sich einwenden, dass eine besonders schwerwiegende Straftat zumeist nur unter ganz besonders außergewöhnlichen Umständen begangen wird. Die Wahrscheinlichkeit, dass sich solche außergewöhnlichen Umstände wiederholen, ist nicht sehr groß. Die Annahme eines direkten Zusammenhanges zwischen der Schwere der Tat und der Rückfallwahrscheinlichkeit könnte deshalb zu einem automatischen und somit unzutreffenden Schluss von der Schwere der begangenen Straftat auf die Prognose künftiger Straftaten führen[6]. Im Rahmen dieses Überblicks braucht dies jedoch nicht weiter vertieft zu werden. Die Notwendigkeit psychiatrischer Begutachtung in Fällen des § 57a StGB ist in

---

4 LK-Hubrach [37], § 57, Rn. 10; Sch./Sch.-Stree/Kinzig [20], § 57, Rn. 11; Vgl. SK-Schall [69], § 57, Rn. 13c; Fischer [21], § 57, Rn. 14.

5 Zum Zusammenhang von Prognose und Schwere der von dem Verurteilten begangenen Tat vgl. auch unten S. 85f.

6 Vgl. zu dieser Problematik SK-Schall [69], § 57a, Rn. 14a m. w. N.; vgl. auch Fischer [21], § 57a, Rn. 19a; LK-Hubrach [37], § 57a, Rn. 21 u. 22.

§ 454 Abs. 2 Nr. 1 StPO, der die Einholung eines Sachverständigengutachtens ausdrücklich vorsieht, geregelt[7].

5.6 Verwarnung mit Strafvorbehalt, § 59 StGB

Hat jemand Geldstrafe bis zu einhundertachtzig Tagessätzen verwirkt, so kann das Gericht ihn neben dem Schuldspruch verwarnen, die Strafe bestimmen und die Verurteilung zu dieser Strafe vorbehalten, wenn zu erwarten ist, dass der Täter künftig auch ohne Verurteilung keine Straftaten mehr begehen wird und bei Gesamtwürdigung der Tat und der Persönlichkeit des Täters besondere Umstände vorliegen, die eine Verhängung von Strafe entbehrlich machen. Außerdem sind die Wirkungen zu berücksichtigen, die von der Verwarnung und ihrem Vorbehalt für den Täter zu erwarten sind. Letzteres ergibt sich aus dem Verweis auf § 56 Abs. 1 S. 2 StGB in § 59 Abs. 1 S. 2 StGB.

Der Wortlaut dieser Vorschrift ist stark an denjenigen des § 56 Abs. 1 StGB angelehnt. Die Grundlage und die Zielrichtung der Prognose nach § 59 StGB ist daher die gleiche, wie bei § 56 StGB[8]. Es müssen lediglich „besondere Umstände" hinzutreten, die eine Verhängung von Strafe entbehrlich machen.

5.7 Absehen von Strafe, § 60 StGB

Das Gericht sieht von Strafe ab, wenn die Folgen der Tat, die den Täter getroffen haben, so schwer sind, dass die Verhängung einer Strafe offensichtlich verfehlt wäre.

Ein typisches Beispiel ist folgendes:

Beim Rangieren mit einem Traktor verursacht der Täter fahrlässig den Tod der eigenen Ehefrau oder eines seiner Kinder. In diesem Fall wird das Geschehen i. A. nicht als Störung des Rechtsfriedens empfunden, sondern als ein Ereignis, welches die Dimension eines Schicksalsschlages annimmt und für den Täter selber dermaßen tragisch ist, dass ihm seitens der Bevölkerung eher Mitleid entgegengebracht wird, als dass der Ruf nach einer Bestrafung laut würde. Beachtlich sind in diesem Zusammenhang alle einen Bezug zur Person des Täters aufweisenden Auswirkungen. Sie können materieller, körperlicher und psychischer Art

7 Vgl. hierzu oben 2.8; siehe auch SK-Schall [69], § 57a, Rn. 14.

8 Vgl. Fischer [21], § 59, Rn. 5; LK-Hubrach [37], § 59, Rn. 6; Sch./Sch.-Stree/Kinzig [20], § 59, Rn. 8; SK-Schall [69], § 59, Rn. 9.

sein[9]. Die Beachtlichkeit seelischer Beeinträchtigungen legt die Notwendigkeit psychiatrischer Begutachtung nahe.

Aber auch die im Rahmen des § 60 StGB gebotene Gesamtwürdigung kann eine Begutachtung erforderlich machen. Es genügt nämlich nicht, dass die Tatfolgen bereits für sich gesehen schwer sind. Entscheidend ist vielmehr das einer Gesamtwürdigung zu unterziehende Gewichtsverhältnis zwischen den Tatfolgen und den mit der Verhängung einer Strafe verbundenen Zwecken. Deshalb können auch an sich leichtere Folgen Berücksichtigung finden, z. B. solche, die ausschließlich in einer besonders sensiblen psychischen Konstitution des Täters liegen. Es ist hierbei auf die individuelle Situation abzustellen, weswegen kein Durchschnittsmaßstab angelegt werden darf[10]. Gerade deshalb kann die Einholung eines psychiatrischen Gutachtens erforderlich sein.

Die Verhängung einer Strafe ist u. a. dann verfehlt, wenn feststeht, dass die Folgen der Tat auch für den Täter selbst eine hinreichende Warnung sind. Dies ist vor allem der Fall, wenn festzustellen ist, dass die Folgen der Tat bereits für sich gesehen eine Einstellung des Täters bewirkt haben, wegen der erwartet werden kann, dass er in Zukunft ein ähnliches Verhalten unterlässt[11]. Insofern ist hier die gleiche Prognose zu erstellen, wie auch im Rahmen des § 56 Abs. 1 S. 1 StGB[12].

Dem Wortlaut dieser Vorschrift ist zu entnehmen, dass es hier an sich nicht um eine Prognoseentscheidung geht. Vielmehr sind die Folgen der Tat, ihre Art und Ausmaß nach dem Sachstand zum Zeitpunkt des letzten tatrichterlichen Urteils zu bestimmen[13]. Trotzdem erscheint es sinnvoll, diese Vorschrift in den Überblick mit einzubeziehen, denn auch bei einer Entscheidung nach § 60 StGB kann es, wie gezeigt, erforderlich werden, sich im Wege eines psychiatrischen Gutachtens ein genaues Bild über die psychische Verfassung des Täters zu verschaffen.

---

9 Fischer [21], § 60, Rn. 4 u. 5; MK-Groß [30], § 60, Rn. 26ff; Sch./Sch.-Stree/Kinzig [20], § 60, Rn. 4; SK-Schall [69], § 60, Rn. 3 u. 9; differenzierend: LK-Hubrach [37], § 60, Rn. 2 u. 15 („Keine Beschränkung auf Folgentypen").

10 Fischer [21], § 60, Rn. 4; Sch./Sch.-Stree/Kinzig [20], § 60, Rn. 5; SK-Schall [69], § 60, Rn. 10.

11 SK-Schall [69], § 60, Rn. 17.

12 Vgl. dazu oben 5.1.

13 SK-Schall [69], § 60, Rn. 13.

5.8 Unterbringung in einer Entziehungsanstalt, § 67d StGB

Das Gericht setzt gem. § 67d Abs. 2 S. 1 StGB die weitere Vollstreckung der Unterbringung zur Bewährung aus, sobald verantwortet werden kann zu erproben, ob der Untergebrachte außerhalb des Maßregelvollzugs keine rechtswidrigen Taten mehr begehen wird. Der Wortlaut entspricht dem des § 57 Abs. 1 Nr. 2 StGB und legt nahe, dass die Prognose hier wie dort auf die gleichen Feststellungen gerichtet sein muss. Unterschiede könnten allerdings deshalb bestehen, weil es sich bei § 57 StGB um die Aussetzung einer (Rest-) Strafe handelt, während sich § 67d StGB auf freiheitsentziehende Maßregeln bezieht. Während die Rechtfertigung für eine Freiheitsstrafe in erster Linie aus den unveränderlichen Faktoren Unrecht und Schuld besteht, legitimiert sich der Freiheitsverlust im Maßregelrecht allein mit Umständen, die in der Person des Verurteilten liegen und grundsätzlich veränderlich sind[14].

Wegen dieser Unterschiede von Strafe und Maßregel hat auch die Prognose im Aussetzungsverfahren jeweils verschiedene Anknüpfungspunkte. Die Prognose im Aussetzungsverfahren beim Maßregelvollzug kann den Aspekt der Schuld des Untergebrachten nicht berücksichtigen, da er nicht schuldfähig sein muss. Im Maßregelrecht rechtfertigt sich der Freiheitsverlust ausschließlich mit grundsätzlich veränderlichen Umständen, und zwar solchen, die eine Rückfallprognose tragen.

5.9 Unterbringung in einem psychiatrischen Krankenhaus, § 63 StGB

Die Unterbringung in einem psychiatrischen Krankenhaus wird gem. § 63 StGB dann angeordnet, wenn die Gesamtwürdigung des Täters und seiner Tat ergibt, dass von ihm infolge seines Zustandes erhebliche rechtswidrige Taten zu erwarten sind und er deshalb für die Allgemeinheit gefährlich ist. Bei der von dieser Vorschrift geforderten Prognose ist zwischen der Verhängungs- und der Vollstreckungsprognose zu unterscheiden[15]. Die Verhängungsprognose muss den Inhalt haben, dass von dem Täter erhebliche tatbestandsmäßige und rechtswidrige Taten zu erwarten sind[16]. Die Vollstreckungsprognose berücksichtigt

14 Streng [59], S. 142; Baur [3], S. 476.

15 SK-Sinn [69], § 63, Rn. 10 u. 18.

16 Fischer [21], § 63, Rn. 14a f.; Lackner/Kühl [32], § 63, Rn. 4ff.; LK-Schöch [37], § 63, Rn. 79ff.; MK-van Gemmeren [30], § 63, Rn. 48; Sch./Sch.-Stree/Kinzig [20], § 63, Rn. 16; SK-Sinn [69], § 63, Rn. 11. Vgl. allg. Baur [3], S. 473.

darüberhinaus den Gesichtspunkt der Erforderlichkeit der sofortigen Unterbringung[17].

5.10 Späterer Beginn der Unterbringung, § 67c StGB

Wird eine Freiheitsstrafe vor einer zugleich angeordneten Unterbringung vollzogen, so prüft das Gericht vor dem Ende des Vollzugs der Strafe, ob der Zweck der Maßregel die Unterbringung noch erfordert. Durch die von dieser Vorschrift geforderte Prognose muss die bereits im Urteil aufgestellte negative Vollstreckungsprognose durch die Strafvollstreckungskammer bestätigt werden[18]. Dies bedeutet die Abgabe einer neuen Prognose auf der Basis der Umstände, wie sie sich dem Gericht als Ergebnis der jeweiligen Prüfung darstellen. Es gibt keine Vermutung dafür, dass die früher von einem Gericht aufgestellte Prognose weiterhin zutrifft[19].

5.11 Grundsätze der Strafzumessung, § 46 StGB

Die Schuld des Täters ist Grundlage für die Zumessung der Strafe. Dabei sind die Wirkungen zu berücksichtigen, die von der Strafe für das künftige Leben des Täters in der Gesellschaft zu erwarten sind. Dies bedeutet, dass die Intensität der Strafeinwirkung auf den konkreten Delinquenten von den jeweils erwarteten Auswirkungen auf ihn abhängig zu machen ist. So ist beispielsweise eine Absenkung der schuldangemessenen Strafe auch unter das an sich gebotene Mindestmaß in Erwägung zu ziehen, wenn bestimmte Umstände in der Person des Täters erwarten lassen, dass die Wirkung der Strafe sonst überdurchschnittlich verstärkt würde. Umstände dieser Art werden allgemein mit dem Begriff der Strafempfindlichkeit umschrieben. Zu ihnen gehören vor allem psychische Zustände wie die Haftpsychose oder biologische Umstände wie verkürzte Lebenserwartung wegen schwerer Erkrankungen[20]. Es liegt auf der Hand, dass die Feststellung solcher Umstände nur im Wege psychiatrischer oder medizinischer Untersuchungen erfolgen kann.

---

17 SK-Sinn [69], § 63, Rn. 19.

18 SK-Sinn [69], § 63, Rn. 21; vgl. MK-van Gemmeren [30], § 63, Rn. 76, § 67 (Maier), Rn. 107, 108.

19 Vgl. SK-Sinn [69], § 61, Rn. 14 mit Verweis auf LK-Horstkotte (10. Aufl.) [29], § 67c, Rn. 96; LK-Rissing-van Saan/Peglau [37], § 67c, Rn. 12 u. 13. Vgl. allg.: Bresser [5], S. 265 (zit. bei SK-Sinn [69], § 67c, Literatur).

20 Lackner/Kühl [32], § 46, Rn. 39; Sch./Sch.-Stree/Kinzig [20], § 46, Rn. 54; Vgl. SK-Horn [69], § 46, Rn. 139a.

5.12 Verhängung kurzer Freiheitsstrafen in Ausnahmefällen, § 47 StGB

Eine Freiheitsstrafe unter sechs Monaten verhängt das Gericht nur, wenn besondere Umstände, die in der Tat oder der Persönlichkeit des Täters liegen, die Verhängung einer Freiheitsstrafe zur Einwirkung auf den Täter oder zur Verteidigung der Rechtsordnung unerlässlich machen. Dies bedeutet, dass eine Strafe, welche die Höhe von sechs Monaten nicht erreicht, grundsätzlich als Geldstrafe zu verhängen ist. Als Freiheitsstrafe darf sie nach § 47 StGB nur ausnahmsweise verhängt werden. Während die in dieser Vorschrift genannten „besonderen Umstände" im wesentlichen durch eine Gesamtwürdigung von Tat und Täter festgestellt werden müssen und eine klare Abgrenzung zwischen besonderen Tatumständen und Umständen in der Person des Täters nur schwer möglich ist[21], kann die Feststellung der Notwendigkeit zur Verteidigung der Rechtsordnung nur aufgrund einer positiven Prognose getroffen werden. Ob eine solche gegeben ist, darf nicht offenbleiben[22].

5.13 Zusammenfassung

Die vorstehende Übersicht hat gezeigt, wie zahlreich diejenigen strafrechtlichen Vorschriften sind, die für das gerichtliche Verfahren die Erstellung einer Prognose verlangen. Gleichzeitig wurde deutlich, welchen Schwierigkeiten eine entsprechende Prognose begegnet. Sie resultieren vor allem daraus, dass eine Prognose nicht ausschließlich an vergangenen, feststehenden Tatsachen, wie etwa einer begangenen Straftat, anknüpft. Sie ist vielmehr auf die Beurteilung einer zukünftigen Entwicklung gerichtet und knüpft an Faktoren an, die zum einen schwer zugänglich sind, weil sie in der Person des Verurteilten liegen. Zum anderen sind sie, wie die Persönlichkeit des Verurteilten selbst, ständigen Veränderungen unterworfen.

Daher sind stets aktuelle Prognosen erforderlich. Dies liegt in den Anforderungen begründet, die unter verfassungsmäßigen Gesichtspunkten an die Richtigkeit der Prognose zu stellen sind[23]. Gerade wenn die Prognose im

---

21 Fischer [21], § 47, Rn. 6; Lackner/Kühl [32], § 47, Rn. 2; Vgl. LK-Theune [39], § 47, Rn. 12; MK-Maier [30], § 47, Rn. 13; SK-Horn/Wolters [69], § 47, Rn. 22.

22 SK-Horn/Wolters [69], § 47, Rn. 30.

23 Zur richterlichen Sachaufklärungspflicht hinsichtlich der Prognosegrundlagen bei der Entscheidung über den Widerruf einer Strafaussetzung zur Bewährung vgl. unten 6.1, S. 77.

Zusammenhang mit freiheitsentziehenden Maßregeln der Besserung und Sicherung zu erstellen ist, ist die Berücksichtigung aktueller Prognosegrundlagen unbedingt erforderlich. Da die Maßregel zumeist nur aus Gründen des prognostizierten Zustandes und Verhaltens des Delinquenten angeordnet wird und er gerade wegen seiner persönlichen Verfassung nicht bestraft werden kann, bilden persönlicher Zustand und prognostizierte Entwicklung die einzige Rechtfertigung für die Anordnung bzw. Aufrechterhaltung der Maßregel. Um eine ungerechtfertigte Freiheitsentziehung zu vermeiden, muss die Prognose ständig erneuert werden. Nur so ist gewährleistet, dass die Freiheitsentziehung nicht fortgesetzt wird, obwohl die zu prognostizierende zukünftige Entwicklung dies nicht mehr gebietet.

Die hier geforderte Prognose knüpft aber, wie gezeigt, vor allem an inneren Tatsachen an, die in der Person des Delinquenten liegen. Dies führt zu dem Problem, dass die Hinzuziehung eines psychiatrischen Sachverständigen erforderlich werden kann, was wiederum die Zulässigkeit der Zwangsanwendung bei Untersuchungsmaßnahmen voraussetzt.

Kapitel 6
Die Abhängigkeit des Gerichtes von sachverständiger Hilfe

Das Gericht stößt an die Grenzen seiner Beurteilungsfähigkeit, wenn es, wie in der Ausgangsentscheidung des OLG Hamm, den Geisteszustand des Probanden beurteilen muss[1]. Man könnte formulieren: Zu der Last der Sachverhaltsfeststellung tritt die Last der Persönlichkeitsermittlung[2]. Sicherlich kann ein Gericht, insbesondere dann, wenn es seit Jahren regelmäßig mit derartigen Problemen befasst ist, in gewissen Grenzen durchaus eigene Sachkunde und Beurteilungsvermögen erworben haben. Das eigene Wissen des Gerichts kann so weit ausgebildet sein, dass die Mitteilung einzelner sachverständiger Erfahrungssätze genügt. Es kann aber auch in einem Ausmaß fehlen, dass ein umfassendes Sachverständigengutachten notwendig wird. Ungeachtet dessen und trotz aller kriminologischer Schulung ist der Jurist kein Psychiater. Er kann daher allenfalls Verständnis für psychiatrische Probleme haben[3]. Er dürfte aber nicht in der Lage sein, die Persönlichkeit des Probanden selbst zuverlässig zu erforschen. Dies gilt vor allem bei bisher sozial intakten, noch nicht bestraften Personen[4].

In diesem Zusammenhang ist auch die Vorschrift des § 244 Abs. 4 S. 1 StPO von Bedeutung. Dort ist für das Erkenntnisverfahren geregelt, dass ein Beweisantrag auf Vernehmung eines Sachverständigen abgelehnt werden kann, wenn das Gericht selbst die erforderliche Sachkunde besitzt, dies aber auch nur dann, „soweit nichts anderes bestimmt ist". Diese Einschränkung trägt dem Umstand Rechnung, dass das Gesetz die Zuziehung eines Sachverständigen in einigen Fällen zwingend vorschreibt. So ist ein Sachverständiger zum Zustand des Angeklagten und den Behandlungsaussichten zu hören, wenn dessen Unterbringung in einem psychiatrischen Krankenhaus oder die Anordnung der Sicherungsverwahrung oder deren Vorbehalt in Betracht kommt, § 246a S. 1 StPO. Neben den Fällen, in denen das Gesetz die Hinzuziehung eines Sachverständigen zwingend vorschreibt, gibt es auch Fälle, in denen die Hinzuziehung eines Sachverständigen zumindest nahe gelegt wird, wie z. B. in den §§ 80a u. 81 StPO oder auch

1 Bockemühl-Detter [4], 9. Teil, Rn. 11.
2 Vgl. Peters [44], S. 146.
3 Vgl. Peters [44], S. 146.
4 Vgl. Peters [44], S. 138.

§ 73 JGG, in dem die Anhörung eines Sachverständigen in das Ermessen des Richters gestellt wird, wenn ein Gutachten über den Entwicklungsstand des Beschuldigten vorbereitet werden soll.

Die Aufgaben der forensischen Psychiatrie überschreiten bei weitem den engen Rahmen des Strafrechts. Ihr Arbeitsgebiet umfasst z. B. die Beurteilung der Schuldfähigkeit von Straftätern, die Indikationsstellung der Durchführung von Maßregeln der Besserung und Sicherung und eben auch die Erarbeitung von Prognosen über das künftige Verhalten, z. B. von psychisch gestörten Straftätern[5]. Unverzichtbare Voraussetzung, die Persönlichkeit des Verurteilten trotzdem zuverlässig beurteilen zu können, ist ein hinreichend substantiiertes Gutachten eines qualifizierten Sachverständigen, welches den Richter in die Lage versetzt, psychische Zustände juristisch zu bewerten. Der Sachverständige verfügt über Fachkenntnisse, die dem Gericht nicht ohne weiteres zugänglich sind und er zieht daraus Schlüsse, die ein Laie selbst nicht ziehen kann. Seine fachlichen Schlussfolgerungen führen zu den Erkenntnissen, die das Gericht in den Gesamtzusammenhang seiner Entscheidungen einbezieht[6]. Die Aufgabe des Sachverständigen ist es, dem Gericht die medizinischen und psychologischen Voraussetzungen in einer allgemeinverständlichen Sprache zu beschreiben, während die Entscheidung darüber, ob in einem konkreten Fall die vom Gesetz normierten Voraussetzungen vorliegen, in die Kompetenz des Gerichts fällt[7].

Eine Definition des Aufgabenbereichs des Sachverständigen hat der BGH gegeben: „Der Sachverständige soll dem Gericht den Tatsachenstoff unterbreiten, der nur auf Grund besonderer sachkundiger Beobachtung gewonnen werden kann, und das wissenschaftliche Rüstzeug vermitteln, das die sachgemäße Auswertung ermöglicht. Aufgabe des Tatrichters ist es, die ihm durch das Sachverständigengutachten vermittelten medizinischen Befunde und Erkenntnisse eigenverantwortlich zu bewerten[8].“

---

5 Brüssow-Bergener [6], § 27, Rn. 11.

6 Brüssow-Bergener [6], § 27, Rn. 31.

7 Brüssow-Bergener [6], § 27, Rn. 36 u. 40.

8 BGHSt. 7, S. 238ff. [239]; BGHSt. 8, S. 113ff. [118]; AnwK-Krekeler/Werner [35], Vorbem. zu §§ 72ff., Rn. 1; KK-Senge [25], Vor § 72, Rn. 1; LR-Krause [12], Vor § 72, Rn. 2 u. 17; Meyer-Goßner/Schmitt [42], Vor § 72, Rn. 8.

6.1 Erforderlichkeit körperlicher Untersuchungen für die Erstellung einer Prognose

Fraglich ist jedoch, ob es zur Vorbereitung einer Widerrufsentscheidung überhaupt erforderlich ist, den Probanden entsprechend § 81 StPO zur Beobachtung unterbringen oder entsprechend § 81a StPO körperlich untersuchen zu können. Um diese Frage zu beantworten, ist vorab zu klären, ob der Entscheidungsprozess bei der Widerrufsentscheidung es erforderlich macht, auf solche Erkenntnisse zurückgreifen zu können, die mittels einer körperlichen Untersuchung i. S. d. § 81a StPO gewonnen werden können.

Nach § 56f StGB ist Widerrufsvoraussetzung, dass sich die Erwartung, die der Strafaussetzung zugrunde lag, nicht erfüllt hat bzw. die Besorgnis, dass die verurteilte Person erneut Straftaten begehen wird. Soweit es darauf ankommt, dass sich die Erwartung, die der Strafaussetzung zugrunde lag, nicht erfüllt hat, scheint der Entscheidungsprozess keine besonders komplizierten Überlegungen vorauszusetzen. Der Strafaussetzung wurde ja die Erwartung zugrunde gelegt, „dass der Verurteilte sich schon die Verurteilung zur Warnung dienen lassen und künftig auch ohne die Einwirkung des Strafvollzugs keine Straftaten mehr begehen wird.", § 56 Abs. 1 S. 1 StGB. Wenn man die Formulierung des § 56f StGB, dass „die Erwartung, die der Strafaussetzung zugrunde lag, sich nicht erfüllt hat", wörtlich nimmt, bedeutet dies in der Konsequenz, dass schon die Tatsache, dass die verurteilte Person überhaupt eine erneute Straftat begangen hat, zum Nachweis genügt, dass sich die Erwartung der Straffreiheit nicht erfüllt hat, mit der Folge, dass der Widerrufsgrund dadurch schon erwiesen ist. Weiterer Überlegungen seitens des Widerrufsgerichts bedarf es nicht mehr, weshalb es auch keinen Grund gibt, die Zulässigkeit körperlicher Untersuchungen nach § 81a StPO und etwaiger daraus zu gewinnender Erkenntnisse zu fordern.

Bei genauerer Betrachtung ist der Entscheidungsprozess beim Aussetzungswiderruf jedoch aufwändiger und komplizierter, als es zunächst den Anschein hat. Der Widerrufsbeschluss kann sich nämlich gerade nicht auf die Feststellung der neuen Tat beschränken, ohne eine erneute Prognose zu stellen, denn neue Straftaten stehen einer günstigen Prognose nicht zwingend entgegen. Dies gilt vor allem für leichtere Taten. Außerdem dient der Widerruf nicht der Ahndung des Bewährungsbruchs sondern vielmehr einer Korrektur der Ausgangsentscheidung[9]. Auch ist ein Widerruf nicht nur dann zulässig, wenn im Zeitpunkt der Widerrufsentscheidung keine günstige Sozialprognose i. S. d. § 56

9 Fischer [21], § 56f, Rn. 8; SK-Schall [69], § 56f, Rn. 17.

Abs. 1 StGB vorliegt. Der Widerruf ist auch dann möglich, wenn mehrere, an sich nicht schwerwiegende Taten zusammengenommen nicht bedeutungslos sind[10]. Umgekehrt ist auch die Begehung einer schwerwiegenden Straftat u. U. nicht ausreichend, einen Widerruf zu begründen. Es kommt darauf an, ob vom Widerrufszeitpunkt aus neue Straftaten zu erwarten sind[11]. Diese Ausführungen zeigen, dass sich jede Art der Schematisierung bei der Prognoseerstellung verbietet.

Dabei ist es nicht zwingend geboten, dass sich das Widerrufsgericht wegen der besseren Erkenntnismöglichkeiten des die neue Straftat aburteilenden Gerichts dessen Prognose anschließen müsste[12]. Das kann z. B. dann nicht gelten, wenn sich das neue Urteil mit den der früheren Aussetzungsentscheidung zugrundeliegenden Erwägungen nur unzureichend auseinandergesetzt hat. Außerdem kann die neuerliche Strafaussetzung gerade auf der Erwägung beruhen, dass die aufgrund des Widerrufs der früheren Aussetzung zu verbüßende Strafe eine günstige Prognose begründet[13]. Es wäre daher verfehlt, wenn das über den Widerruf entscheidende Gericht an die Prognose des über die Anlasstat erkennenden Gerichts gleichsam automatisch gebunden wäre[14].

Diese Überlegungen zeigen, dass sich das Widerrufsgericht nicht darauf beschränken kann, einfach festzustellen, dass sich die Erwartung der Straffreiheit offensichtlich nicht erfüllt habe oder sich der Prognose des über die Anlasstat entscheidenden Gerichts anzuschließen. Das Widerrufsgericht muss im Zeitpunkt der Widerrufsentscheidung eine eigene Prognose stellen. Diese muss sich (entsprechend dem Wortlaut des § 56 Abs. 1 StGB) auf die Erwartung künftiger Straffreiheit des Verurteilten beziehen. Grundlage der Prognose sind alle Tatsachen, aus denen sich Schlüsse auf das künftige Verhalten des Täters ziehen lassen. Dabei sind neben den in § 56 Abs. 1 S. 2 StGB genannten Kriterien[15] alle sonstigen Tatsachen zu beachten, die für oder gegen eine günstige Prognose

---

10 Fischer [21], § 56f, Rn. 8a; LK-Hubrach [37], § 56f, Rn. 14; MK-Groß [30], § 56f, Rn. 27; vgl. Lackner/Kühl [32], § 56f, Rn. 7; Sch./Sch.-Stree/Kinzig [20], § 56f, Rn. 8; SK-Schall [69], § 56f, Rn. 15.

11 A. a. O.

12 LK-Rissing-van Saan/Peglau [37], § 67d, Rn. 103.

13 Fischer [21], § 56f, Rn. 8b; vgl. aber auch Lackner/Kühl [32], § 56f, Rn. 9; LK-Hubrach [37], § 56, Rn. 20.

14 A. a. O.

15 „Die Persönlichkeit des Verurteilten, sein Vorleben, die Umstände seiner Tat, sein Verhalten nach der Tat, seine Lebensverhältnisse und die Wirkungen, die von der Aussetzung für ihn zu erwarten sind."

sprechen[16]. Hierzu zählt auch der Aspekt der Resozialisierung des Täters, wie die soeben genannten Begriffe „sein Verhalten nach der Tat“ und „seine Lebensverhältnisse“ zeigen. Die Frage, ob sich die Erwartung, die der Strafaussetzung zugrunde lag, nicht erfüllt hat, stellt somit nicht nur auf das Legalverhalten des Verurteilten, sondern auf seine gesamte Resozialisierung ab[17]. Die Tatsache, dass der Verurteilte erneut straffällig geworden ist, kann daher unterschiedlich zu bewerten sein, je nach dem, in welches soziale Umfeld er geraten ist und ob es sich dabei um Umstände handelt, die bei der früheren Sozialprognose vorhersehbar waren und einbezogen wurden.

I. d. R. hat eine Auseinandersetzung mit den für die Bewährungsfrage meist aufschlussreichen Handlungsmotiven und Beweggründen des Täters zu erfolgen, und zwar auch dann, wenn sich der Verurteilte dazu nicht äußert. In solchen Fällen muss geprüft werden, inwieweit Umstände vorliegen, die Rückschlüsse auf die psychischen Wurzeln der Tat zulassen[18]. Es kommt auf die nach den Gesamtumständen zu beurteilende Frage an, ob die Einstellung des Verurteilten zu seiner Tat auf besondere Rechtsfeindschaft schließen und daher für die Zukunft weitere Delikte befürchten lässt[19]. Ist z. B. die Straftat unmittelbarer Ausdruck der politischen Gesinnung des Täters und besteht aufgrund der unveränderten Haltung des Täters auch für die Zukunft die Gefahr der Begehung erneuter Straftaten, so bedarf es schon gewichtiger Tatsachen, die für die Annahme sprechen, der Verurteilte werde sich auch weiterhin schon durch die Verurteilung auch ohne Strafverbüßung hinreichend beeindrucken und davon abhalten lassen, erneut Straftaten zu begehen[20].

Zu den Umständen, die zur Prognoseerstellung herangezogen werden können, können Fortschritte in der Persönlichkeitsentwicklung des Verurteilten (etwa auch infolge zwischenzeitlich erlittener Haft) oder auch die Stabilisierung seiner Lebensverhältnisse gehören, aber auch bisherige Straflosigkeit[21].

---

16 Lackner/Kühl [32], § 56, Rn. 9; LK-Hubrach [37], § 56, Rn. 17; MK-Groß [30], § 56, Rn. 33; Sch./Sch.-Stree/Kinzig [20], § 56, Rn. 33; vgl. Fischer [21], § 56, Rn. 11; SK-Schall [69], § 56, Rn. 22.

17 Fischer [21], § 56f, Rn. 8a.

18 LK-Hubrach [37], § 56, Rn. 18, unter Hinweis auf BGHR § 56 Abs. 2, „Sozialprognose 1“.

19 LK-Hubrach [37], § 56, Rn. 18, unter Hinweis auf BGH NStZ 1987, S. 171; Rn. 26.

20 LK-Hubrach [37], § 56, Rn. 18, unter Hinweis auf BGH NJW 1995, S. 340 (341) sowie OLG Karlsruhe, NStZ-RR 1996, S. 58.

21 Fischer [21], § 56, Rn. 6; Lackner/Kühl [32], § 56, Rn. 13; LK-Hubrach [37], § 56, Rn. 20 u. 24; MK-Groß [30], § 56, Rn. 30; Sch./Sch.-Stree/Kinzig [20], § 56, Rn. 30.

Diese Ausführungen zeigen, dass als Grundlage für die vom Widerrufsgericht zu stellende Prognose vor allem solche Kriterien heranzuziehen sind, die im psychischen Zustand des Verurteilten begründet sind. Dies bedeutet jedoch nicht, dass nicht auch die körperliche Verfassung des Probanden Rückschlüsse auf etwaige zukünftige Straftaten zuließe. Dem Verfasser steht hierbei ein Fall aus seiner eigenen Praxis vor Augen. Der zweiundfünfzigjährige, vielfach wegen Einbruchsdiebstählen Verurteilte hat schon mehr als 24 Jahre seines Lebens in Haft verbracht. Im Januar 2014 kam er in den Genuss der Aussetzung des Strafrestes gem. § 57 Abs. 1 S. 1 Ziff. 1 StGB, nachdem er zwei Drittel einer noch zu verbüßenden Freiheitsstrafe verbüßt hatte. Seitens der Haftanstalt hatte er eine günstige Beurteilung erhalten. Er selber argumentierte mit seinem körperlichen Zustand. Aufgrund seiner alters- u. haftbedingt schlechter gewordenen körperlichen Verfassung und Schwerfälligkeit sei er überhaupt nicht mehr im Stande, an Fallrohren heraufzuklettern oder über Balkon- oder Fensterbrüstungen zu steigen. Die Strafvollstreckungskammer hat dieser Argumentation zumindest nicht widersprochen und gewährte ihm die Reststrafenaussetzung. Die wiedererlangte Freiheit hat die körperlichen Kräfte in dem Verurteilten aber ganz offenbar wieder wachgerufen, da es schon nach wenigen Tagen zu erneuten Einbruchsdelikten kam, was auch seine erneute Inhaftierung nach sich zog.

Eine ähnliche Argumentation ist auch von Sicherungsverwahrten bekannt. Diese kommen immer wieder in der medialen Berichterstattung über die Sicherungsverwahrung zu Wort. Dabei argumentieren vor allem ältere Männer, die ursprünglich wegen Sexualstraftaten verurteilt worden waren, mit dem inzwischen erreichten Alter. Sie wenden ein, schon aufgrund ihrer körperlichen Verfassung gar nicht mehr zur Verübung entsprechender Straftaten in der Lage zu sein, selbst wenn sie es wollten.

Dieser Aspekt wird auch in Rechtsprechung und Literatur zur Sicherungsverwahrung erörtert und ist auch im Widerrufsverfahren beachtlich. Zu den Tatsachen, die für das Verfahren von Bedeutung sind und bei Anwendung des § 81a StPO den Untersuchungszweck bilden, gehören solche, die zum Beweis der Straftat, der Täterschaft und Schuld des Beschuldigten dienen oder für die Ahndung der Tat erheblich sind. Hierzu gehören auch die Tatsachen, die für die Beurteilung der Gemeingefährlichkeit des Täters im Hinblick auf § 63 StGB (Unterbringung in einem psychiatrischen Krankenhaus) oder § 66 StGB (Unterbringung in der Sicherungsverwahrung) oder die körperliche und geistige Eignung i S. d. § 69 StGB (Entziehung der Fahrerlaubnis) von Bedeutung sind[22].

22 LR-Krause [12], § 81a, Rn. 16.

Im Recht der Sicherungsverwahrung sind solche Umstände von Bedeutung, welche die Wahrscheinlichkeit künftiger Straftaten entfallen lassen. Hierzu gehören auch die voranschreitende Alterung und Krankheiten des Beschuldigten[23]. Schon das Reichsgericht stellte darauf ab, ob mit einem „Abklingen des verbrecherischen Willens infolge zunehmenden Alters gerechnet werden kann." Ebenso spielten „dauernde körperliche Untauglichkeit infolge von Krankheit oder Gebrechen" eine entscheidende Rolle bei der Beurteilung der Gemeingefährlichkeit des Täters[24].

Im Recht der Sicherungsverwahrung kommt es für diese Kriterien bzw. für die Gefährlichkeitsprognose freilich auf den Zeitpunkt der Aburteilung an. Für die Prognose bestimmend können also u. U. solche Umstände sein, die zwischen der Begehung der Tat und ihrer Aburteilung eingetreten sind[25]. In Bezug auf das Widerrufsverfahren könnte dies bedeuten, dass die Prognose im Zeitpunkt der Widerrufsentscheidung von solchen Umständen beeinflusst werden könnte, die in der Zeit seit der zu widerrufenden Bewährungsaussetzung eingetreten sind. Dies können auch körperliche Umstände sein, weshalb für die Prognoseentscheidung im Widerrufsverfahren auch körperliche Kriterien maßgeblich sein können.

6.2 Richterliche Sachaufklärungspflicht

6.2.1 Richterliche Sachaufklärungspflicht im Erkenntnis- u. Vollstreckungsverfahren

Die Notwendigkeit der Persönlichkeitserforschung mittels sachverständiger Hilfe wird durch die richterliche Sachaufklärungspflicht verstärkt. Sie resultiert aus Art. 2 Abs. 2 GG, der freiheitssichernde Funktion hat, und findet ihren speziellen Ausdruck im Strafprozessrecht durch § 244 Abs. 2 StPO. Danach hat das Gericht zur Erforschung der Wahrheit die Beweisaufnahme von Amts wegen auf alle Tatsachen und Beweismittel zu erstrecken, die für die Entscheidung von Bedeutung sind. Das Gericht ist aus Verantwortung für die Wahrheitsfindung verpflichtet, eine ausreichende Qualitätsbasis für die zu treffenden Entscheidungen zu schaffen[26]. Dies gilt umso mehr, je weniger ein Beweisergebnis gesichert

23 LK-Rissing-van Saan/Peglau [37], § 66, Rn. 206; Sch./Sch.-Stree/Kinzig [20], § 66, Rn. 41; vgl. Fischer [21], § 66, Rn. 66; SK-Sinn [69], § 66, Rn. 20.

24 RGSt. 72, S. 356 [358].

25 Vgl. LK-Rissing-van Saan/Peglau [37], § 66, Rn. 206; Sch./Sch.-Stree/Kinzig [20], § 66, Rn. 41; vgl. Fischer [21], § 66, Rn. 66; SK-Sinn [69], § 66, Rn. 20.

26 AnwK-Sommer [35], § 244, Rn. 24.

zu sein scheint, je wichtiger die Unsicherheitsfaktoren sind und je mehr Widersprüche bei der Beweiserhebung zu Tage getreten sind. In solchen Fällen hat das Gericht Veranlassung, trotz einer etwa schon erlangten Überzeugung weitere erkennbare Beweismöglichkeiten zu nutzen[27]. Darin ist das Gebot bestmöglicher Sachaufklärung enthalten[28]. Das Bundesverfassungsgericht hat hervorgehoben, dass darin das Prozessgrundrecht auf ein faires, rechtsstaatliches Verfahren begründet liegt[29]. Hieraus ergeben sich Mindestanforderungen an eine zuverlässige Wahrheitserforschung[30].

Die Mindesterfordernisse setzen Maßstäbe für die Aufklärung des Sachverhalts und damit für eine hinreichende tatsächliche Grundlage für richterliche Entscheidungen. Es ist unverzichtbare Voraussetzung eines rechtsstaatlichen Verfahrens, dass Entscheidungen, die den Entzug der persönlichen Freiheit betreffen, auf zureichender richterlicher Sachaufklärung beruhen[31] und eine in tatsächlicher Hinsicht genügende Grundlage haben, die der Bedeutung der Freiheitsgarantie entspricht[32].

In der zitierten Entscheidung wird die Geltung der Mindestanforderungen über das Hauptverfahren hinaus auch für das Vollstreckungsverfahren anerkannt. Sie setzen u. a. Maßstäbe für die Aufklärung des Sachverhalts und damit für eine hinreichende tatsächliche Grundlage für richterliche Entscheidungen.

Diesen Grundsätzen trägt das Strafverfahrensrecht Rechnung. Selbst bei denjenigen Verfahrensfragen, die dem Freibeweis unterliegen, gilt die richterliche Sachaufklärungspflicht. Das Freibeweisverfahren dient der richterlichen Überzeugungsbildung über das Vorliegen von Voraussetzungen von Verfahrensnormen. Gelegentlich sind nämlich nicht nur materielle Strafbarkeitsvoraussetzungen sondern auch Voraussetzungen von Verfahrensbestimmungen beweisbedürftig[33].

---

27 BGH, Beschl. v. 25.2.2003, NStZ-RR 2003, S. 205f. [206], m. w. N.

28 BVerfGE 57, S. 250 [274f.], m. w. N.; Vgl. im Hinblick auf Aussetzungsfragen: Sch./Sch.-Stree/Kinzig [20], § 57, Rn. 9.

29 BVerfG, Beschl. v. 8.10.1985, JZ 1986, S. 383ff. unter Hinweis auf BVerfGE 57, S. 250 [274f.].

30 BVerfG, Fn. 29, unter Hinweis auf BVerfGE 57, S. 250 [275].

31 BVerfG, Fn. 29, S. 78, unter Hinweis auf BVerfGE 58, S. 208 [222], wo es allerdings um eine vorläufige Maßnahme nach dem Unterbringungsgesetz des Landes Baden-Württemberg geht.

32 BVerfGE 58, S. 208 [230].

33 AnwK-Sommer [35], § 244, Rn. 18; Ranft [47], Rn. 1533; KK-Krehl [25], § 244, Rn. 16; LR-Becker [15], § 244, Rn. 30; Meyer-Goßner/Schmitt [42], § 244, Rn. 7.

Das Gebot bestmöglicher Sachverhaltsaufklärung erfährt eine besondere Ausgestaltung dann, wenn es um Prognoseentscheidungen geht. Stehen geistige und seelische Anomalien des Betroffenen in Frage, besteht in der Regel die Pflicht, einen Sachverständigen hinzuzuziehen, da diejenigen Umstände, welche die Gefährlichkeit eines in Freiheit befindlichen Verurteilten bestimmen, für das Gericht zumeist schwer erkennbar sind.

6.2.2 Vergleichbarkeit der Sachaufklärungspflicht im Erkenntnis- u. Widerrufsverfahren

Fraglich ist, inwieweit die Sachaufklärungspflicht im Widerrufsverfahren mit der des Erkenntnisverfahrens vergleichbar ist. Hierbei könnte von Bedeutung sein, dass die Zielrichtung der richterlichen Sachaufklärung bzw. die Gegenstände der richterlichen Überzeugungsbildung verschiedene sind.

Im Erkenntnisverfahren geht es um die Aufklärung einer bereits verübten Straftat bzw. um den Verdacht, ein Beschuldigter könnte eine bestimmte Straftat begangen haben. Gegenstand der Aufklärung sind also auf jeden Fall in der Vergangenheit liegende Tatsachen. Diese sind zwar noch nicht oder noch nicht in allen Einzelheiten bekannt. Die Straftat als Gegenstand der richterlichen Aufklärung aber ist geschehen und kann sich nicht mehr verändern. Es ist zwar denkbar, dass sich einzelne Ergebnisse der Aufklärungstätigkeit als unrichtig erweisen, etwa weil Beweisergebnisse unzutreffend gewürdigt wurden. Der wirkliche Verlauf des untersuchten Ereignisses wird sich jedoch (ob in zutreffender Weise aufgeklärt oder nicht) nicht mehr verändern.

Anders dagegen verhält es sich mit der Sachaufklärung im Hinblick auf Prognoseentscheidungen. Auch hier gibt es in der Vergangenheit liegende Tatsachen bzw. Sachverhalte, die sich nicht mehr verändern, nämlich die Tatsachen, aufgrund derer das Gericht die erforderliche Sozialprognose stellt und die möglichst genau festgestellt bzw. aufgeklärt werden müssen. Die diesbezügliche Aufklärungsarbeit ist aber nur ein Zwischenstadium zu dem eigentlichen Ziel der richterlichen Aufklärungstätigkeit, nämlich der Erstellung einer Zukunftsprognose. Das Wesen einer Prognose liegt aber gerade darin, dass sie eine Aussage darüber trifft, welchen Verlauf bestimmte gegenwärtige Entwicklungen zukünftig wohl nehmen werden, zu welchem Punkt sie voraussichtlich führen und wie hoch die Wahrscheinlichkeit ist, dass die vorhergesehene Entwicklung und deren voraussichtlicher Endpunkt auch tatsächlich eintreten. Das diesbezügliche Wahrscheinlichkeitsurteil, das am Ende der richterlichen Aufklärungsarbeit steht, ist (wie schon der Name zum Ausdruck bringt) nur die Aussage über eine Wahrscheinlichkeit. Daher ist es möglich, dass die prognostizierte Entwicklung wider

Erwarten doch nicht eintritt, obwohl der Grad der Wahrscheinlichkeit und die Überzeugung von der Richtigkeit der Prognose sehr hoch waren. Umgekehrt kann sich auch eine Prognose als zutreffend erweisen, obwohl der prognostizierte Verlauf als sehr unwahrscheinlich erschien und die Überzeugung von seinem Eintritt nicht sehr hoch war.

Vor diesem Hintergrund könnte die richterliche Sachaufklärung, so, wie sie im Widerrufsverfahren stattfindet, für mit derjenigen im Erkenntnisverfahren vergleichbar gehalten werden. In beiden Verfahrensarten werden Feststellungen über Tatsachen getroffen, die in der Vergangenheit stattgefunden haben. Unterschiede könnten sich sich jedoch daraus ergeben, dass die festzustellenden Tatsachen innerhalb der jeweiligen richterlichen Erkenntnisprozesse unterschiedliche Bedeutungen haben. Im Erkenntnisverfahren bilden die festgestellten, in der Vergangenheit liegenden Tatsachen dasjenige Geschehen ab, dessen genauen Verlauf es aufzuklären gilt. Die festgestellten Tatsachen fügen sich in ihrer Gesamtheit zu einem Geschehensablauf zusammen, der im Erkenntnisverfahren aufgeklärt werden muss. Auch im Widerrufsverfahren fügen sich die festgestellten Tatsachen zu einem Geschehen zusammen. Anders als im Erkenntnisverfahren bildet dieses Geschehen jedoch noch nicht das Ziel der Aufklärungsarbeit sondern erst ein Zwischenprodukt, ein notwendiges Durchgangsstadium zu dem eigentlichen Ziel der Aufklärungstätigkeit, nämlich der Erstellung einer Zukunftsprognose.

Fraglich ist, wie sich dieser Unterschied auf die Bewertung der richterlichen Aufklärungspflicht im Erkenntnis- u. Widerrufsverfahren unter dem Gesichtspunkt der Vergleichbarkeit auswirkt. Ansatzpunkt könnte die Feststellung sein, dass es durchaus möglich ist, dass sich selbst eine Prognose mit einer sehr hohen Wahrscheinlichkeit, bzgl. derer ein hohes Maß an Überzeugung besteht, als unzutreffend erweisen kann. Vor diesem Hintergrund könnte man sagen, dass die richterliche Aufklärungspflicht nicht so stark ausgeprägt ist, wie im Erkenntnisverfahren. Wenn man ohnehin nicht sicher sein kann, ob sich eine Prognose letztlich bewahrheitet, dann ist es eigentlich auch nicht nötig, an die Aufklärung der Prognosetatsachen so hohe Anforderungen zu stellen, wie im Erkenntnisverfahren. Wenn sich eine Prognose letztlich als unzutreffend erweist, kann dem Gericht aus der vielleicht nicht mit aller Konsequenz durchgeführten Aufklärungstätigkeit gar kein Vorwurf gemacht werden, weil ja auch die viel weitergehende Aufklärungstätigkeit nicht zwingend eine Garantie dafür gewesen wäre, dass sie zu einer Prognose geführt hätte, die sich bewahrheitet hätte. Außerdem ist es (wie ausgeführt) durchaus auch möglich, dass die Aufklärung eher zurückhaltend betrieben wird und zu einer Prognose führt, die nicht sehr wahrscheinlich ist und bzgl. derer auch kein besonders hoher Grad der Überzeugung besteht, die sich letztlich aber doch bewahrheitet. Daher gibt es eigentlich keinen Grund, die Aufklärungspflicht im Widerrufsverfahren höher einzustufen, als die im Erkenntnisverfahren. In beiden Verfahrensarten dürfte sie danach gleich hoch sein.

6.2.3 Mögliche Fehlprognosen und Aufklärungspflicht

Ein Kriterium bliebe bei dieser Betrachtung jedoch außer Acht, nämlich die Frage, inwieweit sich eine Fehlprognose zulasten des Probanden auswirkt und ob ihm dies zugemutet werden kann. Problematisch sind hierbei aber nur die Fälle, in denen sich eine Prognose als falsch erweist, unabhängig davon, ob die ihr zugrunde liegende Aufklärungsarbeit in Erfüllung einer hoch oder niedrig einzuschätzenden Aufklärungspflicht geschah.

Führt die Prognose z. B. zu dem Ergebnis, dass von dem Probanden in Zukunft weitere Straftaten zu erwarten sind, mit der Folge, dass die Strafaussetzung zur Bewährung widerrufen wird, während bei zutreffender Prognostizierung keine weiteren Straftaten zu erwarten gewesen wären, belastet dies den Probanden in zweifacher Weise. Erstens wird er mit den freiheitsentziehenden Konsequenzen der Widerrufsentscheidung belastet, die ausgeblieben wären, wenn die Prognose korrekt gewesen wäre. Außerdem hat der Proband keine Chance, dass sich jemals herausstellen wird, dass die Prognose falsch war, da er ja (in Haft befindlich) nicht beweisen kann, dass er in Freiheit und ohne die Wirkungen des Strafvollzugs keine neuen Straftaten mehr begangen hätte. Der Proband wird in seinen Rechten also insoweit verletzt, als in seine Freiheit eingegriffen wird und er faktisch keine Möglichkeit mehr hat, rehabilitiert zu werden. Natürlich ist es durchaus auch möglich, dass ein Inhaftierter in der Haft Straftaten verübt. Daher könnte man auch sagen, dass der Proband ja auch in der Haft noch die Möglichkeit hat, zu beweisen, dass er straffrei leben kann. Dies würde jedoch gerade dem Gedanken, welcher der Strafaussetzung zur Bewährung zugrunde liegt, widersprechen. Der Proband soll ja gerade die Möglichkeit haben, in Freiheit unter Beweis zu stellen, dass er gesetzestreu sein kann. Sollte er in der Haft straffällig werden, könnte dies seine Ursache durchaus darin haben, dass er sich von dem Gedanken leiten lässt, dass er jetzt ja ohnehin in Haft ist, nicht mehr in den Genuss der Bewährungsaussetzung kommt und es deshalb gleichgültig ist, ob er sich in der Haft „bewährt“ oder nicht.

Straftaten in der Haft können die Gefährlichkeit nur bedingt stützen, weil sie ihre Ursachen u. U. auch in der durch die Haft für den Inhaftierten bestehenden

Ausnahmesituation haben können[34]. Ein etwaiger Rückfall in der Haft wäre demnach kein Anzeichen dafür, dass es auch ohne die Einwirkungen der Haft zu neuen Straftaten gekommen wäre, sodass man annehmen könnte, dass der Proband in seinen Rechten letztlich nicht übermäßig verletzt ist, wenn er infolge einer falschen Prognose wieder in Haft kommt. In dieser Konstellation wirkt sich die unzureichende Sachaufklärung also zulasten des Verurteilten aus, mit der Folge, dass an die Sachaufklärung hohe Anforderungen zu stellen sind.

Führt die Prognose umgekehrt zu dem Ergebnis, dass von dem Probanden in Zukunft keine weiteren Straftaten zu erwarten sind, während sich die Prognose als unzutreffend erweist und es eben doch noch zu neuen Straftaten kommt, dann könnte dies mit dem Grundsatz unvereinbar sein, dass die Vollstreckung einer Freiheitsstrafe auch einen präventiven Zweck hat, nämlich den Schutz der Bevölkerung vor Rechtsgutverletzungen durch Straftaten. Dieser Aspekt tritt sicher in den Hintergrund, wenn es um leichte Straftaten geht, die letztlich niemanden ängstigen. Begeht der Proband erneut z. B. eine Reihe von Beförderungserschleichungen, ist dies zwar ärgerlich, versetzt letztlich aber niemanden in Angst und Schrecken und beeinträchtigt nicht den Rechtsfrieden. Etwas anderes gilt aber dann, wenn z. B. bekannt wird, dass es in einem bestimmten Stadtteil wieder häufig zu Wohnungseinbrüchen kommt. Die Menschen sorgen sich plötzlich um ihr Hab und Gut und entwickeln u. U. auch die Angst davor, dass es zu einem Einbruch kommen könnte, während sie selber zuhause sind. In einem solchen Fall muss sicher gefragt werden, ob es der Bevölkerung zugemutet werden kann, mit ihren Ängsten vor neuerlichen Übergriffen zu leben oder vielleicht sogar selber davon betroffen zu werden, wenn es zu den (wirklichen oder befürchteten) Übergriffen nur deshalb kommt, weil dem rückfälligen Probanden eine positive Sozialprognose gestellt wurde, die sich bei sorgfältiger Aufklärung der zugrunde liegenden Prognosetatsachen vielleicht hätte vermeiden lassen.

Ähnlich, wie es dem Probanden nicht zugemutet werden kann, infolge des Widerrufs der Strafaussetzung seine Freiheit zu verlieren, nur, weil es aufgrund unzureichender Aufklärung der Prognosetatsachen zu einer negativen Prognose gekommen ist, so ist es der Bevölkerung nicht zuzumuten, eine Gefährdung ihrer Rechtsgüter hinzunehmen, nur weil es zu einer günstigen Sozialprognose gekommen ist, die bei gründlicher Aufklärung der Prognosetatsachen vielleicht nicht zustande gekommen wäre. An dieser Stelle wird deutlich, dass zwischen der Prognose an sich und den ihr zugrundliegenden Prognosetatsachen genau

---

34 Vgl. in Bezug auf Straftaten während der Unterbringung nach dem Landesunterbringungsgesetz LK-Schöch [37], § 63, Rn. 124.

zu unterscheiden ist[35]. Es ist daher unbedingt nötig, dass auch im Widerrufsverfahren eine Pflicht zur bestmöglichen Sachaufklärung gilt, wie schon im Erkenntnisverfahren. Wenn schon nicht mit letzter Sicherheit vorhergesehen werden kann, ob sich eine Prognose letztlich bewahrheitet, dann müssen zumindest die der Prognose zugrunde liegenden Tatsachen möglichst weitgehend aufgeklärt werden.

6.2.4 Ausschöpfung von Beweismitteln nach gewonnener richterlicher Überzeugung

In diesem Zusammenhang ist auch ein Blick auf den historischen Wandel in der Auslegung des Begriffs der richterlichen Aufklärungspflicht hilfreich. Der früher vertretene Grundsatz, dass der Tatrichter, der bereits aufgrund der schon erhobenen Beweise eine feste Überzeugung vom Vorliegen oder Nichtvorliegen einer Beweistatsache gewonnen hat, ohne Verletzung seiner Aufklärungspflicht von jeder weiteren Beweiserhebung absehen darf, beruhte auf der Ansicht, dass die Aufklärungspflicht nur so weit reiche, als dies zur Gewinnung einer richterlichen Überzeugung notwendig sei[36]. Später setzte sich jedoch die Auffassung durch, dass für die Bildung der richterlichen Überzeugung erst dann Raum ist, wenn das Gericht alle erkennbaren und erreichbaren Erkenntnisquellen ausgeschöpft hat. Die Berufung auf eine bereits gewonnene Überzeugung rechtfertigt es nicht, Beweismittel zu übergehen, von denen eine weitere Sachaufklärung zu erwarten ist, deren Ergebnis die zunächst gewonnene Überzeugung von dem Vorliegen bestimmter Tatsachen wieder in Frage stellen kann. Demgemäß herrscht gegenwärtig die Auffassung vor, dass die Freiheit der Beweiswürdigung erst dann einsetzt, wenn die Aufklärungspflicht erfüllt ist. Solange das Gericht die umfassende Sachaufklärung nicht geleistet hat, ist auch kein Raum für den Grundsatz „Im Zweifel für den Angeklagten“, denn es könnte ja immerhin passieren, dass die Ausschöpfung weiterer erreichbarer, bisher noch nicht genutzter Beweismittel etwa noch bestehende Zweifel beseitigt, sodass für eine Anwendung des Zweifelssatzes gar keine Notwendigkeit mehr besteht[37]. Diese Entwicklung

---

35 SK-Schall [69], § 56, Rn. 11.

36 KK-Krehl [25], § 244, Rn. 28; LR-Becker [15], § 244, Rn. 46; vgl. aber AnwK-Sommer [35], § 244, Rn. 24; Meyer-Goßner/Schmitt [42], § 244, Rn. 12.

37 KK-Krehl [25], § 244, Rn. 36; KMR-Paulus [63], § 244, Rn. 223; LR-Becker [15], § 244, Rn. 46, m. w. N.; Pfeiffer [45], § 244, Rn. 8; SK (StPO) Frister [72], § 244, Rn. 11 u. 12; einschränkend: Meyer-Goßner/Schmitt [42], § 244, Rn. 12.

unterstreicht somit die Forderung nach bestmöglicher Sachaufklärung auch im Widerrufsverfahren.

6.2.5 Richterliche Sachaufklärungspflicht im Widerrufsverfahren

Die richterliche Sachaufklärungspflicht gilt auch im Widerrufsverfahren. Wie gezeigt, gelten die Mindestanforderungen der Sachaufklärungspflicht über das Hauptverfahren hinaus auch im Vollstreckungsverfahren. Dem Widerrufsverfahren kommt durchaus der Charakter einer vollstreckungsrechtlichen Entscheidung zu, sodass die Mindestanforderungen auch hier zu beachten sind. Der Widerrufsbeschluss hebt das rechtskräftige Urteil auf, soweit es in Form der Strafaussetzung die Nichtvollstreckbarkeit anordnet. Er ist daher eine urteilsähnliche Entscheidung, welche die Vollstreckbarkeit des Strafausspruchs schafft. Mit Beschlussfassung liegt ein vollstreckungsfähiges Strafurteil i. S. d. § 449 StPO überhaupt erst vor[38]. Er ist daher unmittelbar eine Entscheidung über die Strafvollstreckung[39]. Daher müssen auch im Widerrufsverfahren die Mindestanforderungen der Wahrheitserforschung aus dem Vollstreckungsverfahren gelten.

Bei der Vorbereitung der Entscheidung über den Widerruf einer Strafaussetzung zur Bewährung hängt es je nach den Umständen des Einzelfalls von dem pflichtgemäßen Ermessen des Richters ab, in welcher Weise er die notwendigen Feststellungen trifft. Je nach den Gegebenheiten können Feststellungen über die Persönlichkeit, den Gesundheitszustand, mögliche Wirkungen des Strafvollzugs sowie die Umstände und Maßnahmen, die im Falle der Aufrechterhaltung der Vollstreckungsaussetzung einen günstigen Einfluss auf den Verurteilten nehmen können, erforderlich werden. Dabei ist stets eine hinreichende Gründlichkeit bei der Entscheidungsfindung zu gewährleisten[40], da, wie gezeigt, diejenigen Umstände, welche die Gefährlichkeit eines in Freiheit befindlichen Verurteilten bestimmen, für das Gericht zumeist schwer erkennbar sind. Ohne die Hinzuziehung eines Sachverständigen kann keine zutreffende Beurteilung erfolgen, sodass es die Pflicht des Gerichts ist, einen Sachverständigen hinzuzuziehen.

---

38 LR-Wendisch [48], § 453, Rn. 35.

39 Vgl. Potrykus [46], § 61, Anm. 1: „Der Widerruf der Strafvollstreckung kommt praktisch der Strafvollstreckung gleich."

40 Vgl. (mit Bezug auf die Prüfung der Berechtigung der Aufrechterhaltung der Unterbringung in einem psychiatrischen Krankenhaus): BVerfG (Fn. 29, S. 82), S. 384.

6.3 Mindestanforderungen an die Begutachtung

Aus der richterlichen Sachaufklärungspflicht resultieren bestimmte Anforderungen an die sachverständige Begutachtung, welche durch die in Art. 2 Abs. 2 GG zum Ausdruck kommende Freiheitsgarantie mitbestimmt werden. Trotz richterlicher Sachaufklärungspflicht muss die Sachaufklärung den Freiheitsanspruch des Verurteilten im Auge behalten. Aufklärungs- und Prüfungsaufwand müssen unter Ausübung pflichtgemäßen Ermessens bestimmt werden. Es ist ausreichend, aber auch erforderlich, dass das Gericht seine Entscheidung auf einer Tatsachengrundlage aufbaut, die zu der Bedeutung der Sache in einem angemessenen Verhältnis steht.

Hat das Gericht die Hilfe eines ärztlichen Sachverständigen in Anspruch genommen, muss es die Aussagen und das Gutachten des Sachverständigen selbständig beurteilen können. Schließlich muss das Gericht die wesentlichen Anknüpfungstatsachen und Darlegungen eines Gutachtens im Urteil auch wiedergeben[41]. Damit das Gericht seine Aufgaben korrekt wahrnehmen kann, muss das Gutachten hinreichend substantiiert sein. Es muss das Gericht in die Lage versetzen, sich die tatsächlichen Voraussetzungen für seine Entscheidung zu erarbeiten und aufgrund dessen zu prognostizieren, ob und wenn ja welche Straftaten von dem Verurteilten infolge seines Zustandes zu erwarten sind[42]. Zu diesem Zweck muss es ein möglichst umfassendes Bild der Person des Verurteilten abgeben.

Diese Anforderungen an die Ausgestaltung eines psychiatrischen Gutachtens verdeutlichen die enge Verknüpfung psychiatrischen Sachverstandes und richterlicher Sachaufklärung. Hinzu kommt, dass dem Gericht stets aktuelle Gutachten zur Verfügung stehen müssen. Es gibt keine Vermutung dafür, dass eine früher erstellte Prognose weiterhin zutrifft[43]. Der Prognose ist daher immer nur derjenige Zustand des Verurteilten zugrunde zu legen, wie er sich im Zeitpunkt der jeweiligen Entscheidung darstellt.

6.4 Zusammenfassung

Die Untersuchung hat gezeigt, dass Art. 2 Abs. 2 GG verfahrenssichernde Funktion hat, die sich auch auf das Widerrufsverfahren auswirkt. Aus ihr resultieren Mindestanforderungen für eine erschöpfende Wahrheitserforschung. Da das

41 BGH, Beschl. v. 10.9.2002; StraFo 2003, S. 55.
42 KMR-Krehl [63], § 244, Rn. 254; SK (StPO) Frister [72], § 244, Rn. 33.
43 SK-Sinn [69], § 61, Rn. 14 unter Hinweis auf LK-Schöch [37], Vor § 61, Rn. 66.

Widerrufsverfahren je nach Ausgang die Vollstreckung der zunächst ausgesetzten Freiheitsstrafe nach sich ziehen kann, muss gewährleistet sein, dass die Entscheidung des Gerichts auf einer ausreichenden Tatsachengrundlage beruht, die der Bedeutung der Freiheitsgarantie Rechnung trägt. Die daraus resultierende Sachaufklärungspflicht ist dann besonders umfassend, wenn im Zuge einer Prognoseentscheidung die Beurteilung geistiger und seelischer Anomalien notwendig wird. Ungeachtet des eigenen Beurteilungsvermögens des Richters muss dieser zu einer eigenen Überzeugung von dem Vorliegen dieser Umstände gelangen können. Dies ist oft nur auf der Grundlage eines hinreichend substantiierten Gutachtens möglich, das den Richter trotz seiner mangelnden psychiatrischen Sachkunde in die Lage versetzt, psychische Umstände juristisch zu werten.

Kapitel 7 Richterliche Sachaufklärung und Präventionszweck

Das Fehlen von Ermächtigungsgrundlagen im Widerrufsverfahren ist auch deshalb ein Defizit, weil mit dem Widerrufsverfahren schließlich auch präventive Ziele verfolgt werden, deren Verwirklichung wegen des ungewissen Charakters von Prognosen erschwert wird.

7.1 Rückfallwahrscheinlichkeit

7.1.1 Bedeutung der Rückfallwahrscheinlichkeit für die Anwendung von Zwangsmaßnahmen

Bisher sind die Untersuchungen schwerpunktmäßig davon ausgegangen, dass der Widerrufsentscheidung ein Wahrscheinlichkeitsurteil zugrundeliegt. Ein Wahrscheinlichkeitsurteil enthält eine Aussage darüber, ob überhaupt mit Rückfällen zu rechnen ist und mit welcher Häufigkeit sie auftreten können. Aber selbst dann, wenn mit einer hohen Rückfallwahrscheinlichkeit zu rechnen ist, können die zu erwartenden Rechtsverletzungen u. U. noch hingenommen werden, wenn es sich bei den zu erwartenden Taten um verhältnismäßig leichte Delikte, wie etwa Ladendiebstähle oder kleinere Sachbeschädigungen handelt. Gelegentlich wird von einem „hinnehmbaren Gefahrengrad" gesprochen[1]. Natürlich ist die Rechtsordnung auch dann verletzt, wenn in einem Kaufhaus ein Päckchen Zigaretten gestohlen oder das Wartehäuschen einer Bushaltestelle mit Farbe besprüht wird. Die Taten haben aber sicher nicht zur Folge, dass sich in der Bevölkerung Angst verbreiten würde, ein Kaufhaus zu betreten oder an einer Haltestelle auf den Bus oder die Straßenbahn zu warten. Obwohl die Rechtsordnung an sich verletzt ist, wird in der Bevölkerung nicht sogleich das Gefühl hervorgerufen, in unsicheren Verhältnissen zu leben und ständig Beeinträchtigungen eigener Rechte oder Rechtsgüter befürchten zu müssen. Der einzelne Kaufhausdiebstahl wird in vielen Fällen noch nicht einmal bemerkt und verschmierte Wartehäuschen kommen derart häufig vor, dass dies nicht mehr als etwas Besonderes oder Beunruhigendes angesehen wird. Das Bedürfnis, die Bevölkerung vor etwaigen Rückfällen möglichst zu schützen, ist in beiden Fällen nicht besonders hoch.

---

1 MK-Veh [30], § 67d, Rn. 18.

Anders ist es hingegen, wenn mit schwerwiegenderen Straftaten, etwa Körperverletzungsdelikten oder dergleichen, zu rechnen ist. Auch wenn die Rückfallwahrscheinlichkeit nur gering ist, sind an die Aufrechterhaltung der Vollstreckungsaussetzung hohe Anforderungen zu stellen. Dabei kommt es nicht darauf an, ob der Rückfalltäter allgemeingefährlich ist und eine Mehrzahl von Personen von der Rückfalltat betroffen wäre, wie z. B. bei einem Amoklauf oder einer Geiselnahme in einer Schule oder einem Einkaufszentrum. Selbst wenn nur eine Person von der Rückfalltat betroffen wäre, müsste man von einer Gefahr für die Allgemeinheit ausgehen, da die betroffene Person als „Repräsentant" für die Allgemeinheit fungiert[2]. Jedenfalls muss selbst bei einer nur geringen Wahrscheinlichkeit damit gerechnet werden, dass es „schon morgen" zum Rückfall kommt. Die Wahrscheinlichkeit eines Rückfalls besagt nichts über den Zeitpunkt des wenn auch nur äußerst unwahrscheinlichen Ereignisses. Etwas anderes gilt natürlich in solchen Fällen, in denen ganz außergewöhnliche Faktoren zu berücksichtigen sind. So kann eine Wiederholungsgefahr z. B. dann zu verneinen sein, wenn der Verurteilte in der Vergangenheit sehr häufig wegen unterschiedlich schwerer Straftaten verurteilt wurde, seit der letzten als schwerwiegend zu beurteilenden Tat aber viel Zeit vergangen ist. So hatte das LG Cottbus einen Fall zu beurteilen, in welchem der Verurteilte insgesamt sechszehn mal vorbestraft war, die letzte Straftat von erheblichem Gewicht aber schon 39 Jahre zurücklag, sodass die Annahme der Wahrscheinlichkeit erneuter Straftaten solchen Gewichts und die Anordnung einer Untersuchung gem. § 2 DNA-IdentitätsfeststellungsG i. V. m. § 81g StPO nicht gerechtfertigt waren.

Besteht nun die Möglichkeit einer schweren Gefährdung oder Verletzung von Personen, ist nicht nur das Gewicht dessen zu bedenken, was im Falle eines Rückfalls geschehen kann. Vielmehr ist zu berücksichtigen, dass über die Person des Verletzten hinaus auch andere Personen oder Personengruppen in Mitleidenschaft gezogen werden können, nämlich dadurch, dass die verübte Tat Angstreaktionen von Gewicht hervorrufen kann. Wird z. B. (wie es in der Praxis des Verfassers schon vorgekommen ist) ein Taxifahrer von betrunkenen jugendlichen Fahrgästen anlässlich einer nächtlichen Fahrt mit Fausthieben und Fußtritten krankenhausreif geschlagen, hat dies neben schwerwiegenden Folgen für das Opfer und seine Familie sicher auch zur Folge, dass sich plötzlich viele Menschen mit der Gewaltbereitschaft Jugendlicher konfrontiert sehen und ein Gefühl der Verunsicherung und Verängstigung entwickeln. Diese Wirkungen werden durch die Berichterstattung in der regionalen Presse hervorgerufen und

---

2 Vgl. SK-Sinn [69], § 63, Rn. 13.

noch verstärkt. Sind solche Taten zu erwarten, sind die Anforderungen an die Vollstreckungsaussetzung gerade unter dem Gesichtspunkt der Sicherheitsinteressen der Allgemeinheit[3] hoch anzusetzen. Je nach Schwere der zu erwartenden Straftat muss daher geprüft werden, ob das Rückfallrisiko eingegangen werden kann. Es muss „verantwortet werden können zu erproben, ob der Verurteilte außerhalb des Strafvollzugs keine Straftaten ... begehen wird“[4]. Gem. dem Wortlaut der jetzigen Fassung des § 57 Abs. 1 Nr. 2 StGB muss die Aussetzung der Vollstreckung des Restes einer zeitigen Freiheitsstrafe „unter Berücksichtigung des Sicherheitsinteresses der Allgemeinheit verantwortet werden können“[5].

Entsprechendes gilt auch hinsichtlich der im Bereich des Maßregelrechts zu erstellenden Prognosen, z. B. im Rahmen des § 67d Abs. 2 S. 1 StGB. Werden Taten gegen Leib und Leben oder andere gemeingefährliche Delikte erwartet, genügt schon die fortbestehende Möglichkeit der Begehung durch den Untergebrachten als solche. In anderen Fällen, so z. B. bei drohenden Vermögensdelikten, ist schon ein höherer Grad der Rückfallwahrscheinlichkeit zu verlangen. Hier muss wegen der besonderen Höhe der Rückfallwahrscheinlichkeit die weitere Vollstreckung der Unterbringung angezeigt sein[6].

Ähnliches gilt hinsichtlich der Unterbringung in einem psychiatrischen Krankenhaus gem. § 63 StGB. Im Rahmen der dort zu erstellenden Prognose müssen mit Strafe bedrohte Handlungen nicht nur innerhalb eines absehbaren Zeitraums mit einer gewissen Wahrscheinlichkeit vorausgesehen werden können. Vielmehr müssen sie auch als erheblich beurteilt werden können[7]. Die

3 Vgl. hierzu BGH, Beschl. v. 25.4.2003, NStZ-RR 2003, S. 200ff. [201].

4 Vgl. insoweit den Wortlaut des § 57 Abs. 1 S. 1 Nr. 2 StGB a. F.; in Bezug auf die Aussetzung des Strafrests einer lebenslangen Freiheitsstrafe: BGH, Beschl. v. 25.4.2003, StraFo 2003, S. 255f.

5 Der Wortlaut dieser Regelung wurde durch Gesetz vom 13.4.2007, BGBl. I, S 513 (Einführung einer geschlechtsneutralen Formulierung) geändert; vgl. Sch./Sch.-Stree/Kinzig [20], § 57, vor Rn. 1. Die gegenüber dem früheren Wortlaut ("verantwortet werden kann zu erproben") vorgenommene Veränderung ist nur redaktioneller Art. Es sollte der Eindruck vermieden werden, ein Erproben i. S. d. a. F. solle bedeuten, dass probiert werden könne, „ob es gut geht“. An der sachlichen Voraussetzung für die Aussetzung eines Strafrestes, einer positivern Legalprognose, hat sich durch die Neufassung nichts geändert (vgl. Sch./Sch.-Stree/Kinzig [20], § 57, Rn. 9).

6 Vgl. Fischer [21], § 67d, Rn. 13; Lackner/Kühl [32], § 67d, Rn. 3; LK – Rissing-van Saan/Peglau [37], § 67d, Rn. 87; MK-Veh [30], § 67d, Rn. 21; Sch./Sch.-Stree/Kinzig [20], §67d, Rn. 4; SK-Sinn [69], § 67d Rn. 9.

7 Vgl. BGH JR 1977 [24], S. 169 mit Anm. Hanack. Zu dem hier geforderten Wahrscheinlichkeitsgrad vgl. BGH, Beschl. v. 15.9.1992, NStZ 1993, S. 78.

Erheblichkeit ist nach dem Verhältnismäßigkeitsbegriff zu bestimmen[8]. Unerheblich sind in diesem Sinne z. B. lediglich „lästige" Taten wie z. B. beleidigende Eingaben bei Behörden oder kleinere Diebstähle, die wegen der Ungeschicklichkeit des Täters sofort entdeckt werden[9].

Erkenntnisse für die hier zu beurteilende Frage des Widerrufs nach bereits bewilligter Strafaussetzung zur Bewährung lassen sich auch dadurch gewinnen, dass man den umgekehrten Fall beleuchtet, nämlich den, dass nach zunächst vollstreckter Haft die Aussetzung der weiteren Vollstreckung zur Bewährung geprüft wird. Maßgeblich ist dabei, ob die zu erwartenden Taten den Rechtsfrieden so ernstlich und gravierend bedrohen, dass dem Täter in Anbetracht seiner Störungen das Sonderopfer des Freiheitsentzuges von unbestimmter Dauer auferlegt werden kann. Zudem ist die bereits erlittene Dauer des Freiheitsentzugs zu berücksichtigen. Auch wenn die Rückfallwahrscheinlichkeit bei einem Inhaftierten hoch ist, wiegt sein Freiheitsrecht so viel, dass das rechtliche Gewicht des Interesses an der Verhinderung von Rechtsgutverletzungen nach der Aussetzung im Verhältnis dazu abnimmt. Dabei hängt die Beurteilung auch von der Schwere der befürchteten rechtswidrigen Taten ab. Bei schwereren drohenden Taten hat das Freiheitsgrundrecht des Inhaftierten zurückzutreten. Bei Taten geringeren Gewichts aber bewegt sich die Vollstreckung auf einen Punkt zu, von dem an die Aussetzung bewilligt werden muss[10]. In diesen Zusammenhang passt eine Äußerung in der Kommentierung zu § 60 StGB, der das Absehen von Strafe regelt. Danach ist eine Bestrafung gegen einen Gefährlichen nie „verfehlt"[11].

Je schwerer die Taten sind, zu deren Begehung der Verurteilte neigt, umso gewissenhafter muss die Feststellung erfolgen, ob mit einem Rückfall zu rechnen ist. Umso schwerer die von dem Verurteilten zu erwartenden neuen Straftaten sind, je größer ist das schützenswerte Interesse der Bevölkerung, vor solchen Straftaten geschützt zu werden. Dementsprechend tritt das Freiheitsrecht des unter Bewährung stehenden Verurteilten stärker in den Hintergrund[12]. Es stellt sich also die Frage, wessen Interessen denjenigen des jeweils anderen zu weichen haben, diejenigen der Bevölkerung am Schutz vor Straftaten oder diejenigen des Verurteilten an seiner Freiheit. Dieser Interessenkonflikt verstärkt sich mit dem

---

8 Vgl. BGHSt. 20, S. 232 [233].

9 Vgl. hierzu Fischer [21], § 63, Rn. 16ff. (18); Lackner/Kühl [32], § 63, Rn. 5; LK-Schöch [37], § 63, Rn. 79ff. [85]; MK-von Gemmeren [30], § 63, Rn. 50; Sch./Sch.-Stree/Kinzig [20], § 63, Rn. 17; SK-Sinn [69], § 63, Rn. 12.

10 LK-Schöch [37], § 63, Rn. 84; vgl. auch Fischer [21], § 63, Rn. 16.

11 MK-Groß [30], § 60, Rn. 18.

12 Vgl. SK-Schall [69], § 57a, Rn. 14a f.

zunehmenden Gewicht der möglicherweise zu erwartenden Straftaten. Er kann nur gelöst werden, indem die Rückfallwahrscheinlichkeit möglichst genau und unter Ausnutzung aller erreichbaren Erkenntnisquellen erforscht wird. Umso stärker der drohende Interessenkonflikt ist, je weniger kann das Widerrufsgericht darauf verzichten, zur Verfügung stehende Erkenntnisquellen nicht auszuschöpfen.

Für die Annahme der Wahrscheinlichkeit künftiger Straftaten erheblichen Gewichts bedarf es positiver, auf den Einzelfall bezogener Gründe. Zu den einzelfallbezogenen Gründen gehören auch die Feststellungen des zu vollstreckenden Urteils zum Schuldumfang. Sind diese unklar, kann die Aussetzung der Strafvollstreckung nicht nur aus Gründen der Generalprävention versagt werden[13]. Fehlende Hinweise darauf, dass bisherigen Taten Ausnahmesituationen zugrunde lagen und auch in Zukunft mit weiteren Taten zu rechnen ist, genügen ebenfalls nicht[14]. Die Anwendbarkeit von Zwangsmaßnahmen zur sachverständigen Begutachtung erscheint dabei wünschenswert, wenn komplexe persönliche und seelische Zustände erforscht werden müssen. Z. B. kann die Vollstreckung einer wegen einer exhibitionistischen Handlung, § 176 Abs. 3 Nr. 1 StGB, verhängten Freiheitsstrafe trotz ungünstiger Zukunftsprognose zur Bewährung ausgesetzt werden, wenn zu erwarten ist, dass der Täter erst nach einer längeren Heilbehandlung keine weiteren einschlägigen Taten mehr begehen wird[15]. Eine diesbezügliche Prognose muss eine Vielzahl persönlicher und seelischer Aspekte einbeziehen, was ohne sachverständige Hilfe nicht möglich ist.

7.1.2 Konsequenzen für das Widerrufsverfahren

Für das Widerrufsverfahren ergeben sich daraus folgende Konsequenzen: Sind von dem Verurteilten besonders schwerwiegende Taten zu erwarten, muss der Widerruf schon aus Gründen der Prävention erfolgen. Sind dagegen nur leichte Straftaten zu erwarten, muss schon mit einer sehr hohen Rückfallgeschwindigkeit und -häufigkeit zu rechnen sein, damit ein etwaiger Rückfall der Bevölkerung nicht mehr zugemutet werden kann und deren Interesse an dem Schutz vor Straftaten das Freiheitsinteresse des Verurteilten überwiegt. Wie schon oben, S. 92, ausgeführt wurde, kommt es nicht darauf an, ob eine Vielzahl von Personen von einer Rückfalltat betroffen wäre. Selbst wenn nur eine Person betroffen

---

13 OLG Köln, Beschl. v. 10.12.2002, StraFo 2003, S. 103.

14 Vgl. vor dem Hintergrund molekulargenetischer Untersuchungen nach § 81 g StPO, § 2 DNA-IFG: BVerfG, Beschl. v. 20.12.2001; StV 2003, S. 1f.

15 BGH, Beschl. v. 5.11.2002, StV 2003, S. 389f.; vgl. SK-Schall [69], § 56, Rn. 21.

wäre, läge eine Gefahr für die Allgemeinheit vor, da die betroffene Person als „Repräsentant“ für die Allgemeinheit fungiert[16].

Die Prognose darüber, ob schon bald und mit einer gewissen Häufigkeit mit neuen, an sich nicht sehr schwerwiegenden Straftaten zu rechnen ist, ist sicher schwerer zu treffen als die Abwägung darüber, ob in Anbetracht des hohen Gewichts der zu erwartenden Straftaten und der von der Person des Verurteilten ausgehenden Gefährlichkeit ein Rückfall überhaupt riskiert werden kann. Dann wirkt sich der Vorrang des Freiheitsrechts des Verurteilten vor dem Interesse an der Vermeidung von Rechtsgutsverletzungen für den Verurteilten günstig aus. Der Verurteilte, der also ein höheres Gefahrenpotential birgt, muss schon wegen der von ihm verübten Taten mit dem Widerruf rechnen, ohne dass zur Feststellung der Widerrufsvoraussetzungen besondere Untersuchungen erforderlich wären. Derjenige, der ein schwächeres Gefährdungspotential in sich birgt, muss mit dem Widerruf dagegen nicht so schnell rechnen, da in seinem Fall, wie gezeigt, erst besondere Feststellungen über Rückfallgeschwindigkeit und -häufigkeit getroffen werden müssen. Ergänzend ist hinzuzufügen, dass bei bevorstehenden leichteren Taten gerade unter dem Gesichtspunkt der Verhältnismäßigkeit eher die Möglichkeit gegeben sein dürfte, auf den Widerruf zu verzichten und eine unverhältnismäßig starke Inanspruchnahme des Verurteilten durch Zwangsmaßnahmen zu Zwecken der Feststellung der Rückfallwahrscheinlichkeit zu vermeiden.

7.2 Gewicht der Tat und Verhältnismäßigkeit

Die unter dem Gesichtspunkt der Prävention durchzuführenden Untersuchungen werden hinsichtlich der Verhältnismäßigkeit aber nicht nur durch die Rückfallhäufigkeit und Rückfallwahrscheinlichkeit geprägt. Vielmehr ist das Gewicht der zu erwartenden Taten auch bestimmend für die Ausgestaltung der jeweiligen Maßnahme. Etwa durchzuführende Zwangsmaßnahmen dürfen nicht „zur Bedeutung der vom Täter ... zu erwartenden Taten sowie zu dem Grad der von ihm ausgehenden Gefahr außer Verhältnis“ stehen. Diese Anforderung ergibt sich aus § 62 StGB, der die Anordnung von Maßregeln der Besserung und Sicherung von diesem Verhältnis abhängig macht. Aber auch sonst ist der Grundsatz der Verhältnismäßigkeit bei der Anwendung von Zwangsmaßnahmen zu berücksichtigen. Dies gilt bei verfassungskonformer Auslegung z. B. auch für § 81a

16 Vgl. SK-Sinn [69], § 63, Rn. 13.

StPO[17], der eine körperliche Untersuchung des Beschuldigten zur Feststellung von Tatsachen erlaubt, die für das Verfahren von Bedeutung sind. So ist die Unterbringung zur Beobachtung nach § 81a StPO z. B. dann unzulässig, wenn dem Beschuldigten lediglich Bagatelldelikte vorgeworfen werden[18].

Bei der Anwendung im Erkenntnisverfahren muss jeweils geprüft werden, ob der Tatverdacht so erheblich ist, dass er die Anwendung der Zwangsmaßnahme rechtfertigt. Der Tatverdacht muss umso stärker sein, je schwerer der Eingriff in die körperliche Unversehrtheit des Beschuldigten ist. Die Blutprobenentnahme etwa darf bereits dann angeordnet werden, wenn nur ein schwacher, zur Einleitung des Ermittlungsverfahrens aber ausreichender Anfangsverdacht besteht. Andere Eingriffe, wie z. B. Röntgenaufnahmen, setzen einen weitaus stärkeren Tatverdacht voraus, der zumindest so dringend sein muss, dass er den Erlass eines Haftbefehls rechtfertigen würde, wenn ein Haftgrund nach § 112 Abs. 2 StPO bestünde[19]. Bestehen dagegen bereits im Ermittlungsverfahren keine ernsthaften Zweifel an der Täterschaft des Beschuldigten, so dürfen auch schwere Eingriffe, etwa zur Prüfung der Frage, ob Anklage zu erheben oder ein Unterbringungsantrag nach § 413 StPO zu stellen ist, angeordnet werden.

Gem. § 413 StPO kann unter bestimmten Voraussetzungen beantragt werden, Maßregeln der Besserung und Sicherung selbständig anzuordnen, wenn die Staatsanwaltschaft das Strafverfahren wegen Schuld- oder Verhandlungsunfähigkeit des Täters nicht durchführt. Dagegen sind schwerwiegende Eingriffe selbst nach Eröffnung des Hauptverfahrens unzulässig, wenn der Tatverdacht nur gering ist.

7.3 Zwischenergebnis

Die Untersuchungen haben bisher zum Ergebnis, dass das Widerrufsgericht seiner Entscheidung eine umfassende Tatsachenerhebung zugrunde legen muss. Die Anforderungen an die Aufklärungspflicht kann der Richter mangels Zugriffsmöglichkeiten im Widerrufsverfahren aber nicht sachgerecht erfüllen.

17 Vgl. KK-Senge [25], § 81a, Rn. 1; KMR-Bosch [61], § 81a, Rn. 1; LR-Krause [12], § 81a, Rn. 3, 32f.; Meyer-Goßner/Schmitt [42], § 81a, Rn. 1; Pfeiffer [45], § 81a, Rn. 1; SK (StPO) Rogall [71], § 81a, Rn. 12.

18 LG Zweibrücken, Beschl. v. 18.12.2002, StraFo 2003, S. 89.

19 Vgl. Meyer-Goßner/Schmitt [42], § 81a, Rn. 18; LR-Krause [12], § 81a, Rn. 32 mit Bezug auf die heute nicht mehr gebräuchliche Liquorentnahme, also die Entnahme der Gehirn- und Rückenmarksflüssigkeit, deren Zustand Rückschlüsse auf bestimmte organische Erkrankungen des zentralen Nervensystems zulässt.

Aber selbst wenn diese Zugriffsmöglichkeiten gegeben wären, wäre deren Ausgestaltung maßgeblich vom Verhältnismäßigkeitsgrundsatz geprägt. Je nach Rückfallwahrscheinlichkeit und Schwere der zu erwartenden Taten und je nach Gewichtung des Interesses der Allgemeinheit am Schutz vor neuen Straftaten gegenüber dem Freiheitsrecht des Verurteilten könnten dem Verurteilten Eingriffe zur Untersuchung nur eingeschränkt zugemutet werden.

Kapitel 8 Richterliche Sachaufklärung durch Beweiserhebung

Die Untersuchungen haben bisher gezeigt, dass die richterliche Sachaufklärung die richterliche Überzeugungsbildung zum Ziel hat. Das Widerrufsgericht befindet sich also in der gleichen Entscheidungssituation, wie das erkennende Gericht. Unterschiedlich ist nur der Überzeugungsgegenstand. Im Erkenntnisverfahren muss die richterliche Überzeugung davon geschaffen werden, dass ein Sachverhalt vorliegt, der die Voraussetzungen eines gesetzlich umschriebenen Straftatbestandes erfüllt und die strafrechtliche Verantwortlichkeit des Beschuldigten für die fragliche Straftat begründet. Im Widerrufsverfahren muss das Gericht von dem Vorhandensein solcher Umstände überzeugt sein, die eine negative Prognose begründen, also die Besorgnis, dass der Verurteilte erneut Straftaten begehen wird, § 56f Abs. 1 S. 1 Nr. 2 StGB[1].

Im Erkenntnisverfahren geht der richterlichlichen Überzeugungsfindung die Erhebung und Würdigung von Beweisen voran. Die Sicherung von Beweismitteln ist ein spezifisch prozessuales Ziel von strafprozessualen Zwangsmaßnahmen. Diesem Ziel dient z. B. die Anstaltsunterbringung zur Beobachtung des Geisteszustandes, § 81 StPO, sowie die körperliche Untersuchung, § 81a StPO[2]. Daneben können auch Eingriffe, die darauf abzielen, die Anwesenheit des Beschuldigten in der Hauptverhandlung zu sichern, als beweissichernde Maßnahmen angesehen werden. Der Beschuldigte ist Subjekt des Strafprozesses[3] und seine Aussagen sind Beweismittel[4], vgl. §§ 136, 163a Abs. 1, 243 Abs. 3 StPO, nach der Definition des BGH Beweismittel im weiteren, im materiellen Sinn[5]. Zu den Eingriffen, welche die Anwesenheit des Beschuldigten in der Hauptverhandlung sichern sollen, gehören auch die Unterbringung in einem psychiatrischen Krankenhaus gem. § 81 StPO und die körperliche Untersuchung gem. § 81a StPO, und zwar dann, wenn diese Untersuchungen dazu dienen, die

---

1 Fischer [21], § 56f, Rn. 11; Sch./Sch.-Stree/Kinzig [20], § 56f, Rn. 15; SK-Schall [69], § 56f, Rn. 24 m. w. N.; OLG Düsseldorf, Beschl. v. 20.7.1995, StV 1996, S. 4.

2 Amelung [1], S. 739.

3 A. a. O.

4 KK-Fischer [25], Einleitung, Rn. 312; LR-Kühne [10], Einl. J, Rn. 84–86; Meyer-Goßner/Schmitt [42], Einl., Rn. 49.

5 BGHSt. 2, S. 270; 28, S. 198; Schroeder [54], Rn. 112.

Verhandlungsfähigkeit des Beschuldigten festzustellen. Den Eingriffen kommt dann insoweit verfahrensfördernde Funktion zu.

Da im Widerrufsverfahren, ähnlich der Beweisführung in der Hauptverhandlung des Erkenntnisverfahrens, Feststellungen hinsichtlich des Vorliegens von Widerrufsgründen getroffen werden müssen, wäre die Zulässigkeit von Zwangsmaßnahmen auch im Widerrufsverfahren wünschenswert. Fraglich ist jedoch, ob das Vorliegen der Widerrufsgründe der Sache nach überhaupt nachweisbar ist. Im Erkenntnisverfahren muss das Gericht einen möglicherweise beweisbaren Sachverhalt zum Gegenstand der Beweisaufnahme machen[6]. Dass im Falle des § 56f Abs. 1 Nr. 1 StGB (Begehung einer Straftat in der Bewährungszeit) ein Widerrufsgrund gegeben ist, weil die der Strafaussetzung zugrundeliegende Erwartung, dass der Verurteilte künftig keine Straftaten mehr begehen wird, sich nicht erfüllt hat, ist aber offensichtlich und bedarf keines besonderen Nachweises.

Anders ist es dagegen im Falle des § 56f Abs. 1 Nr. 2 u. 3 StGB. Der Verstoß gegen Auflagen und Weisungen oder die Pflicht, sich der Aufsicht und Leitung eines Bewährungshelfers zu unterstellen, geben zwar Anlass zur Besorgnis weiterer Straftaten. Ob die Besorgnis allerdings berechtigt ist, muss erst nachgewiesen werden. Sollte die Besorgnis der Begehung weiterer Straftaten aber ein Kriterium sein, das ohnehin nicht nachweisbar ist, wäre auch die Möglichkeit strafprozessualer Zwangsmaßnahmen nicht von Interesse, da ohnehin nicht prognostiziert werden könnte, ob weitere Straftaten zu befürchten sind. Es bedarf dann keiner Diskussion mehr darüber, ob Zwangsmaßnahmen zur Erhebung von Nachweisen über die Prognosetatsachen zulässig sind.

8.1 Nachweisbarkeit von Prognosetatsachen

Die Entscheidungsgrundlagen im Widerrufsverfahren könnten aus solchen Gründen dem Nachweis unzugänglich sein, die mit dem Umstand zusammenhängen, dass sie letztlich der Erstellung einer Prognose dienen. Eine Prognose, die menschliches Verhalten für die Zukunft vorauszusagen versucht, ist jedoch stets mit Zweifeln behaftet. Dies ist ein Umstand, den der Gesetzgeber in seiner vollen Tragweite nicht erkannt hat. Eine Prognose ist eben nichts anderes als ein Wahrscheinlichkeitsurteil über den Eintritt einer bestimmten Entwicklung. Der Gesetzgeber hat den Stand und die Entwicklungsmöglichkeiten der Prognoseforschung überschätzt und damit zugleich die Möglichkeit, eine Prognose im

6 Vgl. AnwK-Sommer [35], § 244, Rn. 7; KK-Krehl [25], § 244, Rn. 33; LR-Becker [15], § 244, Rn. 5; Meyer-Goßner/Schmitt [42], § 244, Rn. 2.

Einzelfall mit Sicherheit zu stellen[7]. Die volle Überzeugung von dem zukünftigen Verhalten des Verurteilten kann das Gericht daher eigentlich nie gewinnen[8]. Bei genauer Betrachtung wird dies vom Gesetz jedoch auch nicht verlangt. Für die Strafaussetzung zur Bewährung gem. § 57 StGB fordert das Gesetz beispielsweise nicht die richterliche Überzeugung, die Prognose spreche mit Sicherheit für ein straffreies zukünftiges Verhalten des Täters[9]. Es muss dem Gesetzeswortlaut zufolge „zu erwarten sein", dass der Verurteilte künftig ohne die Einwirkung des Strafvollzugs keine Straftaten mehr begehen wird. Es muss also lediglich eine Wahrscheinlichkeit bestehen, dass der Täter nicht mehr straffällig wird. Von dieser Wahrscheinlichkeit muss das Gericht allerdings überzeugt sein. Der Grad der Wahrscheinlichkeit künftiger Straftaten ist also von der Überzeugung von dem Vorliegen der Wahrscheinlichkeit an sich zu unterscheiden.

Die Anforderungen, die an die richterliche Überzeugungsbildung zu stellen sind, werden dadurch aber keinesfalls herabgesetzt. Es liegt zwar in der Natur der Sache, dass der Verurteilte sich u. U. anders verhält, als vorausgesehen. Dies ändert aber nichts daran, dass das Gericht von der Richtigkeit seiner Prognose überzeugt sein muss. Um zu dieser Überzeugung zu gelangen, müssen hinsichtlich der Prognosegrundlagen Feststellungen in ausreichender Anzahl getroffen werden[10]. Sarstedt hat dies so formuliert: „Es gibt eine Überzeugung etwa von einer 51-prozentigen oder auch von einer 99,9-prozentigen Wahrscheinlichkeit."

Die Unterscheidung zwischen der Wahrscheinlichkeit eines bestimmten zukünftigen Geschehens und der Überzeugung von dieser Wahrscheinlichkeit liegt offenbar auch dem Gesetz zugrunde. Das Gesetz verlangt an vielen anderen Stellen die richterliche Überzeugung als Entscheidungsgrundlage, während der Gegenstand der richterlichen Überzeugung aber nur eine Möglichkeit oder Wahrscheinlichkeit ist. Die Untersuchungshaft gem. § 112 StPO darf z. B. nur dann angeordnet werden, wenn dringender Tatverdacht vorliegt. Das Gericht muss davon überzeugt sein, dass der Beschuldigte mit großer Wahrscheinlichkeit Täter oder Teilnehmer einer Straftat ist[11]. Für die Eröffnung des Hauptverfahrens nach § 203 StPO genügt die Überzeugung vom hinreichenden Tatverdacht. Die spätere Verurteilung muss lediglich wahrscheinlich sein, wobei

---

7 LK-Schöch [37], Vor § 61, Rn. 144.

8 Vgl. die Nachweise bei Terhorst [60], S. 974, dort Fn. 5; Fischer [21], § 56, Rn. 4; Sch./Sch.-Stree/Kinzig [20], § 56, Rn. 17; SK-Schall [69], § 56, Rn. 15.

9 LK-Hubrach [37], § 56, Rn. 12.

10 Sarstedt [50], S. 251 (zit. bei Terhorst [60], dort Fn. 8).

11 AnwK-Lammer [35], § 112, Rn. 10; KK-Graf [25], § 112, Rn. 3; LR-Hilger [11], § 112, Rn. 17; Meyer-Goßner/Schmitt [42], § 112, Rn. 5.

allerdings noch nicht einmal die hohe Wahrscheinlichkeit vorausgesetzt wird, wie beim dringenden Tatverdacht i. S. d. § 112 Abs. 1 S. 1 StPO. Dagegen ist eine Verurteilung nicht möglich, wenn das Gericht die Täterschaft des Beschuldigten nur für wahrscheinlich hält, wenn die Wahrscheinlichkeit auch noch so groß ist[12].

Das Gesetz lässt also an vielen Stellen die richterliche Überzeugung von einer Möglichkeit oder Wahrscheinlichkeit genügen. Daher muss auch das Widerrufsgericht von dem Vorliegen der Widerrufsvoraussetzungen überzeugt sein, obwohl hierüber schon der Natur der Sache nach nur ein Wahrscheinlichkeitsurteil abgegeben werden kann[13]. Da das Gericht, wie ausgeführt, auch von dem Vorliegen einer geringen Wahrscheinlichkeit überzeugt sein kann, gibt es ein Entscheidungselement, nämlich die Überzeugung von dem Vorliegen der Wahrscheinlichkeit, zu deren Begründung alle nur erdenklichen Erkenntnisquellen herangezogen werden müssen. Der Erhebung von Nachweisen bedarf es daher auch im Widerrufsverfahren, weswegen das Fehlen von Ermächtigungsgrundlagen für entsprechende Zwangsmaßnahmen, wie z. B. die Unterbringung zur Beobachtung gem. § 81 StPO oder die körperliche Untersuchung des Betroffenen gem. § 81a StPO, für das Verfahren besonders hinderlich ist.

8.2 Behandlung von Zweifelsfragen beim Widerruf

Freilich wären die Nachteile, die aufgrund des Fehlens von Ermächtigungsgrundlagen im Widerrufsverfahren entstehen, nicht so schwerwiegend, wenn es dem Gericht erlaubt wäre, bestehende Zweifel, die nur durch eine eingehende Erforschung der Persönlichkeit des Verurteilten beseitigt werden könnten, zu dessen Gunsten zu entscheiden[14] und somit die Persönlichkeitserforschung etwa in Gestalt einer psychiatrischen Begutachtung entbehrlich zu machen. Es stellt sich mithin die Frage, ob hinsichtlich der Widerrufsvoraussetzungen die Regel „In dubio pro reo“ anzuwenden ist.

---

12 An sich geht es an der Sache vorbei, im Zusammenhang mit der Verurteilung wegen einer Straftat von der Wahrscheinlichkeit der Täterschaft des Beschuldigten zu sprechen. In Wirklichkeit steht es schließlich fest, ob der Beschuldigte die fragliche Straftat begangen hat oder nicht. Das Gericht kann sich hiervon lediglich nicht unbedingt die notwendige Überzeugung verschaffen, solange die entsprechenden Nachweise fehlen. Wenn in diesem Zusammenhang also von Wahrscheinlichkeit die Rede ist, bezieht sich dies auf die Beurteilung des Gerichtes, ob das Ergebnis der Beweisaufnahme zum Nachweis der Täterschaft des Beschuldigten ausreicht.

13 Vgl. BayOLG, Beschl. v. 30.7.2002; NStZ 2003, S. 105f. (106, Rn. 4).

14 Bejahend, aber ohne Differenzierungen: OLG Hamm (S. 13, Fn. 2), S. 915.

Verbleiben Zweifel an den Voraussetzungen des Widerrufs, so sind sie nach allgemeiner Ansicht zugunsten des Verurteilten zu berücksichtigen[15]. Nach § 56g Abs. 1 S. 1 StGB hat das Gericht die Strafe nach Ablauf der Bewährungsfrist zu erlassen, wenn es die Strafaussetzung nicht widerruft. Kann das Gericht also nicht feststellen, dass die Voraussetzungen des Widerrufs oder einer milderen Maßnahme nach § 56f Abs. 2 StGB[16] vorliegen, muss es die Strafe erlassen, obwohl nicht eindeutig festgestellt werden kann, dass die Voraussetzungen des Widerrufs vorliegen, und zwar allein schon deshalb, weil die Bewährungszeit abgelaufen ist. Die absolute Zweifelsfreiheit ist für die Widerrufsentscheidung also letztlich nicht erforderlich[17].

8.2.1 Prognose und Prognosegrundlage

Die Beantwortung der aufgeworfenen Frage setzt eine Differenzierung voraus. Die Zukunftsprognose besteht genau genommen aus zwei Elementen. Das eine ist die eigentliche Prognose darüber, ob der Verurteilte zukünftig erneut Straftaten begehen wird. Das andere Element sind diejenigen Tatsachen, welche die Grundlage für die Erstellung der Prognose bilden[18]. In diesem Zusammenhang sei auf den Kriterienkatalog des § 56 Abs. 1 S. 2 StGB verwiesen: Das Vorleben des Täters, die Umstände seiner Tat, sein Verhalten nach der Tat u. s. w. In diesem Zusammenhang sind auch seelische Auswirkungen beachtlich, wie z. B. solche, die (direkte) Folgen der Tat sind[19]. Da der Grundsatz „In dubio pro reo" sich stets auf Tatsachen bezieht, die Gefährlichkeitsprognose aber vorausschauende Elemente enthält, wird angenommen, dass der Zweifelssatz jedenfalls hinsichtlich

15 Vgl. LR-Wendisch [48], § 453 Rn. 21, m. w. N.

16 Nach § 56f Abs. 2 StGB sieht das Gericht von dem Widerruf ab, wenn es ausreicht, weitere Auflagen oder Weisungen zu erteilen, insbesondere den Verurteilten einem Bewährungshelfer zu unterstellen oder die Bewährungs- oder Unterstellungszeit zu verlängern.

17 Vgl. Fischer [21], § 56, Rn. 4; Lackner/Kühl [32], § 56, Rn. 8; LK-Hubrach [37], § 56, Rn. 12; MK-Groß [30], § 56, Rn. 24; Sch./Sch.-Stree/Kinzig [20], § 56, Rn. 17; SK-Schall [69], § 56, Rn. 15.

18 Zum Grundsatz „In dubio pro reo" in Bezug auf Prognoseentscheidungen vgl. SK-Sinn [69], § 61 Rn. 9. Dort wird auf die klare Trennung von Prognosegrundlage und Prognoseergebnis abgehoben; Lackner/Kühl [32], § 56, Rn. 8; LK-Hubrach [37], § 56, Rn. 17; Sch./Sch.-Stree/Kinzig [20], § 56, Rn. 24.

19 Zu den möglichen Folgen der Tat vgl. Fischer [21], § 60, Rn. 4; Lackner/Kühl [32], § 60, Rn. 2; LK-Hubrach [37], § 60, Rn. 19ff.; MK-Groß [30], § 60, Rn. 11; Sch./Sch.-Stree/Kinzig [20], § 60, Rn. 3 –6; SK-Schall [69], § 60 Rn. 9 u. 11–13.

der Tatsachengrundlage gilt[20]. Können solche Tatsachen, die das Vorliegen einer negativen Prognose begründen, nicht zweifelsfrei festgestellt werden, müssen sie zugunsten des Probanden unberücksichtigt bleiben. Können dagegen solche Tatsachen, die das Vorliegen einer positiven Prognose begründen, nicht zweifelsfrei ausgeschlossen werden, müssen sie zugunsten des Probanden berücksichtigt werden[21].

8.2.2 Rechtsnatur des Zweifelssatzes

Der Grundsatz „In dubio pro reo" ist keine Beweis-, sondern eine Entscheidungsregel. Er besagt nichts darüber, wie der Tatrichter Beweise zu würdigen hat, sondern greift erst nach abgeschlossener Beweiswürdigung ein. Für den Fall, dass das Gericht nicht die volle Überzeugung von der Täterschaft eines Angeklagten oder von der Existenz unmittelbar entscheidungserheblicher Tatsachen gewinnt, ist nach dem Zweifelssatz die dem Angeklagten jeweils günstigste Rechtsfolge festzusetzen[22].

Auf Prognoseentscheidungen übertragen bedeutet dies folgendes: Gewinnt das Gericht keine zweifelsfreie Überzeugung von den die Prognose tragenden Tatsachen, muss es diejenigen Tatsachen, die eine ungünstige Prognose begründen, unberücksichtigt lassen. Dies gilt natürlich nicht hinsichtlich solcher Tatsachen, die eine günstige Prognose begründen könnten. Sie müssen als Entscheidungsgrundlage verwendet werden[23]. Dies führt zu einer für den Verurteilten günstigeren Prognose. Der Zweifelssatz ist dann aber nicht auf die Prognose als solche, sondern auf die sie tragenden Tatsachen angewendet worden. Hier

---

20 SK-Sinn [69], § 61, Rn. 9; vgl. auch SK-Schall [69], § 60, Rn. 18 hinsichtlich der Tatsachengrundlage für die Beurteilung des „offensichtlichen Verfehltseins" der Verhängung einer Strafe; Fischer [21], § 56, Rn. 4a unter Hinweis darauf, dass hinsichtlich der Wahrscheinlichkeit künftigen straffreien Verhaltens bzw. künftiger Straftaten eine Überzeugung bestehen muss und der Zweifelssatz insoweit nicht gilt; vgl. auch Lackner/Kühl [32], § 56, Rn. 8; LK-Schöch [37], Vor § 61, Rn. 60ff.; MK-Groß [30], § 56, Rn. 59; Sch./Sch.- Stree/Kinzig [20], § 56, Rn. 17.

21 Tondorf, Rn. 105, m. w. N.

22 AnwK-Martis [35], § 261, Rn. 18; KK-Ott [25], § 261, Rn. 56; LR-Gollwitzer [17], § 261, Rn. 120; Meyer-Goßner/Schmitt [42], § 261 Rn. 26; Pfeiffer [45], § 261, Rn. 16; SK (StPO) Velten [67], § 261, Rn. 84; OLG Hamm, StV 1987, S. 69 [sLSK, § 56f, Rn. 7, Nr. 11], zu der Frage, wie zu entscheiden ist, wenn nicht festgestellt werden kann, ob die Anlasstat innerhalb der Bewährungszeit verübt wurde.

23 Meyer-Goßner/Schmitt [42], § 261 Rn. 27 unter Hinweis auf BGH MDR 1973, S. 900 [D].

besteht eine Parallele zur Behandlung von Indiztatsachen, die zur Überzeugungsbildung beim Indizienbeweis herangezogen werden. Belastende Indiztatsachen müssen zweifelsfrei bewiesen sein und somit eindeutig feststehen. Nicht zweifelsfrei festgestellte belastende Indizien sind dagegen bloße Verdachtsgründe, auf denen ein Urteil nicht gestützt werden darf und die noch nicht einmal zur ergänzenden Begründung herangezogen werden dürfen[24]. Wie beim Indizienbeweis müssen bei Prognoseentscheidungen also solche Tatsachen unberücksichtigt bleiben, hinsichtlich derer das Gericht keine zweifelsfreie Überzeugung gewinnen kann und die sich bei der zu treffenden Entscheidung zulasten des Verurteilten auswirken würden.

Diese Grundsätze gelten für solche Entscheidungen, bei denen eine Wahrscheinlichkeit genügt, sowie für Sozialprognosen, die für eine Strafaussetzung zur Bewährung getroffen werden müssen[25].

8.2.3 „In dubio pro reo“ und Prognosestellung

Ob der Zweifelssatz auch hinsichtlich der Wertung der als Beurteilungsgrundlage verbleibenden Prognosetatsachen gilt, ist umstritten. Eine Auffassung geht davon aus, dass die Prognose, welche auf der Bewertung von Tatsachen beruht, ihrerseits eine Zusammenfassung dieser Tatsachen bildet, und somit gewissermaßen eine selbständige Tatsache, eine „Schlusstatsache“ ist[26]. Ähnlich ist wohl auch die bereits geschilderte Auffassung zu verstehen, nach der das Prognoseresultat keineswegs mit Zweifeln behaftet sein muss, sondern auch hinsichtlich einer Wahrscheinlichkeit eine Überzeugung bestehen kann[27]. Nach dieser Auffassung soll der Grundsatz „In dubio pro reo“ auch auf die Prognose an sich anwendbar sein.

Eine andere Auffassung basiert auf der Annahme, es liege in der Natur der Sache, dass eine Prognoseentscheidung von Zweifeln durchsetzt sei. Daher könne der Grundsatz „In dubio pro reo“ nicht angewendet werden. Es könne niemals ausgeschlossen werden, dass zukünftige Entwicklungen oder Ereignisse anders verlaufen, als zuvor prognostiziert, auch wenn zur Erstellung der Prognose noch

24 KK-Ott [25], § 261, Rn. 53.

25 Vgl. LR-Gollwitzer [17], § 261, Rn. 119; Meyer-Goßner/Schmitt [42], § 261, Rn. 28 m. w. N.; SK (StPO)-Velten [67], § 261, Rn. 95f. Zur Anwendbarkeit des Zweifelssatzes hinsichtlich der besonderen Umstände i. S. d. § 56 Abs. 2 StGB vgl. Meyer-Goßner/Schmitt [42], § 261 Rn. 30 unter Hinweis auf BGH MDR 1973, S. 900 [D].

26 Vgl. LK-Schöch [37], vor § 61 Rn. 64.

27 Vgl. oben S. 101.

so viele Erkenntnisquellen herangezogen wurden, um ein möglichst zuverlässiges Prognoseergebnis zu erzielen. Daher verblieben letztlich immer Zweifel daran, ob sich die Prognose bewahrheiten wird. Da Prognosen somit immer zweifelhaft seien, müsse der Zweifelssatz konsequenterweise immer angewendet werden. Der Charakter der Zweifelsentscheidung als Ausnahmeentscheidung ginge dann verloren und die Prognose müsste zwangsläufig immer zugunsten des Verurteilten ausgehen.

8.2.4 Eigene Stellungnahme

Wie bereits ausgeführt, ist der Zweifelssatz eine Entscheidungsregel. Das Gericht muss vom Vorhandensein aller Umstände überzeugt sein, derer es bedarf, um die Voraussetzungen einer bestimmten Rechtsfolge als erfüllt anzusehen, und somit von allen Umständen, die zur Prognosegrundlage gehören[28]. Bei Einhaltung dieses Grundsatzes wird der Betroffene davor geschützt, dass zu seinen Lasten eine negative Prognose angenommen wird, obwohl nicht klar ist, ob deren Voraussetzungen überhaupt gegeben sind. Demnach muss der Zweifelssatz bei einer Widerrufsentscheidung dann zur Anwendung gelangen, wenn die Voraussetzungen einer negativen Zukunftsprognose und somit die Voraussetzungen des Bewährungswiderrufs nicht zweifelsfrei festgestellt werden können. Offen bleiben kann dabei, ob der Zweifelssatz dann auf die Prognosetatsachen oder auf die Prognose selbst angewandt wird. Entweder werden die zweifelhaften, dem Verurteilten ungünstigen Prognosegrundlagen von vornherein von der Erstellung der Prognose ausgenommen oder es wird zugunsten des Verurteilten eine günstige Prognose angenommen. In jedem Fall wird als Ergebnis eine dem Verurteilten günstige Prognose herauskommen[29].

Anders ist es dagegen, wenn die Prognosetatsachen zweifelsfrei festgestellt werden können. Dann ist für den Grundsatz „In dubio pro reo" kein Raum. Dem steht auch nicht entgegen, dass die aufgrund der zweifelsfrei festgestellten Tatsachen erstellte Zukunftsprognose selbst nur ein Wahrscheinlichkeitsurteil darstellt und mit Zweifeln behaftet ist. Wie gezeigt, können Wahrscheinlichkeiten unterschiedlichen Grades sein, als solche aber trotzdem zweifelsfrei feststehen[30]. Steht daher zur Überzeugung des Gerichts fest, dass die Zukunftsprognose mit einer bestimmten Wahrscheinlichkeit erneute Straftaten des Probanden

---

28 Lackner/Kühl [32], § 61, Rn. 4; SK-Sinn [69], § 61, Rn. 9.

29 Zur Anwendung des Zweifelssatzes auch OLG Koblenz NJW 1978 S. 2043f.; OLGSt. § 352, Nr. 2; VRS Bd. 53, S. 29.

30 Vgl. S. 101.

erwarten lässt und ist es von diesem Grad der Wahrscheinlichkeit überzeugt, unterliegt die Einschätzung des Gerichts schließlich auch gar keinem Zweifel, der ein Bedürfnis für die Anwendung des Zweifelssatzes aufkommen ließe. Auch derjenige Anteil des Wahrscheinlichkeitsurteils, der gegen eine erneute Straftat des Probanden spricht, macht die Anwendung des Zweifelssatzes nicht erforderlich, da der andere prozentuale Anteil des Wahrscheinlichkeitsurteils demgegenüber sehr wohl weitere Straftaten erwarten lässt und dies auch zur Gewissheit des Gerichts feststeht. Wenn also die Wahrscheinlichkeit, dass nicht mit weiteren Straftaten zu rechnen ist, geringer ist, als diejenige, mit der sehr wohl mit neuen Straftaten zu rechnen ist, dann genügt es, dass die größere der beiden Wahrscheinlichkeiten mit Gewissheit feststeht.

8.2.5 Beispielsfall

Zur Verdeutlichung soll folgender Fall gebildet werden:

Ein junger Mann wird wegen eines Körperverletzungsdeliktes zu einer Freiheitsstrafe verurteilt, deren Vollstreckung zur Bewährung ausgesetzt wird. Er ist strafrechtlich bislang nicht in Erscheinung getreten und das Gericht hat aufgrund des persönlichen Eindrucks, den der Angeklagte in der Hauptverhandlung hinterlassen hat, die Überzeugung gewonnen, dass er auch ohne die Einwirkung des Strafvollzugs keine weiteren Straftaten mehr begehen wird. Die Bewährungszeit setzt das Gericht durch Beschluss nach § 268a Abs. 1 StPO auf zwei Jahre und sechs Monate fest. Zwei Jahre und vier Monate nach Rechtskraft der Entscheidung über die Vollstreckungsaussetzung begeht der Verurteilte erneut ein Körperverletzungsdelikt. Die Tat, die mit Arbeitskollegen gemeinschaftlich begangen wird, geschieht unter Alkoholeinfluss, nachdem man auf einer Betriebsfeier dem Alkohol sehr zugesprochen hat. Der junge Mann ist bekannt dafür, dass er normalerweise nichts oder nur geringe Mengen schwacher alkoholischer Getränke trinkt. Zu dem für seine Verhältnisse außergewöhnlich starken Alkoholkonsum ist er von anderen Personen animiert worden, die normalerweise nicht zu seinem persönlichen Umfeld gehören und wegen des besonderen Anlasses der Feier nur ausnahmsweise den Betrieb und seine Mitarbeiter besucht haben. Sonst gilt der junge Mann als ausgesprochen zurückhaltend und höflich. Irgendwelche Gewalttätigkeiten seinerseits sind seit seiner Verurteilung vor zwei Jahren und vier Monaten nicht bekannt geworden und haben auch vor der abgeurteilten Tat, wie ausgeführt, niemals stattgefunden.

Die Erwartung, dass der Verurteilte keine weiteren Straftaten begehen werde, die der Strafaussetzung vor zwei Jahren und vier Monaten zugrundelag, hat sich nicht erfüllt. Das Gericht wird gem. § 56f Abs. 2 StGB prüfen, ob unter Erteilung weiterer Auflagen oder Weisungen oder Verlängerung der Bewährungs- oder Unterstellungszeit nicht vom Widerruf abgesehen werden kann.

Es ist in diesem Fall ganz offensichtlich, dass Begleitumstände zu der Tat geführt haben, die das Leben des jungen Mannes normalerweise nicht bestimmen: Verhältnismäßig ausgieber Alkoholgenuss, ausgelassene Stimmung auf einer Festivität, unüblicher Kontakt zu bestimmten Personen. Es liegt auf der Hand, dass eine Ausnahmesituation vorgelegen hat, die sich ohne weiteres nicht wiederholen wird. Es unterliegt daher keinem Zweifel, dass hier wieder eine günstige Prognose gestellt werden kann[31]. Klar wäre die Beurteilung des Falles auch dann, wenn die Tat schon nach wenigen Monaten geschehen wäre und der Verurteilte für ausgeprägten Alkoholkonsum, seine Neigung zu Gewalttätigkeiten und die Pflege entsprechender Sozialkontakte bekannt wäre. Dann wäre ohne Zweifel eine negative Prognose zu stellen. Zweifelhaft wären die Grundlagen der Prognose dann, wenn die Tat etwa nach einem Jahr und drei Monaten geschehen, der Verurteilte seit seiner Verurteilung zwar einige wenige Male polizeilich in Erscheinung getreten, es zu einem Strafverfahren aber nie gekommen wäre, seine sozialen Kontakte unregelmäßig sind und Erkenntnisse über seine Lebensweise nicht gewonnen werden können. In dieser Fallvariante wäre sehr ungewiss, ob durch die Verhängung von Maßnahmen gem. § 56f Abs. 2 StGB eine günstige Sozialprognose wiederhergestellt werden könnte, was aber auch nicht auszuschließen wäre, da die Lebensumstände des Verurteilten bzw. die Kenntnis von ihnen sehr lückenhaft wären und eine sichere Tatsachengrundlage zur Prognosestellung nicht gewonnen werden könnte. In diesem Fall wäre der Zweifelssatz anzuwenden, da eine Überzeugung vom Vorliegen bestimmter, eine Prognose tragender Tatsachen nicht gewonnen werden könnte. Da diejenigen Umstände, die eine negative Prognose begründen könnten, nicht zweifelsfrei festgestellt werden können, müssten sie nach dem Zweifelssatz zugunsten des Probanden unberücksichtigt bleiben. Ferner müsste geprüft werden, ob irgendwelche Umstände vorliegen, die eine günstige Prognose rechtfertigen würden. Können diese günstigen Umstände zweifelsfrei festgestellt werden, ist dem Probanden ohnehin eine günstige Sozialprognose zu stellen. Können diese Umstände aber nicht zweifelsfrei festgestellt werden, muss zugunsten des Probanden von ihrem Vorliegen ausgegangen werden. In dem hier gebildeten Fall

31 Vgl. Fischer [21], § 56f, Rn. 8; Lackner/Kühl [32], § 56f, Rn. 7; LK-Hubrach [37], § 56f, Rn. 14; MK-Groß [30], § 56f, Rn. 10; Sch./Sch.-Stree/Kinzig [20], § 56f, Rn. 8; SK-Schall [69], § 56f, Rn. 14.

wäre dem Probanden somit eine günstige Sozialprognose zu stellen, da nach den geschilderten Umständen keine positiven, aber auch keine negativen Umstände für eine Sozialprognose festgestellt werden können.

8.2.6 Anwendbarkeit des Zweifelssatzes im Widerrufsverfahren

Die bisherigen Überlegungen haben sich mit der Frage befasst, inwieweit der Zweifelssatz überhaupt auf Prognoseentscheidungen anwendbar ist, ohne allerdings zu differenzieren, inwieweit er nur im Erkenntnisverfahren oder auch im Widerrufsverfahren anwendbar ist. Bei der Beantwortung dieser Frage erscheint es hilfreich, klarzustellen, welchen Sinn und Zweck der Zweifelssatz ursprünglich hatte. Der ursprüngliche Gedanke des Zweifelssatzes war, es nach Möglichkeit zu verhindern, dass jemand unschuldig wegen einer Tat verurteilt wurde, die er gar nicht begangen hatte. Anders ausgedrückt: Man wollte es eher hinnehmen, dass ein in Wahrheit Schuldiger zu Unrecht freigesprochen wurde, als dass ein in Wahrheit Unschuldiger zu Unrecht verurteilt wurde. Der Anknüpfungspunkt für den Zweifelssatz war also die Beziehung des Angeklagten zu einem in der Vergangenheit liegenden, abgeschlossenen, eine Straftat darstellenden Sachverhalt. Dabei ging es natürlich nicht in dem Sinne um Schuld, wie bei der Prüfung des subjektiven Tatbestandes, wo es z. B. um Fragen der Schuldfähigkeit geht sondern um Schuld in dem Sinne, dass jemand eine bestimmte strafbare Handlung überhaupt begangen hat.

Dem Zweifelssatz kommt verfassungsrechtliche Bedeutung zu. Zu dessen Begründung werden unterschiedliche Grundsätze herangezogen. Dies sind die verfassungsrechtliche Unschuldsvermutung, das Prinzip „nulla poena sine culpa" sowie das Rechtsstaatsprinzip, dessen besondere Ausprägungen das Willkürverbot, die Rechtssicherheit, der Grundsatz des fairen Verfahrens, die bereits genannte Unschuldsvermutung sowie die Gerechtigkeit sind[32].

Um diese Frage geht es im Widerrufsverfahren allerdings nicht. Es geht nicht darum, aufzuklären, wer eine als Sachverhalt der Vergangenheit angehörende Straftat begangen hat. Das Widerrufsverfahren hat zum Ziel, eine Zukunftsprognose zu stellen, also die Wahrscheinlichkeit eines möglicherweise eintretenden Ereignisses zu beurteilen, eines Sachverhaltes, dessen Eintreffen an sich schon nicht gewiss ist und der im Falle seines Eintreffens erst ein zukünftiges Ereignis darstellen würde. Diese unterschiedliche Zielrichtung von Erkenntnis- u.

32 SK (StPO)-Velten [67], § 261, Rn. 86 m. w. N.; vgl. auch KK-Ott [25], § 261, Rn. 56; LR-Gollwitzer [17], § 261, Rn. 103; AnwK-Krekeler/Löffelmann [35], Einl., Rn. 40.

Widerrufsverfahren spricht dafür, den Zweifelssatz für im Widerrufsverfahren unanwendbar zu halten.

Andererseits geht es auch im Widerrufsverfahren um in der Vergangenheit liegende Tatsachen, nämlich jene Tatsachen, welche die Grundlage für die noch zu erstellende Zukunftsprognose bilden, die sog. Prognosetatsachen. Insofern ist das Widerrufsverfahren doch wieder mit dem Erkenntnisverfahren vergleichbar, mit der Folge, dass man den Zweifelssatz auch im Widerrufsverfahren für anwendbar hält.

Folgendes Beispiel mag dies veranschaulichen:

Ein wegen exhibitionistischer Taten gegenüber Kindern Verurteilter wird während der Bewährungszeit öfters in der Nähe einer Grundschule gesehen. Für den Beobachter ist aber nicht erkennbar, dass der Verurteilte gar keine exhibitionistischen Neigungen mehr hat. Er hat es sich nur angewöhnt, regelmäßig in einem in der Nähe gelegenen Stehcafé ein Zweitfrühstück zu nehmen.

Die Tatsache, dass er immer wieder an dieser Schule vorbeigeht, wäre als Prognosetatsache zu werten, die dann wiederum die Basis für die noch zu erstellende Prognose bilden könnte. Da nun die beiden Verfahrensarten insofern vergleichbar sind, als es beide Male um einen in der Vergangenheit liegenden Sachverhalt geht, könnte (im Gegensatz zum gerade geäußerten Gedanken) auch der Zweifelssatz in beiden Verfahrensarten anwendbar sein.

Bei der Lösung des Problems könnte die Rückführung auf den zu Beginn dieses Abschnitts genannten Grundsatz weiterhelfen, der dem Zweifelssatz ursprünglich zugrunde lag: Man wollte es eher hinnehmen, dass ein in Wahrheit Schuldiger zu Unrecht freigesprochen wurde, als dass ein in Wahrheit Unschuldiger zu Unrecht verurteilt wurde. Würde ein in Wahrheit Unschuldiger für schuldig erklärt, wenn man mit der zuerst genannten Ansicht den Zweifelssatz für unanwendbar hielte und trotz bestehender Zweifel eine negative Prognose stellte, mit der Folge, dass es zum Widerruf der Strafaussetzung käme? Wenn man tatsächlich eine negative Prognose für gegeben hielte und die Bewährungsaussetzung widerriefe, wäre dies letztlich die Korrektur einer Entscheidung, die am Schluss des vorausgegangenen Erkenntnisverfahrens getroffen worden wäre, nämlich der Entscheidung, ob der rechtskräftig festgestellte Strafanspruch des Staates wegen einer von dem Verurteilten begangenen Straftat zu realisieren ist, indem die Strafe vollstreckt wird oder ob es dem Verurteilten zuzubilligen ist, die mit der Vollstreckung der Strafe verbundenen Eingriffe in seine Freiheit nicht erdulden zu müssen und stattdessen die Chance eingeräumt zu bekommen, auch ohne Strafeinwirkung zu einem Leben im Einklang mit der Rechtsordnung zurückzufinden.

In diesem Fall entscheidet sich der Staat dafür, seinen Strafanspruch bis auf Weiteres zurückzustellen. Es handelt sich letztlich also um eine Entscheidung über das Ob der Strafvollstreckung. Um die Frage, ob der Verurteilte schuldig oder unschuldig ist, geht es dabei nicht mehr. Entsprechendes gilt im Zeitpunkt der Widerrufsentscheidung. In diesem Zeitpunkt korrigiert das Gericht seine ursprünglich getroffene Entscheidung, beurteilt das Interesse des Verurteilten an der Beibehaltung seines Status', sich in Freiheit zu befinden, als nachrangig und das des Staates an der Realisierung seines Strafanspruchs als vorrangig, z. B. um die Bevölkerung vor etwaigen neuen Straftaten des Verurteilen zu schützen und neue Rechtsgutverletzungen zu verhindern. Eine Entscheidung über Schuld oder Unschuld ist mit dieser Entscheidung ebenfalls nicht verbunden, sodass für eine Anwendung des Zweifelssatzes eigentlich kein Raum ist.

Nun stellt sich die Frage, welche Auswirkungen die Beantwortung dieser Frage auf das Thema der Untersuchung, die Anwendbarkeit von Zwangsmaßnahmen im Widerrufsverfahren, hat. Hierbei spielen diejenigen Fälle keine Rolle, in denen der Widerrufsgrund in der Begehung einer neuen Straftat während der Bewährungszeit besteht. In diesen Fällen wird das Widerrufsgericht die Entscheidung des erkennenden Gerichts und deren Rechtskraft abwarten, sich die tatrichterliche Würdigung des erkennenden Gerichts zueignen und seine Feststellungen übernehmen. Die Einholung eines Gutachtens wird in diesen Fällen nicht nötig sein.

Folgt man in den übrigen Fällen der Ansicht, dass der Zweifelssatz im Widerrufsverfahren keine Anwendung findet, dann besteht natürlich erst recht ein Bedürfnis nach der Anwendbarkeit von Zwangsmaßnahmen, da verbleibende Zweifel nach dem Gebot der bestmöglichen Sachaufklärung und unter Heranziehung aller erreichbaren Beweismittel möglichst ausgeräumt werden müssen. Gelingt dies trotz bestmöglicher Sachaufklärung nicht, muss den verbleibenden (Rest-) Zweifeln in der Weise begegnet werden, dass das Gericht abwägt, ob es verantwortet werden kann, es „drauf ankommen zu lassen", es auch weiterhin zu erproben, ob der Verurteilte auch weiterhin keine Straftaten mehr begehen wird. Diese Entscheidung kann sich letztlich natürlich auch zugunsten des Verurteilten auswirken, nämlich dadurch, dass diese Abwägung doch noch zu seinen Gunsten verläuft, weil nämlich die bedrohten Rechtsgüter im Vergleich zu seiner persönlich Freiheit als weniger gewichtig eingestuft werden (z. B. dann, wenn es einfach nur um ein paar Schmierereien an Häuserwänden geht). Anders würde die Abwägung sicher dann ausfallen, wenn es um mögliche Körperverletzungen ginge. Jedenfalls hätte sich der Umgang mit den Zweifeln dann durch ein entsprechendes Ergebnis der Abwägung der gegeneinanderstehenden Interessen zugunsten des Verurteilten ausgewirkt, nicht aber durch Anwendung des Zweifelssatzes.

Folgt man dagegen der Ansicht, dass der Zweifelsatz auch im Widerrufsverfahren anwendbar ist, macht dies die Anwendbarkeit von Zwangsmaßnahmen nicht weniger wünschenswert, denn wie schon mehrfach ausgeführt, ist der Zweifelssatz eine Entscheidungsregel und keine Beweiserhebungs- oder Wertungsregel. Er kommt also erst zur Anwendung, wenn alle erreichbaren Beweismittel erschöpfend ausgewertet wurden. Um diese erschöpfende Erhebung aber überhaupt bewerkstelligen zu können, könnten Zwangsmaßnahmen hilfreich sein. Der Zweifelssatz würde es also nicht ermöglichen, von der Erhebung weiterer Beweise abzusehen, etwa weil man der Ansicht ist, ohnehin schon ein ausreichendes Maß an Überzeugung gewonnen zu haben bzw. ohnehin kein höheres Maß an Überzeugung mehr gewinnen zu können und die Anwendung des Zweifelssatzes gewissermaßen als eine willkommene Möglichkeit der Abkürzung der an sich noch weitergehenden Beweiserhebung zu betrachten, z. B. dann, wenn man den Eindruck hat, genug Erkenntnisse gesammelt zu haben, um sich eine Überzeugung von der Notwendigkeit oder Verzichtbarkeit des Widerrufs bilden zu können. In diesem Zusammenhang ist nochmal auf die historische Entwicklung der richterlichen Sachaufklärungspflicht zu verweisen, nach der es ja eben nicht mehr möglich ist, die Erhebung weiterer Beweise dann zu beenden, sobald man den Eindruck hat, sich schon aufgrund der bereits erhobenen Beweise eine Überzeugung gebildet zu haben oder bilden zu können[33].

Die Anwendbarkeit von Zwangsmaßnahmen im Widerrufsverfahren wäre also selbst dann nicht weniger wünschenswert, wenn man den Zweifelssatz auch im Widerrufsverfahren für anwendbar hielte.

8.3 Zwischenergebnis

Die Untersuchungen haben gezeigt, dass der Zweifelssatz zu einer dem Verurteilten günstigen Prognose führen kann. Aber auch insoweit können die praktischen Schwierigkeiten, die aufgrund des Fehlens von Ermächtigungsgrundlagen im Widerrufsverfahren bestehen, nicht überbrückt werden. Das Gericht kann die Feststellung einzelner, entscheidungserheblicher Tatsachen nicht etwa deswegen auslassen, weil Ermächtigungsgrundlagen fehlen und dies mit der Geltung des Zweifelssatzes begründen, wonach zugunsten des Verurteilten

---

33 Vgl. oben, 6.2.3, S. 87.

ohnehin die ihm günstigeren Tatsachen der Prognose zugrundegelegt werden müssen. Zum einen müssen die günstigeren Tatsachen auch erst einmal festgestellt werden können, bevor sie zur Entscheidungsgrundlage gemacht werden. Zum anderen darf der Zweifelssatz ohnehin erst angewandt werden, wenn sämtliche Beweisquellen ausgeschöpft sind. Der Zweifelssatz erlaubt es dem Richter daher nicht, auch ohne die notwendige Tatsachenerhebung zu der von ihm zu treffenden Entscheidung zu gelangen.

Kapitel 9
Auferlegen von Weisungen

Die bisherigen Untersuchungen haben gezeigt, dass das Gesetz keine Ermächtigungsgrundlagen bereithält, aufgrund derer es möglich wäre, während des Widerrufsverfahrens Zwang auf den Verurteilten auszuüben. Zu überlegen wäre, ob es nicht in Betracht käme, dem Verurteilten die Weisung zu erteilen, sich „freiwillig" der Untersuchung durch einen Sachverständigen zu unterziehen. Diesen Gedanken legen die Ausführungen Mrozynskis nahe, welcher der Ansicht ist, dass eine Weisung als generalklauselartige Ermächtigung für Grundrechtseingriffe angesehen werden könnte, wenn sie von dem Gesetzesvorbehalt des betroffenen Grundrechts gedeckt ist[1]. Eine solche generalklauselartige Ermächtigung könnte (falls der Verurteilte der Weisung nicht nachkommen sollte) die Möglichkeit eröffnen, ihn der Untersuchung zwangsweise zu unterziehen. Auf die Tatsache, dass sich der Beschuldigte nicht der Untersuchung durch einen Sachverständigen unterzogen hätte, könnte man dann mit einer entsprechenden Anordnung und Zwangsanwendung reagieren.

9.1 Die Rechtsnatur der Weisungen

Die Vorschrift des § 56c StGB ist identisch mit § 24b StGB i. d. F. des 2. StrRG von 1969. Davor galt § 24 in der Fassung des 3. StrÄndG vom 4.8.1953, der Weisungen als „Auflagen" enthielt[2]. Um die Rechtsnatur der Weisungen (§ 56c StGB) zu klären, muss man sie im Zusammenhang mit den Auflagen (§ 56b StGB) betrachten. Während die Auflagen ganz unter dem Zeichen der Genugtuung für begangenes Unrecht stehen[3], sollen die Weisungen dem Verurteilten Hilfestellung geben, wieder zu einem Leben im Einklang mit der Rechtsordnung zurückzufinden[4]. Neben den in § 56c StGB als Begleitmaßnahmen zur Strafaussetzung zur Bewährung geregelten Weisungen kennt das Gesetz noch die in

1 Mrozynski [43], S. 398.
2 SK-Schall [69], § 56c, Rn. 1.
3 Vgl. hierzu den Wortlaut des § 56b Abs. 1 S. 1 StGB: „Das Gericht kann dem Verurteilten Auflagen erteilen, die der Genugtuung für das begangene Unrecht dienen."
4 Vgl. hierzu den Wortlaut des § 56c Abs. 1 S. 1 StGB: „Das Gericht erteilt dem Verurteilten für die Dauer der Bewährungszeit Weisungen, wenn er dieser Hilfe bedarf, um keine Straftaten mehr zu begehen." Siehe auch Mrozynski [43], S. 397.

§ 68b StGB geregelten Weisungen, die bei Freiheitsstrafen von mindestens sechs Monaten während der Dauer der neben der Strafe angeordneten Führungsaufsicht erteilt werden können.

Auch im Jugendstrafrecht gibt es das Instrument der Weisungen. Dort dienen sie allerdings mehr dem erzieherischen Zweck, der das gesamte Jugendstrafrecht durchzieht[5]. Die Weisungen sollen dem Verurteilten behilflich sein, zu einem geordneten Leben zurückzufinden. Dies bedeutet umgekehrt natürlich auch, dass sie auch dazu dienen sollen, die Gesellschaft vor weiteren Straftaten zu schützen. Die Überlegung, einem Verurteilten die Weisung zu erteilen, sich der Untersuchung durch einen Sachverständigen zu unterziehen, um ihn im Falle seiner Weigerung zwangsweise untersuchen zu lassen, würde demnach voraussetzen, dass die Untersuchung durch den Sachverständigen dem Verurteilten behilflich ist, zu einem geordneten Leben zurückzuführen und auch die Gesellschaft vor weiteren Straftaten zu schützen.

Das Recht der Weisungen ist also ganz klar von dem Grundgedanken durchzogen, dem Verurteilten mit den Weisungen eine Hilfestellung zu geben, zu einem geordneten Leben im Einklang mit der Rechtsordnung zurückzufinden. Dieser Gedanke wird auch von der Regelung des § 453 Abs. 1 S. 3 StPO unterstrichen, der die nachträglichen Entscheidungen über die Strafaussetzung zur Bewährung oder Verwarnung mit Strafvorbehalt betrifft. § 453 Abs. 1 S. 1 StPO bezieht sich ausdrücklich u. a. auf die Regelungen der §§ 56a bis 56g StGB, also auch auf § 56c StGB, der die Erteilung von Weisungen betrifft. Nach § 453 Abs. 1 S. 3 StPO gilt § 246a Abs. 2 StPO entsprechend. Diese Norm bezieht sich auf den Fall einer Anklage wegen einer der in § 181b StGB (Führungsaufsicht) genannten Straftaten gegen die sexuelle Selbstbestimmung, wenn sie zum Nachteil einer minderjährigen Person begangen wurden. Wenn in diesen Fällen die Erteilung einer Weisung nach § 53c Abs. 3 Ziff. 1 StGB, sich einer Heilbehandlung zu unterziehen bzw. sich psychiatrisch, psycho- oder sozialtherapeutisch betreuen und behandeln zu lassen, in Betracht kommt (Therapieweisung, § 246a Abs. 2 StPO), soll ein Sachverständiger über den Zustand des Angeklagten und die Behandlungsaussichten vernommen werden, soweit dies erforderlich ist, um festzustellen, ob der Angeklagte einer solchen Betreuung und Behandlung bedarf. Im Hinblick auf die Situation des Widerrufs der Strafaussetzung zur Bewährung gilt entsprechendes natürlich in Bezug auf den Verurteilten. Über ihn kann ein

5 Vgl. § 10 Abs. 1 S. 1 JGG: „Weisungen sind Gebote und Verbote, welche die Lebensführung des Jugendlichen regeln und dadurch seine Erziehung fördern und sichern sollen."

Sachverständigengutachten eingeholt werden, wenn er wegen einer der in § 181b StGB genannten Taten verurteilt wurde und die Erteilung einer Weisung bzw. Therapieweisung in Betracht kommt[6]. Der Erteilung einer Therapieweisung geht also in jedem Fall die Prüfung der Frage voraus, ob der Verurteilte der Betreuung und Behandlung bedarf. Dies ist dann der Fall, wenn sie ihm Hilfestellung gibt, zu einem geordneten Leben im Einklang mit der Rechtsordnung zurückzufinden.

Vor dem Hintergrund der Hilfestellung für den Rückzug in ein geordnetes Leben ist es z. B. ausgeschlossen, dass Weisungen fiskalischen Zwecken (Weisung zur Zahlung von Prozesskosten) oder der Genugtuung für begangenes Unrecht dienen (Erbringung von Arbeitsleistungen zur Erwirtschaftung zur Wiedergutmachung des Schadens). Unzulässig wäre auch eine Weisung, die mit der abgeurteilten Tat in keinerlei Zusammenhang steht, wie z. B. die Weisung an einen Exhibitionisten, Gegenstände herauszugeben, die sich als Einbruchswerkzeug eignen oder die Weisung an einen Verkehrsstraftäter, seinen Unterhaltspflichten nachzukommen[7]. In diesen Beispielsfällen wären die Weisungen nicht geeignet, den Gefahren vorzubeugen, die sich in den abgeurteilten Taten realisiert haben. Der Exhibitionist kann seinen exhibitionistischen Trieben ungeachtet dessen nachkommen, ob ein „Dietrich“ in seinem Keller liegt oder nicht. Der Verkehrsstraftäter kann auch dann noch alkoholisiert in verkehrsgefährdender Weise mit seinem Pkw fahren, wenn er seine Unterhaltspflichten regelmäßig erfüllt.

Ähnliches gilt z. B. für die Weisung, während der Bewährungszeit jeden Wohnungswechsel anzuzeigen[8] oder Anfragen der Strafvollstreckungskammer zu beantworten. Weisungen dürfen nicht zu anderen Zwecken als der Hilfe zur straffreien Lebensführung umfunktioniert werden, also auch nicht zu Zwecken der Bewährungsüberwachung.

9.2 Funktion der Weisungen

Grundsätzlich muss eine Weisung immer eine Hilfe zur Rückfallverhinderung sein[9] und somit auch dem Schutz der Gesellschaft vor erneuten Straftaten

---

6 Meyer-Goßner/Schmitt [42], § 453, Rn. 6a; KK-Appl [25], § 453, Rn. 6b.

7 Beispiele nach SK-Schall [69], § 56c, Rn. 5. Weitere Beispiele: Vgl. Fischer [21], § 56c, Rn. 2a ff; Lackner/Kühl [32], § 56c, Rn. 2a u. 6f; LK-Hubrach [37], § 56c, Rn. 25; Sch./Sch.- Stree/Kinzig [20], § 56c, Rn. 7.

8 SK-Schall [69], § 56c, Rn. 5 unter Hinweis auf OLG Hamburg, NJW 1979, S. 2623.

9 Mrozynski [43], S. 400, re. Spalte.

dienen[10]. Es lässt sich nicht bestreiten, dass durch eine Weisung nach § 56c Abs. 3 StGB die Gefahr, die von einem Verurteilten ausgeht, gemindert werden kann[11]. § 56c Abs. 3 StGB regelt die Teilnahme an einer Heilbehandlung, die mit einem körperlichen Eingriff verbunden ist bzw. den Aufenthalt in einem geeigneten Heim oder einer geeigneten Anstalt. Eine solche Weisung kann bei der Rückfallverhinderung behilflich sein. Wenn z. B. eine psychiatrische Erkrankung, welche die Triebfeder für die von dem Verurteilten verübten Straftaten war, während einer solchen Heilbehandlung erfolgreich behandelt werden kann, senkt dies die Gefahr, dass der Verurteilte bei einem späteren Leben in Freiheit erneut Straftaten begehen wird, die durch diese Erkrankung gefördert werden.

Vor dem Hintergrund der hier zu klärenden Frage erfolgt die Untersuchung z. B. durch einen Sachverständigen mit dem Ziel, Erkenntnisse darüber zu gewinnen, ob von dem auf freiem Fuß befindlichen, unter Bewährung stehenden Verurteilten weitere Straftaten zu befürchten sind, mit der Folge, dass die Strafaussetzung zur Bewährung gem. § 56f Abs. 1 S. 1 Ziff. 2 StGB zu widerrufen ist.

Das Ziel der Hilfestellung zu einer straffreien Lebensführung ist bei einer Weisung, die letztlich nur darauf abzielt, die Voraussetzungen für einen Bewährungswiderruf festzustellen, nicht erkennbar. Bei einer derart motivierten Weisung geht es in erster Linie darum, festzustellen, ob der Schutz der Bevölkerung vor weiteren Straftaten den Bewährungswiderruf erfordert und somit der Bewährungswiderruf als vollstreckungsrechtliche Entscheidung selbst. Dass der Verurteilte im Falle des Widerrufs durch seine Inhaftierung zwangsläufig davon abgehalten wird, jedenfalls außerhalb des Vollzugs weitere Straftaten zu begehen, ist nur zwangsläufige Folge, nicht aber vorrangiges Ziel einer solchen Weisung. Die mit der Weisung bezweckte Untersuchung durch einen Sachverständigen ist dem Verurteilten also nicht behilflich, neben dem Schutz der Gesellschaft vor weiteren Straftaten zu einem geordneten Leben zurückzufinden, sodass eine wesentliche Voraussetzung von Weisungen nicht erfüllt ist.

9.3 Verhältnismäßigkeit (Zumutbarkeit) von Weisungen

Allen gesetzlich geregelten Möglichkeiten der Weisungserteilung ist gemeinsam, dass zwar dem Verurteilten, unter Bewährung Stehenden eine Hilfe zuteil werden soll, dabei an ihn aber keine überhöhten Anforderungen gestellt werden dürfen, die er ohnehin nicht erfüllen kann. § 56c Abs. 1 S. 2 StGB bestimmt: „Dabei dürfen an die Lebensführung des Verurteilten keine unzumutbaren

10 Mrozynski [43], S. 401, li. Spalte.
11 Mrozynski [43], S. 400 + 401, li. Spalte.

Anforderungen gestellt werden.“ Dementsprechend bestimmt § 68b Abs. 3 StGB: „Bei den Weisungen dürfen an die Lebensführung der verurteilten Person keine unzumutbaren Anforderungen gestellt werden[12].“ Wenn das Kriterium der Zumutbarkeit aber eine derart große Rolle spielt, dann kommt eine Weisung, sich der Begutachtung durch einen Sachverständigen zu unterziehen, nur dann in Betracht, wenn eine solche Untersuchung für den zu Untersuchenden überhaupt zumutbar ist.

Für die Frage, wann die Untersuchung durch einen Sachverständigen für den zu Untersuchenden zumutbar ist, könnte es darauf ankommen, ob die Intensität der von der Untersuchung ausgehenden Beeinträchtigungen noch als verhältnismäßig anzusehen ist. Auf den ersten Blick wird mit diesem Ansatz nur ein unbestimmtes Kriterium gegen ein anderes ausgetauscht, nämlich das Kriterium der Zumutbarkeit gegen das der Verhältnismäßigkeit. Das Kriterium der Verhältnismäßigkeit hat jedoch den Vorteil, dass es den Bezug zu einem weiteren Kriterium herstellt, das geeignet sein könnte, dem Gewicht der auf den zu Untersuchenden wirkenden Beeinträchtigungen ein anderes Gewicht entgegenzusetzen.

Dieses Kriterium könnte das im Falle eines Rückfalls bedrohte Rechtsgut sein. Um diesen Zusammenhang zu verdeutlichen, ist es hilfreich, sich noch einmal vor Augen zu führen, um welche Verfahrenssituation es eigentlich geht. Ausgangspunkt war ein Strafverfahren, an dessen Ende auf eine Strafe erkannt wurde, deren Vollstreckung das Gericht zur Bewährung ausgesetzt hat, in der Erwartung, dass der Verurteilte sich schon die Verurteilung zur Warnung dienen lassen und künftig auch ohne die Einwirkung des Strafvollzugs keine Straftaten mehr begehen wird. Nunmehr ist die Entwicklung an einen Punkt gekommen, an dem aufgrund des Verhaltens des Verurteilten die Besorgnis besteht, dass er erneut Straftaten begehen wird. Diese Situation ist am unproblematischsten, wenn die Straftat, die im Fall eines Rückfalls zu erwarten ist, eine leichte ist, z. B. ein Ladendiebstahl, Schmierereien an dem Wartehäuschen einer Bushaltestelle, eine Beleidigung o. ä. Selbstverständlich handelt es sich bei diesen Taten ebenfalls um Straftaten, die im Widerspruch zur Rechtsordnung stehen, Deren Folgen sind letztlich aber doch noch hinnehmbar. Wenn im Regal des Drogeriemarktes eine Flasche Schampoo fehlt, der ausgehängte Fahrplan unleserlich ist oder die beleidigte Person sich aufregt, ist dies zwar ärgerlich, unterm Strich aber doch noch hinnehmbar. In diesen Fällen kann man es durchaus verantworten,

12 Der Vollständigkeit halber sei auch noch § 10 Abs. 1 S. 2 JGG zitiert: „Dabei dürfen an die Lebensführung des Jugendlichen keine unzumutbaren Anforderungen gestellt werden.“

abzuwarten, ob es letztlich wirklich zu einer neuen Straftat kommt. Wenn ja, kann der Widerruf in Anwendung des § 56f StGB immer noch erfolgen, schließlich sieht diese Vorschrift den Widerruf ausdrücklich für den Fall vor, dass es tatsächlich zu einer erneuten Straftat kommt. In solchen Fällen muss das Gericht bereit sein, ein vertretbares Risiko einzugehen[13].

Anders ist es hingegen in den Fällen, in denen schwerwiegendere Rückfalltaten zu erwarten sind, durch die gewichtigere Rechtsgüter betroffen wären, wie z. B. Körperverletzungen von einigem Gewicht oder Überfälle auf ältere Menschen, bei denen u. U. zwar nur Dinge von geringem Wert gestohlen werden, das Opfer aber in einen solchen Schrecken versetzt wird, dass es bedrohliche gesundheitliche Schäden erleidet, wie z. B. einen schweren Asthmaanfall oder einen Herzanfall. In solchen Fällen wird das Gericht nicht darauf warten können, dass der Fall des § 56f Abs. 1 Nr. 1 StGB eintritt und eine Straftat begangen wird, durch die ein Mensch ernsthaft zu Schaden kommt, bevor es die Vollstreckungsaussetzung widerruft. In solchen Fällen wäre es zur Vorbereitung der Widerrufsentscheidung hilfreich, dem Verurteilten eine Weisung erteilen zu können, sich einer Heilbehandlung i. S. d. § 56c Abs. 3 StGB oder gar der Begutachtung durch einen Sachverständigen zu unterziehen, die Aufklärung über etwaige von dem Verurteilten ausgehende Gefahren geben könnte. Nur am Rande sei bemerkt, dass in solchen Situationen natürlich noch ein zeitliches Problem hinzukommt. Weisungen werden dem Verurteilten normalerweise ja zu Beginn der Bewährungszeit als unterstützende Maßnahmen während der Bewährung auferlegt. In dem Fall, der hier diskutiert wird, würde die Weisung aber erst dann erteilt, wenn der Verurteilte das auffällige Verhalten an den Tag legt.

Abgesehen davon wäre jetzt eine Situation gegeben, in der das Interesse des Staates, seine Bürger und deren Rechtsgüter vor den Übergriffen des Verurteilten zu schützen, schwerer wiegt, als das Interesse des Verurteilten, nicht durch Weisungen in seiner Lebensführung beschränkt bzw. beeinträchtigt zu werden.

Diese Betrachtungsweise ist die Konsequenz aus der Lehre von den grundrechtsimmanenten Schranken. Dem grundrechtlich geschützten Interesse des Verurteilten auf Wahrung seiner körperlichen Integrität (Art. 2 GG) steht das grundrechtlich geschützte Interesse der Bevölkerung daran gegenüber, dass nicht Einzelne von ihr oder Gruppen in ihren grundrechtlich geschützten Rechtsgütern, wie z. B. der körperlichen Unversehrtheit im Falle einer Gewalttat, verletzt werden. Diese beiden Grundrechtspositionen stehen sich gegenüber und müssen abgewägt werden. Hier dürfte die Folge sein, dass das abzuwägende

13 LK-Hubrach [37], § 56, Rn. 12, m. w. N.

Interesse des Verurteilten geringer wiegt, hinter dem Interesse der Allgemeinheit zurückstehen muss und letztlich unbeachtlich ist. Ist das Interesse des Verurteilten aber unbeachtlich, können auch entsprechende Weisungen als zumutbar betrachtet werden.

9.4 Zwischenergebnis

Die Untersuchungen haben gezeigt, dass es auf das Verhältnis zwischen dem grundrechtlich geschützten Interesse des Verurteilten an seinem allgemeinen Persönlichkeitsrecht und dem ebenso geschützten Interesse eines Jeden an dem Schutz seiner Rechtsgüter ankommt. Sind Straftaten zu befürchten, von denen Rechtsgüter geringen Gewichts betroffen wären, dürfte das Interesse des Verurteilten an der Wahrung seines allgemeinen Persönlichkeitsrechts höher zu bewerten sein, mit der Folge, dass ihm Weisungen des Inhalts, dass er sich der Untersuchung durch einen Sachverständigen zu unterziehen habe, nicht zugemutet werden können. Sind demgegenüber Verletzungen höherrangiger Rechtsgüter der Allgemeinheit zu befürchten, müsste der Verurteilte derartige Weisungen wohl eher hinnehmen. Allerdings ist dabei zu bedenken, dass es sich (je nach Gewicht der zu befürchtenden Rechtsgutverletzungen) möglicherweise schon gar nicht mehr um solche Straftaten bzw. Strafmaße (nämlich solche von mehr als ein bzw. zwei Jahren) handeln dürfte, die nach § 56 Abs. 1 u. 2 StGB überhaupt noch zur Bewährung ausgesetzt werden könnten, sodass es auch zu keinem Widerruf der Strafaussetzung kommen könnte. Dann stellt sich die Frage der Erteilung und zwangsweisen Durchsetzung solcher Weisungen ohnehin nicht mehr. Etwas anderes gilt dann, wenn eine höhere Strafe verwirkt wurde, die zunächst nicht zur Bewährung ausgesetzt werden konnte, deren Strafrest dann aber in Anwendung des § 57 StGB zur Bewährung ausgesetzt wurde. Auch in diesen Fällen kann es natürlich zu einem Bewährungswiderruf kommen (vgl. § 57 Abs. 5 StGB, der auf die §§ 56f u. 56g StGB verweist). In diesen Fällen verschiebt sich das Verhältnis zwischen den Interessen des Verurteilten an seinem allgemeinen Persönlichkeitsrecht und dem Interesse der Allgemeinheit an deren Rechtspositionen natürlich deutlich zulasten des Verurteilten auf die Seite der Rechte der Allgemeinheit. Dann erscheinen Weisungen eher als zumutbar.

9.5 Die Weisungen in der richterlichen Praxis

Wenn man die Frage aufwirft, nach welchen Kriterien die Frage nach der Zulässigkeit von Weisungen und ihrer zwangsweisen Durchsetzung zu beantworten ist, dann hat die Beantwortung dieser Frage zwei Dimensionen. In der einen

Dimension wird gefragt, wie das Verhältnis der Grundrechte des Verurteilten zu denen der Personen in der Bevölkerung ist, die durch die Erteilung einer dementsprechenden Weisung und ihrer zwangsweisen Durchsetzung geschützt werden sollen. Diese Dimension wurde vorstehend untersucht. Die andere Dimension betrifft die Grundrechte des Veurteilten und ihre Antastbarkeit vor dem Hintergrund der Rechtsordnung und der in ihr enthaltenen Bestimmungen über die Einschränkbarkeit von Grundrechten. Es geht also (wenn man so will) um die Stellung der Grundrechte des Verurteilten in dem System der grundrechtsschützenden Normen.

Die verfassungsrechtliche Zulässigkeit von Weisungen ist entweder an einem speziellen Grundrecht oder an Art. 2 GG, dem Recht auf freie Entfaltung der Persönlichkeit, Leben und körperliche Unversehrtheit und Freiheit der Person, zu messen. Eine Weisung ist dann unzulässig, wenn sie in ein Grundrecht ohne Beschränkungsvorbehalt eingreift. Besteht ein Beschränkungsvorbehalt, darf eine Weisung nur so weit in das Grundrecht eingreifen, wie der Gesetzesvorbehalt reicht[14]. Ein Beispiel für einen solchen Beschränkungsvorbehalt ist Art. 10 Abs. 2 S. 1 GG. Danach dürfen Beschränkungen des Brief-, Post- und Fernmeldegeheimnisses nur auf Grund eines Gesetzes angeordnet werden. Demzufolge könnte in dieses Grundrecht zulässigerweise durch Erteilung einer Weisung eingegriffen werden. Ein weiteres Beispiel ist Art. 11 Abs. 2 GG. Er sieht Einschränkungen der Freizügigkeit vor und verfolgt damit das Ziel der Verhütung von Straftaten. Er deckt damit alle Weisungen ab, die eine Aufenthaltsbeschränkung zum Inhalt haben[15].

Fraglich ist indessen, ob die Erteilung einer Weisung für sich genommen schon einen Eingriff in ein Grundrecht darstellt. Solange der Verurteilte die Weisung nicht befolgt, entstehen ihm auch keine grundrechtlichen Beschränkungen. Andererseits wird der Verurteilte sich stets dem Druck ausgesetzt sehen, die erteilte Weisung zu befolgen, da er anderenfalls vollstreckungsrechtliche Konsequenzen, insbesondere den Bewährungswiderruf, zu befürchten hat. Bei dem Betroffenen entsteht ein psychischer Druck dergestalt, dass er entweder die Weisung befolgt und sich „freiwillig" der Begutachtung durch einen Sachverständigen unterzieht oder den anderweitigen Nachteil in Gestalt des Widerrufs der Strafaussetzung zur Bewährung in Kauf nimmt[16]. Befolgt er unter diesem Einfluss die Weisung, ist fraglich, ob die damit verbundene Grundrechtsbeschränkung noch als freiwillig

14 LK-Hubrach [37], § 56c, Rn. 26.

15 LK-Hubrach [37], § 56c, Rn. 26.

16 Vgl. Mrozynski [43], S. 399, re. Spalte, in Bezug auf den im Wege der Weisung auferlegten Zwang zur Arbeit. Vgl. auch SK-Schall [69], § 56c, Rn. 16.

angesehen werden kann und dann nicht doch schon durch die Erteilung der Weisung an sich erfolgt ist. Eine Weisung darf aber jedenfalls in keinen Lebensbereich eingreifen, der nach dem Willen des Grundgesetzes keinem staatlichen Zwang ausgesetzt sein soll.

9.6 Die zulässige Reichweite von Grundrechtsbeeinträchtigungen aufgrund § 56c StGB

Mrozynski ist der Ansicht, dass eine Weisung als generalklauselartige Ermächtigung für Grundrechtseingriffe angesehen werden könnte, wenn sie von dem Gesetzesvorbehalt des betroffenen Grundrechts gedeckt ist[17]. Tatsächlich erinnert der Wortlaut des § 56c Abs. 1 StGB an den einer Generalklausel. Die Formulierung „Das Gericht erteilt dem Verurteilten [...] Weisungen, ..." eröffnet zunächst zwar nur die Möglichkeit, überhaupt Weisungen zu erteilen, lässt aber offen, welche dies sind. Natürlich werden in § 56c Abs. 2 u. 3 StGB auch einige Weisungen ausdrücklich genannt. Die einleitende Formulierung des § 56c Abs. 2 StGB „Das Gericht kann den Verurteilten namentlich anweisen ..., " weist jedoch schon darauf hin, dass die Aufzählung nur beispielhaft und keineswegs abschließend ist.

Es sind also noch andere Weisungen denkbar, als die in § 56c Abs. 2 u. 3 StGB genannten. Insofern könnte § 56c Abs. 1 StGB tatsächlich den Charakter einer Generalklausel haben. Mrozynski zieht nun aus seiner Auffassung die Konsequenz, dass z. B. in das Grundrecht auf körperliche Unversehrtheit und die Freiheit der Person (Art. 2 Abs. 2 S. 1 u. 2 GG) dann eingegriffen werden darf, wenn ein Gesetz dies für zulässig erklärt. Wenn es also eine gesetzliche Regelung gibt, die es erlaubt, in die körperliche Unversehrtheit oder Freiheit der Person einzugreifen, könnten auch Weisungen entsprechenden Inhalts erteilt werden.

9.7 Erweiterungen bestehender Grundrechtseingriffsmöglichkeiten durch Weisungen

Dieser Ansatz Mrozynskis ist in zweifacher Hinsicht zutreffend. Zum einen darf die Anwendung des § 56c Abs. 1 StGB nicht dazu führen, dass Grundrechtseingriffe, die durch bestehende Ermächtigungsgrundlagen gedeckt sind, durch die Anwendung des § 56c Abs. 1 StGB eingriffsintensiver werden, als aufgrund der anderweitigen Ermächtigungsgrundlage möglich. Zum anderen dürfen aber auch zusätzliche Voraussetzungen, welche in der Ermächtigungsgrundlage

---

17 Mrozynski [43], S. 398.

genannt sind und die erfüllt sein müssen, damit überhaupt ein Grundrechtseingriff stattfinden kann, nicht ausgehöhlt werden. Zur Verdeutlichung sei auf § 81b StPO verwiesen, wonach die Anfertigung von Lichtbildern und Fingerabdrücken und die Vornahme von Messungen und ähnlichen Maßnahmen auch gegen den Willen des Betroffenen möglich sind. In dieser Vorschrift ist ein bestimmter Kreis von Grundrechtseingriffen seinem Umfang nach (wenn man von den „ähnlichen Maßnahmen" einmal absieht) klar geregelt. Der soeben geschilderten Auffassung zufolge könnte daher auch ein Grundrechtseingriff in Gestalt einer Lichtbildaufnahme oder eines Fingerabdrucks im Wege der Weisungserteilung erfolgen. Wenn man allerdings die Regelung des § 81b StPO als Rechtfertigung dafür heranzieht, dass solche Grundrechtseingriffe auch im Wege der Weisungserteilung erfolgen dürfen, dann darf man sich auch nicht über die Voraussetzungen hinwegsetzen, welche schon § 81b StPO an die Anwendung der darin genannten Maßnahmen knüpft, und dies ist, abgesehen davon, dass die Maßnahmen für die Zwecke der Durchführung des Verfahrens notwendig sein müssen (vgl. den Wortlaut des § 81b StPO), die Beschuldigteneigenschaft des Betroffenen. Will man also der Auffassung Mrozynskis folgen und die Regelung des § 81b StPO als Kriterium dafür werten, wie weitgehend durch solche Maßnahmen ausgelöste Grundrechtseingriffe gehen dürfen, dann müssen die in § 81b StPO geregelten Voraussetzungen ebenfalls beachtet werden.

Aus diesen Gründen kann § 56c Abs. 1 StGB eben nicht als generalklauselartige Ermächtigung für einen Grundrechtseingriff angesehen werden. Dies hätte zur Konsequenz, dass es möglich wäre, den Umfang der gesetzlich für zulässig erachteten Eingriffe durch die aufgrund des § 56c StGB erteilte Weisung auszuweiten und die durch das Gesetz in anderen Regelungen gezogenen Grenzen beliebig zu erweitern. Wenn also z. B. § 81 StPO die Unterbringung eines Beschuldigten zu Beobachtungszwecken in einem psychiatrischen Krankenhaus erlaubt, wäre nach der vorstehend geschilderten Auffassung die Möglichkeit eröffnet, im Wege der Weisung in das Grundrecht der Freiheit der Person einzugreifen und dabei die durch § 81 StPO gezogenen Grenzen auszudehnen. Die durch § 81 StPO gezogene Grenze besteht darin, dass diese Art des Grundrechtseingriffs nur bei einer Person zulässig ist, die den Beschuldigtenstatus hat. Sobald der Beschuldigtenstatus nicht mehr vorhanden ist, also dann, wenn die rechtskräftige Verurteilung erfolgt ist, ist ein entsprechender Eingriff aufgrund des § 81 StPO nicht mehr möglich. Diese sehr enge Begrenzung des von § 81 StPO für zulässig erklärten Grundrechtseingriffs würde faktisch aufgehoben und beseitigt, wenn man der aufgrund dieser Vorschrift ergangenen Weisung generalklauselartigen Charakter beimessen und eine Anwendung dieses Zwangs auch bei solchen Personen für zulässig erachten würde, die den Beschuldigtenstatus eben nicht mehr haben.

9.8 Zwischenergebnis

Die Untersuchungen haben gezeigt, dass durch Weisungen nur solche Grundrechte berührt werden dürfen, in die nach dem Grundgesetz überhaupt eingegriffen werden darf. Die vom Richter erteilten Weisungen dürfen in ein Grundrecht aber nicht stärker eingreifen, als es aufgrund solcher Eingriffsermächtigungen zulässig wäre, die der Gesetzgeber bzgl. bestimmter Grundrechte oder Rechtsgüter schon geschaffen hat. Die in Erfüllung einer Weisung erlittene Grundrechtsbeeinträchtigung darf also nicht weitreichender sein, als sie es bei Anwendung einer der entsprechenden Ermächtigungsgrundlagen wäre.

9.9 Zwangsausübung bei Nichtbefolgung von Weisungen

Der Grundsatz, dass Weisungen nicht die Grenzen bereits bestehender Eingriffsnormen überschreiten bzw. darin geregelte Mindestvoraussetzungen umgehen können, erfährt durch eine Regelung aus dem Titel über die „Maßregeln der Besserung und Sicherung" aus dem StGB eine besondere Ausgestaltung. Die Regelung des § 64 StGB (Unterbringung in einer Entziehungsanstalt) ist ein Beispiel dafür, dass eine Weisung staatlichem Zwang vorgeschaltet sein kann. So ist z. B. denkbar, dass die Weisung ergeht, sich einer Entziehungskur zu unterziehen. Dieselbe Maßnahme könnte aber auch im Rahmen des § 64 StGB zwangsweise angeordnet werden. Man könnte also darüber nachdenken, dem Verurteilten zuerst die Weisung zu erteilen, sich einer Behandlung in einer Entziehungsanstalt zu unterziehen. Befolgt er die Weisung nicht, weist man ihn eben zwangsweise dorthin ein. Vor diesem Hintergrund könnte man auch die Möglichkeit in Betracht ziehen, dem Verurteilten die Weisung zu erteilen, sich freiwillig der Begutachtung seines psychischen Zustands durch einen Sachverständigen zu unterziehen. Anders als im Falle der Weisung, sich einer Entziehungskur zu unterziehen, wäre es hier im Falle der Missachtung der Weisung aber nicht möglich, den Verurteilten zwangsweise der Begutachtung durch den Sachverständigen zu unterziehen[18]. Denn während im Falle der Weisung, sich einer Entziehungskur zu unterziehen, eine entsprechende Ermächtigungsgrundlage zur Zwangsausübung durchaus zur Verfügung steht, ist dies im Falle der Weisung zur Begutachtung durch einen Sachverständigen gerade nicht der Fall.

---

18 Sch./Sch.-Stree/Kinzig [20], § 56c, Rn. 24; vgl. auch LK-Hubrach [37], § 56c, Rn. 15.

Diese Regelung stellt keine Ausnahme von dem Grundsatz dar, dass Weisungen bereits bestehende Regelungen über Grundrechtseingriffe nicht in unzulässiger Weise ausweiten dürfen, sondern bekräftigt diesen Grundsatz noch. Ausgangspunkt für diese Überlegung ist die Annahme, dass der Gesetzgeber die Zwangsanwendung nur im Falle der Einweisung in eine Entziehungsanstalt zulassen wollte, im Falle der Untersuchung durch einen Sachverständigen aber gerade nicht. In diesem Zusammenhang ist noch zu erwähnen, dass es zum 16.7.2007 eine Änderung des § 64 StGB gegeben hat. In der bis zum 15.7.2007 geltenden Fassung war geregelt, dass die Einweisung nur dann nicht erfolgen konnte, wenn eine Entziehungskur von vornherein aussichtslos erschien (§ 64 Abs. 2 StGB a. F.). Hiervon wurden z. B. Fälle erfasst, in denen der Täter bereits mehrere erfolglose Kuren hinter sich hatte und auch eine weitere Kur keine besseren Aussichten versprach. War dagegen der Erfolg zweifelhaft oder sogar unwahrscheinlich, reichte dies nicht aus, damit die Anordnung nach § 64 Abs. 2 StGB a. F. unterblieb[19].

Der § 64 Abs. 2 StGB wurde zum 16.7.2007 durch das Gesetz zur Sicherung der Unterbringung in einem psychiatrischen Krankenhaus und einer Entziehungsanstalt vom 16.7.2007 geändert[20]. Die Änderung geht im Ursprung auf eine Entscheidung des BVerfG vom 8.10.1985[21] zurück. Mit dieser Entscheidung stellte das BVerfG Grundsätze für Fortdauerentscheidungen bei langjähriger Unterbringung in einem psychiatrischen Krankenhaus auf. Je länger die Unterbringung andauert, umso strenger sind die Voraussetzungen für die Verhältnismäßigkeit des Freiheitsentzugs und die Anforderungen an die Sachverhaltsaufklärung[22]. Wegen vorrangiger Arbeiten an der Verwirklichung der deutschen Einheit wurde der Reformprozess jedoch zunächst nicht vorangetrieben. Er kam wieder durch das Urteil des BVerfG vom 16.3.1994[23] in Gang. Das BVerfG forderte, dass Anordnung und Vollzug der Unterbringung zur Voraussetzung haben sollten, dass eine hinreichend konkrete Aussicht besteht, den Abhängigen zu heilen, zumindest aber über eine gewisse Zeitspanne vor dem Rückfall in die Abhängigkeit zu bewahren. Dementsprechend darf der Vollzug der Unterbringung nicht weiter vollzogen werden, wenn keine hinreichend konkrete Aussicht auf einen Behandlungserfolg mehr besteht. Schließlich müssen

19 LK-Schöch [37], § 64, Rn. 120.

20 BGBl. I, S. 1327; Sch./Sch.-Stree/Kinzig, 28. Aufl. [19], § 64, Rn. 11.

21 BVerfGE 70, 297ff.; vgl. auch Fischer [21], § 64, Rn. 18a; SK-Sinn [69], § 64, Rn. 14a, jew. m. w. N.

22 Schneider [53], S. 68.

23 BVerfGE 91, 1ff.

die gesetzlichen Regelungen zur Anrechnung der Zeit des Maßregelvollzuges auf die Freiheitsstrafe so gestaltet sein, dass die Freiheitsentziehung insgesamt nicht übermäßig wird[24] Diese Forderungen des BVerfG fanden schließlich in der gegenwärtigen Fassung des § 64 Abs. 2 StGB vom 16.7.2007 ihren Niederschlag. Die Reform dient zum einen der Umsetzung verfassungsrechtlicher Vorgaben und soll zum anderen dazu beitragen, die beengten Kapazitäten des Maßregelvollzugs effektiver und zielgerichteter zu nutzen und damit dem Sicherheitsbedürfnis der Allgemeinheit besser gerecht zu werden[25].

Der Gesetzeswortlaut wurde dahingehend geändert, dass es nunmehr erforderlich ist, dass eine hinreichend konkrete Aussicht besteht, die Person durch die Behandlung in einer Entziehungsanstalt zu heilen oder über eine erhebliche Zeit vor dem Rückfall in den Hang zu bewahren und von der Begehung erheblicher rechtswidriger Taten abzuhalten, die auf ihren Hang zurückgehen (§ 64 S. 2 StGB). Nach der Neufassung des § 64 S. 2 StGB muss die Eignung des Eingriffs positiv und konkret festgestellt werden[26]. Nach § 64 S. 2 StGB ist die Anordnung der Unterbringung in den Fällen jetzt nicht mehr möglich, in denen die Behandlung zwar nicht von vornherein aussichtlos erscheint, das Vorhandensein von Behandlungschancen aber auch nicht positiv festgestellt werden kann. Die Unterbringung nach § 64 StGB scheitert jedenfalls nicht schon daran, dass der Verurteilte keine Therapiemotivation besitzt. Ziel des Maßregelvollzugs kann es durchaus sein, die Therapiebereitschaft beim Verurteilten überhaupt erst zu wecken[27].

Die Aktivität des Gesetzgebers zeigt, dass er sich um Fragen der Zwangsanwendung auf Verurteilte sehr wohl Gedanken macht. Wenn er dabei an der bestehenden Rechtslage, die Zwangsanwendung zu Zwecken der Begutachtung nicht zuzulassen, nichts ändert, kann daraus nur der Schluss gezogen werden, dass er solche Maßnahmen auch weiterhin nicht zulassen wollte. Hinzu kommt, dass die erwähnte Änderung des § 64 Abs. 2 StGB erst vor neun Jahren vorgenommen wurde. Es ist also erst relativ wenig Zeit vergangen, seit der Gesetzgeber sich dafür entschied, die Voraussetzungen für eine Zwangsanwendung im Rahmen des § 64 Abs. 2 StGB zu lockern. Die Gesetzesänderung ist noch relativ frisch und es deutet nichts darauf hin, dass der Gesetzgeber inzwischen einen

24 Schneider [53], S. 68.
25 Spiess [57], S. 160.
26 Fischer [21], § 64, Rn. 19; Lackner/Kühl [32], § 64, Rn. 6; LK-Schöch [37], § 64, Rn. 117; MK-van Gemmeren [30], § 64, Rn. 61; Sch./Sch.-Stree/Kinzig [20], § 64, Rn. 14; SK-Sinn [69], § 64, Rn. 14b.
27 Sch./Sch.-Stree/Kinzig [20], § 64, Rn. 14.

Handlungsbedarf bei der zwangsweisen Durchsetzung von Weisungen nach § 56c StGB sähe, den er im Jahre 2007 noch nicht als gegeben ansah.

Danach darf die Weisung, sich einer Heilbehandlung, die mit einem körperlichen Eingriff verbunden ist, oder einer Entziehungskur zu unterziehen oder in einem geeigneten Heim oder einer geeigneten Anstalt Aufenthalt zu nehmen, nur mit Einwilligung des Verurteilten erteilt werden. Nimmt der Verurteilte die Einwilligung zurück, so kann die Befolgung der Weisung nicht erzwungen werden. Entsprechendes gilt für §§ 81, 81a StPO. Allerdings wäre ein Widerruf gem. § 56f Abs. 1 Ziff. 2 StGB zulässig[28].

9.10 Verhältnis von Weisungen und Maßregeln der Besserung und Sicherung

In diesen Zusammenhang gehört auch die Frage, inwieweit Weisungen einem Zweck dienen dürfen, zu dessen Verwirklichung eigentlich andere Arten strafrechtlicher Rechtsfolgen bestimmt sind, insbesondere die Maßregeln der Besserung und Sicherung. Wie bereits ausgeführt, greift die Weisung nach § 56c Abs. 3 StGB, sich einer Heilbehandlung oder Entziehungskur zu unterziehen bzw. in einem geeigneten Heim oder einer geeigneten Anstalt Aufenthalt zu nehmen, in den Regelungsbereich des § 64 StGB ein, welcher die Unterbringung in einer Entziehungsanstalt als freiheitsentziehende Maßregel der Besserung und Sicherung ermöglicht. Fraglich ist, inwieweit aus dem Gesetzestext Anhaltspunkte dafür gewonnen werden können, dass die inhaltliche Reichweite von Weisungen durch das Vorhandensein der Regelung des § 64 StGB begrenzt ist.

Argumente für die begrenzende Wirkung einer Regelung aus dem Bereich der Maßregeln der Besserung und Sicherung auf die inhaltliche Reichweite einer nach Maßgabe des § 56c StGB ergangenen Weisung lassen sich aus dem Aspekt der Ermessensausübung herleiten, der für die korrekte Handhabung der Maßregeln ausschlaggebend ist. Die Verhängung einer Maßregel setzt unbedingt voraus, dass das Gericht mit ihrer Verhängung den Zweck verfolgt, die Bevölkerung gegen von dem Verurteilten ausgehende Gefahren zu schützen[29]. Sind nun die Voraussetzungen für die Verhängung einer Maßregel gegeben, so

28 Fischer [21], § 56c, Rn. 11; Lackner/Kühl [32], § 56c, Rn. 9; MK-Groß [30], § 56e, Rn. 44; Sch./Sch.-Stree/Kinzig [20], § 56c, Rn. 21; SK-Schall [69], § 56c, Rn. 18.

29 SK-Schall [69], § 56c, Rn. 9, unter Hinweis auf SK-Schall, § 61 u. 62, jew. Rn. 6; vgl. auch Fischer [21], § 56c, Rn. 1a; Lackner/Kühl [32], § 56c, Rn. 1; LK-Hubrach [37], § 56c, Rn. 1 u. 33; MK-Groß [30], § 56c, Rn. 2, 5 u. 7; Sch./Sch.-Stree/Kinzig [20], § 56c, Rn. 1.

hat das Gericht keinen Ermessensspielraum mehr, ob es die Maßregel verhängt. Vielmehr ist das Ermessen „auf Null reduziert" und das Gericht verpflichtet, die Maßregel zu verhängen. Fehlen dagegen die Voraussetzungen für die Verhängung der Maßregel, hat das Gericht auch kein Ermessen, ob es sie dennoch verhängt. Vielmehr hat die Verhängung der Maßregel in diesem Fall zwingend zu unterbleiben[30]. Nun könnte das Gericht ja auf die Idee kommen, nach einem Weg zu suchen, die angestrebte Maßregel gleichsam doch noch zu verhängen, obwohl dies an sich zu unterbleiben hat. Käme das Gericht in diesem Fall auf den Gedanken, statt der Maßregel nach § 64 StGB eine Weisung nach § 56c Abs. 3 StGB zu erteilen, so stellte diese Vorgehensweise eine Gesetzesumgehung dar.

Diese Betrachtung führt allerdings nicht zu der Konsequenz, dass solche Maßnahmen, die nicht als Maßregel der Besserung und Sicherung angeordnet werden dürfen, grundsätzlich auch nicht als Weisung auferlegt werden dürften. Wie bereits ausgeführt, dienen die Weisungen dem Zweck der Hilfestellung zu einem straffreien Leben. Betrachtet man die in § 61 StGB genannten möglichen Maßnahmen, so stellt man fest, dass diese unter dem Gesichtspunkt der Hilfestellung durchaus unterschiedlich einzustufen sein könnten. Das Berufsverbot und die Entziehung der Fahrerlaubnis bewirken noch keine Besserung des Verurteilten im Hinblick auf ein straffreies Leben. Zwar darf er nun offiziell weder ein Kraftfahrzeug führen noch seinen Beruf ausüben. Dies hindert ihn aber nicht daran, sich auch ohne Erlaubnis in den Straßenverkehr zu begeben und weiterhin „unter der Hand" in seinem alten Beruf tätig zu sein. Für die Führungsaufsicht gilt ähnliches. Sie bringt zwar eine gewisse Kontrolle der Lebensführung des Verurteilten mit sich; die Begehung einer erneuten Straftat durch den Verurteilten könnte aber auch die Führungsaufsicht letztlich nicht verhindern. Die Sicherungsverwahrung führt zwar zwangsläufig zu einem straffreien Leben des Verurteilten (zumindest während der Dauer der Sicherheitsverwahrung). Allerdings ist die Sicherungsverwahrung keine Hilfestellung i. S. d. Weisungen, mit dem Ziel, dass der Verurteilte (sollte er je wieder auf freien Fuß kommen) von sich aus keine weiteren Straftaten mehr begeht; vielmehr wird der Verurteilte quasi „gezwungen", straffrei zu leben, auch wenn er das von sich aus nicht anstrebt. Gerade das ist aber das Ziel der Weisungen, den Verurteilten in einer Entwicklung zu begleiten, die ihn schließlich dazu befähigt, von sich aus straffrei zu leben.

Anders dagegen die Unterbringung in einem psychiatrischen Krankenhaus oder einer Entziehungsanstalt. Diese Maßnahmen lassen dem Verurteilten eine

30 SK-Schall [69], § 56c, Rn. 9.

Behandlung angedeihen, die ihn (wenn sie anschlägt) in die Lage versetzen bzw. seine Entwicklung so beeinflussen kann, dass er schließlich von sich aus keine weiteren Straftaten mehr begeht. So gesehen sind diese Maßnahmen Hilfsangebote bzw. Hilfestellung i. S. d. Weisungen als Hilfestellung zu einem straffreien Leben. Wollte man nun die Anordnung dieser Maßnahmen als Weisung für den Fall für unzulässig erklären, dass sie auch als Maßregel der Besserung und Sicherung nicht zulässig sind, würde man dem Hilfebedürftigen Verurteilten diese Hilfsangebote faktisch vorenthalten. Dies würde dem Sinn und Zweck der Weisungen, nämlich der Hilfestellung zu einem straffreien Leben, entgegenstehen. Daher fordert Horn zu Recht, insoweit zwischen den Maßregeln gem. § 61 Nrn. 3–6 StGB einerseits und § 61 Nrn. 1–2 StGB andererseits zu unterscheiden. Während Maßnahmen nach den Nrn. 3–6 nicht als Weisungen angeordnet werden dürfen, wenn sie schon als Maßregel unzulässig sind und sonst eine Gesetzesumgehung vorläge, dürfen Maßnahmen nach den Nrn. 1–2 (nämlich die Unterbringung in einem psychiatrischen Krankenhaus bzw. einer Entziehungsanstalt) durchaus als Weisung angeordnet werden, auch wenn sie als Maßregel unzulässig sind. Auf diese Weise wird dem Verurteilten die Inanspruchnahme der entsprechenden Hilfestellung nicht vorenthalten[31].

Bedenken gegen diese Sicht dürfen dadurch ausgeräumt werden, dass Weisungen nach § 56c Abs. 3 Nrn. 1 u. 2 StGB ohnehin das Korrektiv der Einwilligung des Verurteilten vorgeschaltet ist. Ist er mit der Unterbringung nicht einverstanden, kann die entsprechende Weisung ohnehin nicht erfolgen. Demgegenüber darf eine unzulässige Maßregel der Besserung und Sicherung nach § 61 Nrn. 3–6 StGB auch dann nicht als Weisung angeordnet werden, wenn der Verurteilte darin einwilligt[32]. Dies ist die Konsequenz daraus, dass es für die Anordnung dieser Maßregeln nicht auf die Einwilligung des Verurteilten ankommt. So, wie sie auch dann angeordnet wird, wenn es ihm „nicht passt", darf sie selbst dann nicht als Weisung angeordnet werden, wenn er einverstanden ist.

9.11 Zwischenergebnis

Die Untersuchungen haben gezeigt, dass die Weisung, sich einer Heilbehandlung zu unterziehen, nur bei entsprechendem Einverständnis des Verurteilten erteilt werden kann. Ist der Verurteilte nicht einverstanden oder zieht er eine bereits erteilte Einwilligung wieder zurück, kann die Weisung nicht mit Zwang

---

31 SK-Horn [49], § 56c, Rn. 7.

32 A. a. O.

durchgesetzt werden. Es bleibt nur noch die Möglichkeit, die Vollstreckungsaussetzung zu widerrufen.

Außerdem wurde festgestellt, dass solche Maßnahmen, die schon nicht als Maßregel der Besserung und Sicherung durchgeführt werden kann, auch nicht als Weisung auferlegt werden dürfen. Eine Ausnahme bilden lediglich § 61 Nrn. 1–2 StGB. Die darin geregelte Unterbringung in einem psychiatrischen Krankenhaus bzw. einer Entziehungsanstalt kann durchaus als Weisung angeordnet werden, auch wenn sie als Maßregel der Besserung und Sicherung unzulässig wären, da dem Verurteilten auf diese Weise die Inanspruchnahme der darin enthaltenen Hilfeleistung nicht vorenthalten wird.

Auch dies ist allerdings nur dann möglich, wenn der Verurteilte mit der im Wege der Weisung aufzuerlegenden Maßnahme einverstanden ist. Die Maßnahmen nach § 61 Nrn. 3–6 StGB dürfen selbst dann nicht im Wege einer Weisung auferlegt werden, wenn der Verurteilte seine Einwilligung hierzu erteilt.

Kapitel 10
Verantwortlichkeit des Verurteilten

Zwangsmaßnahmen können im Widerrufsverfahren nicht angewendet werden, weil sie als Betroffenen einen Beschuldigten voraussetzen. Subjekt des Widerrufsverfahrens ist jedoch ein bereits Verurteilter, der den strafprozessualen Zwangsmaßnahmen nicht mehr unterworfen werden kann. Den Verurteilten könnte aber aufgrund seines Verhaltens, welches zu dem Widerrufsverfahren geführt hat, eine Verantwortlichkeit treffen, die es gestattet, ihm die Duldung von Zwangsmaßnahmen zuzumuten. Hierzu könnte das von Krauß entwickelte Störermodell einen Ansatz bieten[1]. Krauß meint damit den Störerbegriff des Polizeirechts. Eine Störung im polizeirechtlichen Sinn ist die Verletzung der die öffentliche Ordnung bildenden sozialen Normen[2]. Als öffentliche Ordnung gilt die Gesamtheit derjenigen Regeln, deren Befolgung nach den herrschenden sozialen und ethischen Anschauungen als unentbehrliche Voraussetzung für ein gedeihliches Miteinander der zusammen wohnenden Menschen angesehen wird[3].

10.1 Das Störermodell von Krauß

Nach Auffassung von Krauß bildet der Verdacht, eine Straftat begangen zu haben, eine dem Verdächtigen zuzurechnende Störung. Jede Straftat sei für die Rechtsordnung in zweifacher Hinsicht bedeutsam. Zum einen werde sie durch die Straftat und die damit verbundene Rechtsgutverletzung unmittelbar verletzt, zum anderen sei die Erfüllung der sog. Strafzwecke[4] gefährdet, solange die Straftat nicht gesühnt sei[5]. Die Rechtsordnung würde in Frage gestellt, wenn die staatliche Reaktion auf die Tat ausbliebe.

Vor ihrer Vollendung stelle die Straftat eine Bedrohung eines Rechtsguts und somit eine polizeirechtliche Störung dar. Nach ihrer Vollendung führe die Tat

1 Krauß [33], S. 167ff.
2 Schenke [51], Rn. 92.
3 Vgl. Schenke [51], Rn. 63.
4 Zum Begriff der Strafzwecke vgl. Lackner/Kühl [32], § 46, Rn. 1ff.; LK-Theune [39], Vor §§ 46–50, Rn. 23ff.; LK-Hubrach [37], § 60, Rn. 23 spricht in Bezug auf § 60 StGB interessanterweise von einem „Mikrokosmos der Strafzwecke“; vgl. auch MK-Miebach [30], § 46, Rn. 25f.
5 Krauß [33], S. 167f.

zu einer Gefährdung des Rechtsfriedens, die sich im weiteren Sinne ebenfalls als Störung bezeichnen lasse. Zwar handele es sich hierbei nicht mehr um eine Störung, bei welcher die Verletzung eines Rechtsgutes erst noch bevorsteht. Schließlich ist die Beeinträchtigung des betroffenen Rechtsgutes mit der Tat abgeschlossen. Jedoch stimmten die Grundsätze der polizeirechtlichen Störungsbeseitigung mit denen der Störungsabwehr überein[6].

Krauß zufolge hat der Verdächtige zurechenbar den Anschein erweckt, er habe die Störung verursacht. Mit der Straftat entstehe die Ungewissheit darüber, ob sich das Recht gegenüber dem Unrecht durchsetzen könne. Diese Ungewissheit bilde eine Belastung der Gemeinschaft, welche durch den konkreten Tatverdacht zusätzlich verstärkt werde, da sich durch ihn der Konflikt zwischen der Gesellschaft und dem potentiellen Täter zuspitze. Der Verdacht stelle somit eine eigenständige Störung dar[7]. Um sie zu beseitigen, müsse der Staat mit den Mitteln des Strafprozesses die Berechtigung des Verdachtes klären. Der Strafprozess sei somit ein Mittel zur Störungsbeseitigung. Soweit im Rahmen des Strafprozesses Maßnahmen gegen den Verdächtigen getroffen würden, handele es sich um die Inanspruchnahme eines Störers.

10.2 Überprüfung des Störermodells

Um das Störermodell überprüfen zu können, ist außer dem Begriff der Störung, der einleitend schon erwähnt wurde, noch derjenige der polizeirechtlichen Gefahr zu klären. Eine Gefahr ist bei einer Sachlage gegeben, die im Einzelfall tatsächlich, zumindest aber bei verständiger Würdigung der Sachlage in naher Zukunft die hinreichende Wahrscheinlichkeit eines Schadenseintritts in sich birgt[8]. Während bei einer Gefahr der Eintritt eines Schadens also erst noch bevorsteht, ist dieser im Falle der Störung schon eingetreten.

Dem Störermodell könnte insoweit zu widersprechen sein, als schon der Verdacht als eigenständige Störung angesehen wird. Wenn dies zuträfe, müsste man auch dann eine Störung annehmen, wenn sich ein Verdacht lediglich aufgrund fehlerhafter Schlussfolgerungen, und somit zu Unrecht gebildet hat. Dies wäre mit dem Störermodell nicht vereinbar. Das Modell geht von der Anwendbarkeit der polizeirechtlichen Grundsätze über die Störungsabwehr aus. Im Polizeirecht wird die Inanspruchnahme einer Person aber als nicht von den polizeirechtlichen Ermächtigungsgrundlagen gedeckt angesehen, wenn die Annahme einer

6 Krauß [33], S. 168.
7 Krauß [33], S. 171.
8 Schenke [51], Rn. 69.

Gefahr auf einem Irrtum der Behörde basiert, der Verdacht also zu Unrecht besteht[9]. Auf der Grundlage des Störungsmodells lassen sich daher nur diejenigen Fälle als Störung einordnen, in denen ein Verdacht zu Recht besteht und nicht nur irrtümlich angenommen wird.

Aus diesen Gründen kann das Störermodell dann nicht angewendet werden, wenn ein vermeintlicher Täter durch eine falsche Zeugenaussage in den Verdacht einer Straftat gerät. Da der bloße Verdacht keine eigenständige Störung ist, kann dem zu Unrecht Verdächtigten der falsche Verdacht auch nicht als störendes Ereignis zugerechnet werden. Anderenfalls würde er zum Störer, obwohl er die zugrundeliegende Straftat überhaupt nicht begangen hat. In Bezug auf das Widerrufsverfahren hat dies zur Konsequenz, dass den nur vermeintlichen Täter keine Verantwortung trifft, die es rechtfertigen würde, im Verlauf eines Widerrufsverfahrens Zwangsmaßnahmen gegen ihn anzuwenden.

10.3 Übertragbarkeit des Störermodells auf das Widerrufsverfahren

Der Versuch, das Krauß'sche Störermodell auf das Widerrufsverfahren zu übertragen, knüpft dort an, wo auch das Störermodell selbst seinen Ausgangspunkt hat. Das Modell setzt bei dem Vorliegen des Verdachts an, eine bestimmte Person habe eine Straftat begangen. Der Widerruf der Strafaussetzung kann freilich nicht nur im Falle der Begehung einer Straftat während der Bewährungszeit sondern auch dann erfolgen, wenn ein Verstoß gegen Auflagen und Weisungen stattgefunden hat oder der Verurteilte sich der Aufsicht und Leitung eines Bewährungshelfers entzieht, § 56f Abs. 1 S. 1 Nr. 1–3 StGB.

Vor diesem Hintergrund könnte das Störermodell dahingehend abgewandelt werden, dass die Möglichkeit einer negativen Zukunftsprognose als Störung, und zwar im doppelten Sinn, einzustufen ist. Erstens sind bestimmte Rechtsgüter aufgrund der Möglichkeit erneuter Straftaten gefährdet. Diese Gefahrenlage stellt schon eine Beeinträchtigung der Rechtsordnung dar, weswegen eine Pflicht zur Abwehr dieser Gefahren besteht. Außerdem würde der Strafzweck der Prävention nicht erfüllt, wenn es zur erneuten Begehung einer Straftat und somit zu einer erneuten Störung käme[10]. Die staatliche Reaktion bestünde in

9 Wolff-Bachof [66], § 125, Rn. 24; Drews/Wacke/Vogel/Martens [8], S. 111; Schenke [51], Rn. 82.

10 Zu den Strafzwecken, insbes. dem der Prävention, vgl. LK-Theune [39], Vor. §§ 46–50, Rn. 22ff. [38–41].

dem Widerruf der Strafaussetzung und somit in der Beseitigung der Störung in Gestalt des Verdachts einer negativen Zukunftsprognose.

10.3.1 Prognosegrundlagen als eigenständige Störung

Sowohl bei der Bewertung des Störermodells von Krauß als auch bei dem Versuch, es auf das Widerrufsverfahren zu übertragen, stellt sich noch die Frage, ob der Rechtsfriede[11] durch die Begehung einer Straftat auch dann verletzt wird, wenn sie unentdeckt bleibt. Es ist nicht von der Hand zu weisen, dass der Rechtsfriede, oder besser gesagt: der äußere Friede, in Wirklichkeit nicht gestört wird, solange ein Rechtsgut bzw. ein Strafgesetz verletzt wird, die Straftat jedoch unentdeckt bleibt. Solange niemand von der Straftat Kenntnis hat, ist auch niemand darüber beunruhigt, dass diese Tat aufgeklärt werden und der Täter zum Schutze vor weiteren Straftaten gefasst werden muss. Nun könnte man meinen, dass die eigentliche Straftat durch die Kenntnis von den Tatsachen, die den Verdacht hervorrufen, erst bekannt und somit zur Störung des Rechtsfriedens wird. Das hieße in der Konsequenz, dass der Rechtsfriede durch die Straftat nicht gestört wird, solange es gelingt, die Tat zu verheimlichen. Dies würde bedeuten, dass eine unentdeckte Straftat, etwa der sog. „perfekte Mord" den Rechtsfrieden überhaupt nicht berührt.

Es liegt jedoch auf der Hand, dass dies nicht sein kann. Jeder wird, schon wegen seines eigenen Schutzbedürfnisses, erwarten, dass sich jedermann an die geltende Rechtsordnung hält und nicht etwa irgendein geschütztes Rechtsgut durch eine Straftat verletzt. Maßgeblich ist also nicht, dass man von dem Wissen von einer Straftat verschont wird; maßgeblich ist, dass man erwartet, dass sich jeder an die geltende Rechtsordnung hält und die Wirklichkeit mit den Anforderungen des geltenden Rechts somit im Einklang steht. Natürlich führt das Bewusstsein, dass sich keineswegs jeder an das geltende Recht hält und immer wieder Straftaten begangen werden, in der Konsequenz zu einer Störung des Rechtsfriedens, die subjektiv empfunden wird. Allerdings hat auch diese subjektiv empfundene Störung des Rechtsfriedens ihre Ursache in der Störung des Rechtsfriedens auf normativer Ebene, nämlich in der fehlenden Übereinstimmung der wirklichen Verhältnisse mit den Anforderungen der Rechtsordnung und ist somit wieder normativer Art.

Entsprechendes gilt bei der Übertragung des Störermodells auf das Widerrufsverfahren: Die Prognosetatsachen sowie das Anlassverhalten, welche zu dem

11 Zu den Strafzwecken, insbes. dem Schutz von Rechtsgütern als Mittel zum Rechtsfriede, vgl. LK-Theune [39], Vor §§ 46–50, Rn. 22ff. (35).

Widerrufsverfahren geführt haben, stellen an sich noch keine Störung dar[12]. Durch die Kenntnis von diesen Umständen wird die Rückfallgefährdung des Verurteilten aber überhaupt erst entdeckt. Dies bedeutet jedoch nicht, dass die damit verbundene Gefährdung von Rechtsgütern dadurch erst zur Störung würde. Die Gefährdung von Rechtsgütern steht nicht im Einklang mit der Rechtsordnung und stellt in jedem Fall eine Störung bzw. eine Gefahr dar. Hätte man von der Rückfallgefährdung des Verurteilten keine Kenntnis, wäre der Rechtsfrieden trotzdem gestört. Die Prognosetatsachen und das Anlassverhalten stellen somit keine eingenständige Störung dar. Trotzdem könnte der Verurteilte als Störer zu behandeln sein, da es zumindest den Anschein hat, als ginge von ihm eine Gefährdung des Rechtsfriedens aus.

10.3.2 Einstufung des Verurteilten als Störer

Die Übertragung des Störermodells auf das Widerrufsverfahren ist allerdings problematisch, weil die Einstufung des Verurteilten als Störer anderen Gesichtspunkten unterliegen muss, als im Erkenntnisverfahren. Erlangt man im Ermittlungsverfahren Kenntnis von der Begehung einer Straftat, ist zunächst nur das Vorliegen einer Störung an sich bekannt. Dagegen ist noch unbekannt, wer Täter und somit Störer ist. Gerät eine bestimmte Person in Verdacht, wird sie erst dann zum wirklichen Störer, wenn ihre Täterschaft erwiesen ist. Solange dieser Nachweis nicht erbracht ist, ist der Verdächtigte nicht Störer.

Die Stellung des vom Widerrufsverfahren Betroffenen ist dagegen eine andere. Wenn der Verdacht besteht, der Verurteilte werde in Zukunft weitere Straftaten begehen, liegt darin zwar zunächst nur ein Gefahrenverdacht; der Verdacht kann sich nach Prognosestellung noch als unbegründet erweisen. Verursacher der Gefahr ist aber jedenfalls nur der Verurteilte. Es ist ausgeschlossen, dass die Gefahr von einer anderen Person ausgeht. Der Verurteilte könnte daher als Anscheinsstörer zu behandeln sein.

Polizeirechtlich setzt die Inanspruchnahme einer Person als Störer jedoch voraus, dass die fragliche Gefahr von dem Betroffenen tatsächlich verursacht wurde, vgl. § 4 Abs. 1 PolGNW. Der bloße Anschein, eine Person habe die Gefahr

12 Natürlich kann das Anlassverhalten selbst auch eine Störung der Rechtsordnung darstellen, nämlich dann, wenn es in der Begehung einer Straftat besteht. Dann handelt es sich jedoch um eine Störung, die mit den Mitteln des dadurch ausgelösten Erkenntnisverfahrens beseitigt werden müsste. Mit dem ebenfalls durch diese Anlasstat ausgelösten Widerrufsverfahren, um das es hier geht, wird eine andere Art von Störung, nämlich die Störung in Gestalt der negativen Sozialprognose, beseitigt.

verursacht, reicht nicht. Auch die Inanspruchnahme des Anscheinsstörers richtet sich daher nach den Grundsätzen über die Polizeipflichtigkeit des Nichtstörers[13]. Dies folgt schon daraus, dass möglicherweise jemand in Anspruch genommen wird, der die Gefahr nicht verursacht hat. Auch wenn der Verurteilte im Widerrufsverfahren die Stellung eines Anscheinsstörers einnimmt, ist er also wie ein Nichtstörer zu behandeln, Die Inanspruchnahme eines Nichtstörers ist aber stets eine Beeinträchtigung von Grundrechten[14], weswegen seiner Inanspruchnahme enge Grenzen gesetzt sind, vgl. z. B. § 6 PolGNW. Die Vorschriften des polizeilichen Notstandes[15] sind daher als Ausprägung des verfassungsrechtlichen Gebotes der größtmöglichen Schonung des Nichtstörers aufzufassen[16]. Dieses Gebot würde aber unterlaufen, wenn der Verurteilte wie ein Störer in Anspruch genommen würde.

Wenn das Modell von Krauß sich des polizeirechtlichen Störerbegriffs bedient, muss es konsequenterweise auch die polizeirechtlichen Grundsätze zur Anwendung bringen und den Verurteilten wie einen Nichtstörer behandeln. Es ist natürlich zu beachten, dass der Anscheinsstörer im Polizeirecht deshalb als Nichtstörer behandelt wird, weil er die Gefahr möglicherweise überhaupt nicht verursacht hat. Im Widerrufsverfahren kommt dagegen nur der Verurteilte selbst als Störer und somit jedenfalls nicht nur als Nichtstörer in Betracht. Etwas anderes gilt dann, wenn der Verdacht durch irrtümliche oder wissentlich falsche Bezichtigung entstanden ist, vgl. oben S. 135.

Letztlich ist aber auch im Polizeirecht die Inanspruchnahme einer Person nur dann gerechtfertigt, wenn sie die Störung tatsächlich verursacht hat. Im Widerrufsverfahren steht die Verursachung und somit das Vorliegen einer Störung aber erst dann fest, wenn eine negative Prognose tatsächlich erstellt wurde. Die hierzu etwa erforderlichen Zwangsmaßnahmen wären dann aber schon längst zur Anwendung gelangt und müssten rückwirkend gerechtfertigt werden können. Eine rückwirkende Rechtfertigung von Zwangseingriffen ist jedoch ausgeschlossen[17]. Die Anwendung von Zwangsmaßnahmen im Widerrufsverfahren ist daher auf der Grundlage des Störermodells nicht möglich.

---

13 Götz [22], Rn. 131; vgl. auch Schenke [51], Rn. 262.

14 Maunz/Dürig-Dürig [26], Art. 2 Abs. 1, Rn. 85; Wolff-Bachof [66], § 127, Rn. 31.

15 Ein polizeilicher Notstand liegt dann vor, wenn eine Gefahrenlage gegeben ist, deren Abwehr durch Maßnahmen gegenüber dem Störer aber nicht möglich ist, vgl. Schenke [51], Rn. 315.

16 Hoffmann-Riem [28], S. 337.

17 Vgl. hierzu schon die Ausführungen zum Beschlagnahmerecht oben, 3.5, S. 48 (49).

10.4 Zusammenfassung

Die Untersuchungen haben gezeigt, dass das Störermodell auf das Widerrufsverfahren nicht direkt übertragen werden kann. Die unterschiedlichen Beziehungen der betroffenen Person zum Verdachtsgegenstand schließen die Anwendung aus. Zuletzt führt auch die Anwendung polizeirechtlicher Grundsätze nicht zur Inanspruchnahme des Verurteilten als Störer. Der Verurteilte wäre von vornherein wie ein Nichtstörer zu behandeln, was die Anwendung von Zwangsmaßnahmen gerade ausschließt.

Kapitel 11
Zwangsmaßnahmen zur Sicherung von Anhörungsrechten

Es wurde bereits gezeigt, dass Zwangsmaßnahmen u. a. die Funktion haben, Verfahrensvoraussetzungen festzustellen und die Einhaltung für das Verfahren wesentlicher Vorschriften zu garantieren[1]. Ihre Anwendung könnte daher in Betracht kommen, wenn es um die Durchsetzung von Verfahrensvorschriften geht, welche die Mitwirkung des Verurteilten am Verfahren betreffen.

Hierzu ist zunächst einmal festzustellen, inwieweit das Gesetz eine Mitwirkung des Verurteilten am Widerrufsverfahren überhaupt vorsieht. Im Gegensatz zur Strafaussetzung und zur Reststrafenaussetzung gelten hier besondere Anhörungserfordernisse. Das Verfahren nach § 454 Abs. 2 StPO (Aussetzung des Strafrestes) setzt in erheblichem Maße die Mitwirkung des Verurteilten voraus. Nach §§ 57 Abs. 1 S. 1 Nr. 3; 57a Abs. 1 S. 1 Nr. 3 StGB kann die Vollstreckung des Restes einer zeitigen bzw. einer lebenslangen Freiheitsstrafe nur dann ausgesetzt werden, wenn der Verurteilte einwilligt. Der Verurteilte hat daher sogar die Möglichkeit, die Aussetzung zu verhindern[2]. Eine solche Regelung kennt das Verfahren nach § 56 Abs. 1 StGB nicht. Die Strafaussetzung zur Bewährung ist nicht von der Zustimmung des Verurteilten abhängig, sondern setzt lediglich eine positive Sozialprognose voraus.

Etwas anderes gilt jedoch im Verfahren zum Widerruf der Strafaussetzung nach § 56f StGB, um das es hier geht. Natürlich kann der Widerruf nicht von der Zustimmung des Verurteilten abhängig sein. Jedoch sind gem. § 453 Abs. 1 S. 2 StPO vor der Entscheidung die Staatsanwaltschaft und der Angeklagte zu hören. Das Verfahrensrecht räumt dem Angeklagten somit in Übereinstimmung mit dem verfassungsrechtlichen Gebot des Art. 103 Abs. 1 GG einen Anspruch auf rechtliches Gehör ein, dessen Gewährung auch nicht im Ermessen des beschließenden Gerichtes steht. Vielmehr ist die Anhörung dem Wortlaut nach zwingend – „sind zu hören" – vorgeschrieben[3] und somit ein wesentliches Element

---

1 Vgl. oben, S. 82.

2 Anders dagegen die Regelung des § 88 Abs. 4 S. 2 JGG, wonach die Reststrafenaussetzung nicht von der Einwilligung des Verurteilten abhängt, sondern ihm lediglich Gelegenheit zur mündlichen Äußerung zu geben ist.

3 Zum Anhörungserfordernis als Vollstreckungsvoraussetzung freiheitsentziehender Maßregeln vgl. Fischer [21], § 67d, Rn. 26; Lackner/Kühl [32], § 67d, Rn. 11; MK-Veh

des Widerrufsverfahrens. Es könnte daher die Durchführbarkeit des Verfahrens sicherzustellen sein, indem die Anhörung des Verurteilten als Verfahrenselement unter Anwendung von Zwang sichergestellt wird. Dies ist natürlich dann nicht der Fall, wenn die Anhörung des Verurteilten entbehrlich ist und auf deren Durchsetzung verzichtet werden kann.

11.1 Ermessen des Gerichtes zur Anhörung des Verurteilten

Die Entscheidung über den Widerruf einer Strafaussetzung zur Bewährung ergeht ohne mündliche Verhandlung durch Beschluss, § 453 Abs. 1 S. 1 StPO. Insoweit besteht eine Parallele zur Entscheidung über eine einfache Beschwerde gem. § 309 Abs. 1 StPO. Auch hierüber wird ohne mündliche Verhandlung entschieden. Obwohl es keiner mündlichen Verhandlung bedarf, kann es dem Gericht nicht verwehrt sein, insbesondere bei einer so einschneidenden Maßnahme wie dem Widerruf einer Strafaussetzung zur Bewährung, durch mündliche Erörterung mit den Beteiligten ein klares Bild über die zu treffende Entscheidung zu erhalten[4], z. B. dann, wenn der Akteninhalt nicht ausreichend zu sein scheint[5]. Die Anhörung muss zwingend erfolgen, wenn sie weitere Aufklärung verspricht und keine schwerwiegenden Gründe entgegenstehen[6]. Schließlich muss auch der wesentliche, der Verteidigung dienende Vortrag in den Entscheidungsgründen verarbeitet werden[7]. Hieraus lässt sich aber noch nicht die zwingende Notwendigkeit der Mitwirkung des Verurteilten im Widerrufsverfahren herleiten.

11.2 Gesetzliche Grundlagen der Anhörungspflicht

Etwas anderes könnte sich jedoch aus § 453 Abs. 1 S. 2 StPO selbst ergeben. Soweit danach der „Angeklagte" zu hören ist, ist dieser Begriff allerdings nicht im technischen Sinn des § 157 StPO gemeint. Es ist also nicht derjenige Beschuldigte oder Angeschuldigte gemeint, gegen den die Eröffnung des Hauptverfahrens beschlossen ist. Vielmehr hat der Begriff hier umfassende Bedeutung. Er umfasst den Verurteilten, soweit es sich um die Strafaussetzung zur Bewährung handelt

---

[30], § 67d, Rn. 48; Sch./Sch.-Stree/Kinzig [20], § 67d, Rn. 7; SK-Sinn [69], § 67d, Rn. 23; OLG Koblenz, MDR 1984, S. 163.

4 Vgl. OLG Karlsruhe, Beschl. v. 14.08.2001; StV 2003, S. 344.

5 Vgl. LR-Graalmann-Scheerer [16], § 453, Rn. 13; vgl. auch AnwK-Kirchhof [35], § 453, Rn. 4.

6 OLG Frankfurt a. M., Beschl. v. 7.5.2003, NStZ-RR 2003, S. 199f. [200].

7 Vgl. in Bezug auf das auf Nachholung rechtlichen Gehörs gerichtete Verfahren nach § 33a StPO BVerfG, Beschl. v. 5.2.2004, StraFo 2004, S. 235f. [236].

und den nach § 59b Abs. 2 StGB Verwarnten, der nicht Verurteilter ist, solange er nicht zu der vorbehaltenen Strafe rechtskräftig verurteilt ist[8]. „Hören" bedeutet hier, wie sonst auch, dass dem Gehörsberechtigten von dem der Entscheidung zugrundeliegenden Sachverhalt Kenntnis zu geben ist. Ihm muss Gelegenheit gegeben werden, sich dazu zu äußern[9].

11.3 Umgehung der Anhörung durch das Gericht

Die Anhörungspflicht kann durch das Gericht nicht zu Lasten des Verurteilten umgangen werden, etwa dann, wenn sein Aufenthaltsort unbekannt ist. Ausgeschlossen ist insbesondere, die Gewährung rechtlichen Gehörs im Rechtsmittelzug nachholen zu wollen. Es ist zwar grundsätzlich auch möglich, rechtliches Gehör noch im Rechtsmittelzug nachzuholen, sofern die nächste Instanz Tatsacheninstanz ist[10]. Dies gilt jedoch nur dann, wenn die Anhörung versehentlich unterblieben ist oder ein überraschender Zugriff nötig war, dessen Wirksamkeit durch eine mit der Anhörung verknüpfte „Warnung" in Frage gestellt worden wäre[11]. Von diesen Ausnahmefällen abgesehen kann das rechtliche Gehör aber nicht außer Acht gelassen werden, nur weil es in der höheren Instanz nachgeholt werden kann. Dies stellte eine unzulässige Umgehung des Gebotes der Gewährung rechtlichen Gehörs dar.

11.4 Verkürzung des Rechtsmittelzuges durch unterlassene Anhörung

Dem Verurteilten ist rechtliches Gehör auch schon deshalb zu gewähren, weil anderenfalls der Rechtsmittelzug zu seinen Lasten verkürzt würde. Der Rechtsmittelzug bewirkt die Nachkontrolle der angefochtenen Entscheidung. Es ist daher unzulässig, einzelne Gesichtspunkte von der Ausgangsentscheidung von vornherein auszuklammern und für den Fall der Einlegung des Rechtsmittels der höheren Instanz zur Beurteilung zu überlassen. Die Entscheidungsgrundlage der ersten Instanz würde so in unstatthafter Weise verkleinert. Davon geht auch das Gesetz aus. Gem. § 453 Abs. 2 S. 3 StPO können Beschlüsse über den Aussetzungswiderruf mit der sofortigen Beschwerde gem. § 311 StPO angefochten

8 Vgl. LR-Graalmann/Scheerer [16], § 453, Rn. 14.

9 LR-Graalmann-Scheerer [16], § 453, Rn. 15; KK-Appl [25], § 453, Rn. 6a; Meyer-Goßner/Schmitt [42], § 453, Rn. 6; Dahs [7], S. 45.

10 Vgl. hierzu Hanack [23], S. 44, dort. Fn. 21 m. w. N.

11 Vgl. Hanack, [23], S. 44, dort Fn. 23 u. 24.

werden. Nach dieser Vorschrift ist das Gericht, das den angefochtenen Beschluss gefasst hat, zur Abänderung der eigenen Entscheidung nicht befugt. Eine Ausnahme gilt nur dann, wenn es zum Nachteil des Beschwerdeführers Tatsachen oder Beweismittel verwertet hat, zu denen er noch nicht gehört worden ist und es die Beschwerde aufgrund des nachträglichen Vorbringens für begründet erachtet, vgl. § 311 Abs. 3 S. 2 StPO. Daraus ergibt sich, dass der Beschwerdeführer zu sämtlichen Tatsachen und Beweisergebnissen schon vor der ersten Entscheidung gehört werden muss und ihm diese Äußerungsmöglichkeit nicht erst in der Beschwerdeinstanz eingeräumt werden darf. Dem Verurteilten sind alle Tatsachen bekannt zu geben, die zu einer Veränderung der bestehenden Entscheidung führen können[12]. Da das Gericht die angefochtene Entscheidung, wie ausgeführt, selbst nicht abändern darf, ist es auch unmöglich, die unterlassene Anhörung nachzuholen, wenn diese zuvor nicht erfolgt ist. Ausserdem wäre der Verurteilte sonst gezwungen, den Rechtsbehelf der Beschwerde einzulegen, „nur" um angehört zu werden, obwohl dessen Einlegung eigentlich ins Belieben gestellt ist.

Anderenfalls würden Sinn und Zweck eines Rechtsmittels verkannt. Die Nachkontrolle hat den Sinn, dass die höhere Instanz an die erste Entscheidung anknüpfen und sich vor allem mit den kritischen Punkten befassen kann, ohne sich um die Punkte kümmern zu müssen, die schon in der ersten Instanz behandelt wurden und unproblematisch sind.

Auch nach § 33 Abs. 3 StPO kann das rechtliche Gehör nicht absichtlich zurückgestellt werden. Danach ist der Beteiligte vor einer Entscheidung, die ausserhalb der Hauptverhandlung ergeht, zu hören, bevor zu seinem Nachteil Tatsachen oder Beweisergebnisse verwertet werden, zu denen er noch nicht gehört worden ist[13]. „Tatsachen" wären im Widerrufsverfahren die neu bekannt gewordenen Prognosetatsachen. Sie werden zum Nachteil des Verurteilten verwertet, wenn sie zum Widerruf und somit zum Freiheitsentzug führen. Schon oben 6.1 auf S. 77 wurde gezeigt, dass die dem Widerruf vorausgehende

12 AnwK-Kirchhof [35], § 453, Rn. 3.

13 Beteiligter sind alle Verfahrensbeteiligte. Hierzu zählt jeder, der nach dem Gesetz eine Prozessrolle ausüben, also durch eigene Willenserklärungen gestaltend als Prozesssubjekt mitwirken muss oder darf. Dazu gehört nicht, wer nur eine mittelbare Aufgabe oder eine Hilfsfunktion bei der Gestaltung des Verfahrens hat, so z. B. Zeugen, Sachverständige oder Polizeibeamte; vgl. KK-Maul [25], § 33, Rn. 5; LR – Graalmann/Scheerer [10], § 33, Rn. 18; Meyer-Goßner/Schmitt [42], § 33 Rn. 4; Einl. Rn. 71 u. 75; AnwK-Rotsch [35], § 33, Rn. 5. Vgl. auch OLG Hamm, Beschl. v. 26.9.1986, NStZ 1987, S. 247.

Prognose auf neuen Tatsachen basieren muss. Sie darf nicht auf den gleichen Tatsachen basieren, die schon Grundlage der Aussetzungsprognose waren[14].

Eine Ausnahme ist nach § 33 Abs. 4 StPO nur dann zulässig, „wenn die vorherige Anhörung den Zweck der Anordnung gefährden würde", mithin die Notwendigkeit einer Überraschungsentscheidung vorliegt. Daraus ergibt sich zugleich, dass in anderen Fällen die bewusste Nichtgewährung unzulässig ist. Danach steht fest, dass die Wahrnehmung rechtlichen Gehörs auf jeden Fall zu gewährleisten ist.

11.5 Verwirkung von Anhörungsrechten

Von der Gewährung rechtlichen Gehörs könnte möglicherweise dann abzusehen sein, wenn der Verurteilte seinen Anspruch auf rechtliches Gehör verwirkt hat.

11.5.1 Verwirkung durch Auflagenverstoß

Ausgangspunkt der Überlegungen ist, dass dem Verurteilten anlässlich der Verurteilung zu der jetzt möglicherweise zu widerrufenden Strafe Auflagen gem. § 56b StGB erteilt worden sind, gegen die er in der Bewährungszeit verstoßen hat. Anhörungsrechte können aber nicht schon durch bloßen Auflagenverstoß verwirkt werden. Zu Beginn eines Widerrufsverfahrens muss festgestellt werden, ob solche Verstöße überhaupt vorliegen. Dies kann oft nur geschehen, indem der Verurteilte angehört wird. Würde man wegen des möglicherweise vorliegenden Auflagenverstoßes das Anhörungsrecht als verwirkt ansehen und von der Anhörung absehen, würde ein Auflagenverstoß möglicherweise zu Lasten des Verurteilten vermutet. Auch in solchen Fällen muss die Anhörung zwingend erfolgen, da sie weitere Aufklärung verspricht[15].

Nach dem Willen des Gesetzgebers ist dem Umstand Rechnung zu tragen, dass ein Verurteilter durchaus beachtliche Gründe für die Nichterfüllung von Auflagen und Weisungen haben kann, aber u. U. nicht in der Lage ist, diese Gründe schriftlich in einer das Gericht überzeugenden Weise darzustellen[16]. § 453 Abs. 1 S. 3 StPO eröffnet dem Gericht daher nicht nur die Möglichkeit ("... soll ... Gelegenheit ... geben."), sondern begründet gleichzeitig die Pflicht zur mündlichen Anhörung, von der nur ausnahmsweise aus schwerwiegenden

14 Vgl. auch Fischer [21], § 67d, Rn. 10; LK – Rissing-van Saan/Peglau [37], § 67d, Rn. 99; MK-Veh [30], § 67d, Rn. 19; Sch./Sch.-Stree/Kinzig [20], § 67d, Rn. 5; SK-Sinn [69], § 67d, Rn. 10.

15 Vgl. OLG Frankfurt a.M., Beschl. v. 7.5.2003, NStZ-RR 2003, S. 199f. [200].

16 Vgl. KK-Appl [25], § 453, Rn. 7.

Gründen abgesehen werden kann. Kommt einem Auflagen- oder Weisungsverstoß allein oder in Verbindung mit weiteren Widerrufsgründen Bedeutung zu, ist dem Verurteilten grundsätzlich zuvor Gelegenheit zur mündlichen Anhörung zu geben[17]. Ein schriftlicher Hinweis auf die Gelegenheit zur Stellungnahme in schriftlicher Form oder zu Protokoll der Geschäftsstelle reicht nicht aus. Bleibt die Anhörung aus, wird die Sache vom Beschwerdegericht in der Regel aufgehoben und zurückverwiesen[18]. Die Verwirkung kann also nicht nur aufgrund eines Auflagenverstoßes eintreten.

11.5.2 Nachholung rechtlichen Gehörs

Hat der Verurteilte auf die Wahrnehmung seines Anhörungsrechtes verzichtet, kommt es durchaus noch in Betracht, ihm das rechtliche Gehör nachträglich zu gewähren. Gem. § 33a StPO ist die Anhörung nachzuholen, wenn das Gericht bei einem Beschluss zum Nachteil eines Beteiligten Tatsachen oder Beweisergebnisse verwertet hat, zu denen er noch nicht gehört worden ist und ihm gegen den Beschluss keine Beschwerde und kein anderer Rechtsbehelf zusteht[19]. Wegen der gegen den Widerruf zulässigen sofortigen Beschwerde müsste die Nachholung demnach ausgeschlossen sein[20].

Von der Rechtsprechung wird jedoch in den Fällen, in denen der Widerruf ohne vorherige Anhörung erfolgt, die Rechtskraft des Beschlusses meist im Wege der öffentlichen Zustellung herbeigeführt[21]. Verfahrensmäßig ist dann die Möglichkeit zur Anhörung gegeben worden. Rein tatsächlich bestand aber keine Möglichkeit für den Verurteilten, gehört zu werden. Die Entscheidung erwächst in Rechtskraft, ohne dass der Verurteilte Gelegenheit zur Äußerung gehabt hätte. Da die Möglichkeit der sofortigen Beschwerde nach § 453 Abs. 2 S. 2 StPO aber bestand, würde die Pflicht zur nachträglichen Anhörung gem. § 33a StPO jetzt entfallen. Erfolgte aber bereits der Widerruf ohne Anhörung und wird der Widerruf nach Ablauf der Zweiwochenfrist des § 40 Abs. 1 S. 1 StPO rechtskräftig, ohne dass der Betroffene ein Beschwerdeverfahren mit rechtlichem

17 Vgl. Hanack [23], S. 45.
18 KK-Appl [25], § 453, Rn. 7.
19 Vgl. auch OLG Karlsruhe, Beschl. v. 20.1.2003, StV 2003, S. 343.
20 Zur Beschwerdemöglichkeit vgl. § 453 Abs. 2 S. 3 StPO; Fischer [21], § 56f, Rn. 22; LK-Hubrach [37], § 56f, Rn. 69; MK-Groß [30], § 56f, Rn. 43; Sch./Sch.-Stree/Kinzig [20], § 56f, Rn. 29; SK-Schall [69], § 56f Rn. 53; §§ 304 Abs. 1, 311 Abs. 1 u. 2 StPO.
21 AnwK-Kirchhof [35], § 453a, Rn. 3; vgl. Dahs [7], S. 46.

Gehör durchführen konnte, ist er in dem ganzen Verfahren überhaupt nicht gehört worden[22].

Wollte man deswegen den Widerruf wegen fehlender Anhörung für unzulässig halten, hätte es der Verurteilte in der Hand, durch Nachlässigkeit den Fortgang des Verfahrens zu verschleppen. Lässt man hingegen den Widerruf ohne die Anhörung zu, bietet sich, wenn der Verurteilte nach dem Widerruf gefasst wird, die Möglichkeit, ihm in einem Nachverfahren Gelegenheit zur Gegenvorstellung zu geben.[23] Die Widerrufsentscheidung kann geprüft und ggf. noch abgeändert werden. Der Verfahrensablauf wird auf diese Weise nicht wesentlich gestört. Gleichzeitig besteht aber eine Möglichkeit zur Verbesserung der Wahrheitsfindung, und der Menschenwürde des Verurteilten kann ebenfalls Rechnung getragen werden. Dies insbesondere dann, wenn z. B. der Verstoß gegen die Weisung, jeden Wechsel des Aufenthaltes anzuzeigen, eine nur geringe Nachlässigkeit ist und dem Verurteilten u. U. gar nicht bewusst war, dass er sich damit in so weitgehendem Maße seiner Anhörungsmöglichkeit innerhalb des Widerrufsverfahrens begibt. Geht aber sein Verstoß über die bloße Auflage hinaus, etwa deshalb, weil der Verurteilte sich dem weiteren Verfahren absichtlich entziehen will, ermöglicht es die Formlosigkeit der nachträglichen Anhörung, auch dieser Situation prozessual gerecht zu werden. So bietet das Verfahren genügend Flexibilität, um dem Umstand gerecht zu werden, dass vor der Ergreifung des Verurteilten oft nicht beurteilt werden kann, ob nur eine leichte Nachlässigkeit oder ein bewußtes Sichentziehen vorliegt.

11.5.3 Zwischenergebnis

Die vorstehenden Untersuchungen haben gezeigt, dass dem Verurteilten im Widerrufsverfahren das Recht zusteht, angehört zu werden. Dieses Recht ist durch Art. 103 Abs. 1 GG sogar grundrechtlich als „Prozessgrundrecht" geschützt. Das Gericht muss dem Verurteilten in jeder Lage des Verfahrens die Möglichkeit einräumen, sich zu äußern und kann davon auch nicht absehen, weil das rechtliche Gehör nach Einlegung eines Rechtsbehelfs etwa nachgeholt werden könnte.

Das Gericht kann den Verurteilten aber nicht zwingen, von seinem Anhörungsrecht Gebrauch zu machen[24]. Das Anhörungsrecht bedeutet lediglich eine Möglichkeit für den Verurteilten, sich zu äußern. Eine Pflicht zur Äußerung

---

22 Nach § 40 Abs. 1 S. 2 StPO gilt die Zustellung als erfolgt, wenn seit dem Aushang der Benachrichtigung zwei Wochen vergangen sind.

23 AnwK-Kirchhof [35], § 453, Rn. 3.

24 AnwK-Kirchhof [35], § 453, Rn. 3; KK-Appl [25], § 453, Rn. 7.

besteht nicht, weshalb es seiner Dispositionsfreiheit unterliegt, darauf zu verzichten. Wird auf die Ausübung des Anhörungsrechtes verzichtet, liegt weder eine Verwirkung noch eine Pflichtverletzung vor, sodass es auch nicht erforderlich ist, den Verurteilten, etwa durch Anwendung von Zwangsmaßnahmen, zur Wahrnehmung seiner Anhörungsrechte zu zwingen. Im übrigen bietet das Nachverfahren gem. § 33a StPO noch genügend Möglichkeit, die Anhörung des Verurteilten nachzuholen.

Kapitel 12
Anforderungen an eine lex ferenda

Es wurde gezeigt, dass die Schaffung von Ermächtigungsgrundlagen wünschenswert ist, die es dem Widerrufsgericht gestatten, eine fachärztliche Beurteilung darüber zu erhalten, ob von dem Probanden in Zukunft weitere Straftaten zu erwarten sind. Fraglich ist, ob der Gesetzgeber verpflichtet ist, hierfür eine gesetzliche Regelung zu schaffen.

12.1 Handlungspflicht des Gesetzgebers

Bei der Beantwortung dieser Frage könnte der Beschluss des Bundesverfassungsgerichts vom 14.3.1972[1] hilfreich sein. Das BVerfG hatte über die Zulässigkeit eines Grundrechtseingriffs zu entscheiden, der zulasten einer in Strafhaft befindlichen Person stattfand und für den es keine gesetzliche Ermächtigungsgrundlage gab. Der Sachverhalt war insofern also mit dem einer Zwangsanwendung im Widerrufsverfahren vergleichbar. In beiden Fällen betrifft die Zwangsmaßnahme eine rechtskräftig verurteilte Person, die somit nicht mehr Beschuldigter i. S. d. StPO ist. Außerdem geht es in beiden Fällen um die Zulässigkeit einer Zwangsmaßnahme, für die es keine Ermächtigungsgrundlage gibt.

12.1.1 Der Fall aus BVerfGE 33, 1ff.

Das BVerfG hatte über folgenden Sachverhalt zu entscheiden:

Ein Strafgefangener richtete sich mit der sofortigen Beschwerde, dann mit einem Antrag auf gerichtliche Entscheidung und schließlich mit der Verfassungsbeschwerde gegen das Anhalten eines von ihm verfassten Briefes, den er an eine Gefangenenhilfsorganisation namens „Aktion Notwende e. V." mit Sitz in Hannover" schrieb. Der Brief wurde im Rahmen der Postkontrolle gelesen und angehalten. Grund für das Anhalten war die Tatsache, dass sich der Beschwerdeführer in dem Brief kritisch bis herablassend über die Person des Anstaltsleiters äußerte. Lediglich die unbeanstandeten Passagen des Briefes wurden weitergeleitet, nachdem die beanstandeten Passagen geschwärzt worden waren.

Der Beschwerdeführer sah sich durch die angefochtene Maßnahme in seinem Grundrecht auf freie Meinungsäußerung, Art. 5 GG, beeinträchtigt. Die JVA,

1 BVerfGE 33, 1ff.; Az. 2 BvR 41/71.

vertreten durch den die Briefe kontrollierenden Abteilungsleiter und den Anstaltsleiter selbst, stütze die Maßnahme auf eine Regelung aus einer Verordnung, nämlich Ziff. 155 Abs. 1 der damals geltenden Vollzugsdurchführungsverordnung, „DVollzO". Eine gesetzliche Regelung für die Postkontrolle im Strafvollzug gab es noch nicht. Die Entscheidung des BVerfG datiert vom 14.3.1972 und erging somit in einem Zeitpunkt, zu dem es das Strafvollzugsgesetz noch nicht gab. Dieses wurde erst am 16.3.1976 erlassen[2] und trat am 1.1.1977 in Kraft[3].

Ziff. 155 der von der 33. Konferenz der Justizminister der Länder mit Wirkung zum 1.1.1966 erlassenen Verordnung bestimmt: „Der Anstaltsleiter hält Schreiben an, wenn ihr Inhalt befürchten lässt, dass er die Ziele des Strafvollzugs, die Sicherheit oder die Ordnung der Anstalt beeinträchtigt oder die öffentliche Ordnung stört. [...] Der Anstaltsleiter kann Schreiben anhalten, die beleidigende, sonst strafbare oder den Anstand verletzende Äußerungen enthalten. Dasselbe gilt für Schreiben, in denen offenbar unwahre Angaben enthalten oder Straftaten erörtert sind oder Anstaltsverhältnisse erörtert werden, die den Gefangenen nicht persönlich angehen."

Der Brief wurde am 27.12.1967 angehalten, weil er beleidigende Äußerungen enthalten und Anstaltsverhältnisse zum Gegenstand gehabt haben soll, die den Gefangenen persönlich nichts angingen. Das BVerfG sah hierin eine Verletzung der Meinungsfreiheit des Beschwerdeführers. Ausgangspunkt der Argumentation des BVerfG war Art. 104 Abs. 1 u. 2 GG, wonach die Freiheit einer Person nur durch richterliche Entscheidung eingeschränkt werden darf, die Einzelheiten aber durch ein Gesetz geregelt werden sollten. Der Verfassungsgeber habe in Art. 104 GG die Möglichkeit freiheitsentziehender Maßnahmen ausdrücklich vorgesehen. Damit sei allerdings nur das „Ob", nicht aber das „Wie" geregelt. Die Notwendigkeit der Schaffung eines Strafvollzugsgesetzes habe sich erst gezeigt, nachdem die Rechtsprechung das Spektrum der im Strafvollzug berührten grundrechtlichen Garantien habe sichtbar werden lassen, mit der Folge, dass die Arbeiten am Entwurf eines Strafvollzugsgesetzes inzwischen in vollem Gang gewesen seien[4]. Das BVerfG hielt in Anbetracht dieser Lage Eingriffe in die Grundrechte von Strafgefangenen bis zur Schaffung eines Strafvollzugsgesetzes übergangsweise noch für zulässig und räumte dem Gesetzgeber für diese Aufgabe eine Frist bis zum Ende der zum Zeitpunkt der Entscheidung laufenden Legislaturperiode im Herbst 1973 ein. Das BVerfG stellte gleichzeitig aber auch

2 BGBl. I, S. 581.

3 Laubenthal-Neubacher [36], Einleitung (A), Rn. 9.

4 Äußerung des Bundesjustizministers zu einer Reihe von Verfassungsbeschwerden, wiedergegeben in BVerfGE 33, 1ff. [6].

klar, dass damit keine beliebigen Eingriffe in Grundrechte von Strafgefangenen zulässig sein würden, sondern nur solche, die unerlässlich sind, um den Strafvollzug aufrecht zu erhalten und geordnet durchzuführen, wobei Sinn und Zweck des Strafvollzugs zu berücksichtigen sein sollten[5].

Vor diesem Hintergrund hielt das BVerfG in dem zu entscheidenden Fall die Briefkontrolle an sich für zulässig, das Anhalten des Briefes jedoch nicht. Ein Strafvollzugsgesetz, das als ein „allgemeines Gesetz" im Sinne des Art. 5 Abs. 2 GG das Anhalten von Briefen mit beleidigenden Inhalten oder mit Erörterungen solcher Anstaltsverhältnisse, welche den Strafgefangenen nichts angehen, hätte rechtfertigen können, habe nicht vorgelegen. Außerdem könnten Briefe, die nach außen gerichtet sind, die anstaltsinterne Ordnung nicht stören, da die anderen Gefangenen sie ja nicht zu Gesicht bekommen. Selbst wenn Abschriften solcher Briefe herumgereicht würden, so wäre dies unabhängig von der Tatsache, ob das Original in der Kontrolle angehalten wird oder nicht[6]. Das BVerfG hat außer den genannten noch weitere Gründe genannt, weshalb das Anhalten des Briefes nicht rechtmäßig war. Hierzu sei auf den Abdruck der Entscheidung in BVerfGE 33, S. 1ff., verwiesen.

Hieran muss sich auch die Beantwortung der Frage nach der Handlungspflicht des Gesetzgebers zur Schaffung einer Ermächtigungsgrundlage für Zwangsmaßnahmen im Widerrufsverfahren orientieren. Zunächst einmal ist die gesetzliche Ausgangslage mit derjenigen z. Zt. der genannten BVerfG-Entscheidung durchaus vergleichbar. Genau so, wie es zur näheren Ausgestaltung des Strafvollzugs eines „allgemeinen Gesetzes" im Sinne des Art. 5 Abs. 2 GG bedurfte, um Eingriffe wie die Kontrolle und das Anhalten von Briefen zu rechtfertigen, bedürfte es auch eines „allgemeinen Gesetzes", das die Durchführung von Zwangsmaßnahmen im Widerrufsverfahren regelt. Zur Beantwortung der Frage, ob der Gesetzgeber zur Schaffung solcher Regelungen tatsächlich verpflichtet ist, scheint ein Kriterium geeignet, welches vom BVerfG zur Beantwortung der Frage herangezogen wurde, ob Eingriffe in die Grundrechte von Strafgefangenen übergangsweise hingenommen werden können, nämlich die Unerlässlichkeit zur Aufrechterhaltung des Strafvollzugs und seiner geordneten Durchführung[7]. Danach wäre (bezogen auf das Widerrufsverfahren) die Frage zu stellen, ob die Anwendbarkeit von Zwangsmaßnahmen im Widerrufsverfahren

5 BVerfGE 33, S. 1ff. [S. 13].
6 BVerfGE 33, 1ff. [15 unten / 16 oben].
7 Vgl. BVerfGE 22, S. 1ff. [15].

unerlässlich ist, um die Funktionsfähigkeit dieser vom Gesetzgeber geschaffenen Verfahrensart aufrecht zu erhalten.

In Bezug auf die Aufrechterhaltung der Funktionsfähigkeit des Strafvollzugs leuchtet die Notwendigkeit der Aufrechterhaltung der anstaltsinternen Ordnung unmittelbar ein. Je nach Größe einer JVA leben dort mehrere Hundert Gefangene auf relativ kleinem Raum zusammen. Das Aufeinandertreffen von Charakteren unterschiedlichen Typs, die mit ihrer Lebenssituation auf sehr unterschiedliche Weise umgehen, stellt hohe Anforderungen an eine anstaltsinterne Ordnung, deren konsequente Einhaltung unumgänglich ist, wenn sie nicht durch Übergriffe o. Ä. gestört werden soll.

Beim Widerrufsverfahren dagegen ist nicht ersichtlich, weshalb die Anwendbarkeit von Zwangsmaßnahmen für die Funktionsfähigkeit dieser Verfahrensart unerlässlich sein sollte. Selbst im Hinblick auf die Anhörung des Verurteilten ist das Widerrufsverfahrens auch ohne Zwangsmaßnahmen durchführbar.

Oben 11 auf S. 141/142 wurde gezeigt, dass zwar eine Anhörungspflicht des Widerrufsgerichts besteht. Diese bedeutet aber lediglich, dass dem Verurteilten bekanntzugeben ist, welcher Sachverhalt der zu treffenden Entscheidung zugrunde liegt und ihm Gelegenheit zu geben ist, sich dazu zu äußern[8]. Macht er von dieser Gelegenheit keinen Gebrauch, unterliegt dies seiner Dispositionsfreiheit und zwingt das Gericht nicht, noch weitere Anstrengungen zu unternehmen und ihm „hinterherzulaufen". Der Verurteilte soll es eben nicht in der Hand haben, den Lauf des Verfahrens zu blockieren, indem er es durch bewusstes Nichtwahrnehmen seiner Rechte zum Erliegen bringt. Zur Aufrechterhaltung des Funktionierens des Widerrufsverfahrens ist es daher nicht erforderlich, Ermächtigungsgrundlagen für Zwangsmaßnahmen zu schaffen, da ein Widerrufsverfahren auch ohne Zwangsausübung immer durchführbar bleibt. Selbst wenn nach Rechtskraft des Widerrufsbeschlusses Umstände bekannt werden sollten, die bei Beschlussfassung noch nicht bekannt waren, kann der Widerrufsbeschluss immer noch zurückgenommen werden, wenn im Hinblick auf die Umstände, die ihn begründet haben, die Voraussetzungen der Wiederaufnahme vorliegen würden[9].

---

8 Vgl. oben 11.2, S. 143.

9 Lackner/Kühl [32], § 56f, Rn. 15; MK-Groß [30], § 57f, Rn. 43; Sch./Sch.-Stree/Kinzig [20], § 56f, Rn. 29; SK-Schall [69], § 56f, Rn. 53 (unter Verweis auf Rn. 28). Anders dagegen Fischer [21], § 56f, Rn. 23; LK-Hubrach [37], § 56f, Rn. 71. Interessant ist in diesem Zusammenhang, dass zwar eine Unterbringung nach Rechtskraft des Urteils weder in unmittelbarer noch analoger Anwendung des § 81 StPO möglich ist, bei der Beweisaufnahme im Wiederaufnahmeverfahren nach § 369 StPO dagegen schon; vgl.

12.1.2 Zwischenergebnis

Insgesamt ist festzuhalten, dass die Entscheidungssituation des Gerichtes im Widerrufsverfahren im Ausgangspunkt durchaus mit derjenigen vergleichbar ist, welche das Bundesverfassungsgericht zur Annahme einer Handlungspflicht des Gesetzgebers in Bezug auf die Schaffung eines Strafvollzugsgesetzes veranlasste. Beide Ausgangslagen unterscheiden sich jedoch insoweit, als die Frage der Unerlässlichkeit der jeweils in Rede stehenden Maßnahmen für die dahinterstehenden Zwecke (Aufrechterhaltung der anstaltsinternen Ordnung im Strafvollzug und Gewährleistung der Durchführbarkeit des Widerrufsverfahrens) unterschiedlich zu beantworten ist. Eine Gesetzgebungspflicht hinsichtlich etwaiger Ermächtigungsgrundlagen für das Widerrufsverfahren besteht i. E. daher nicht. Gleichwohl wäre der Gesetzgeber nicht daran gehindert, entsprechende Regelungen zu schaffen.

12.1.3 Erforderliche Dauer der Unterbringung in einem psychiatrischen Krankenhaus

§ 81 Abs. 5 StPO bestimmt, dass die Unterbringung in einem psychiatrischen Krankenhaus die Dauer von sechs Wochen insgesamt nicht überschreiten darf. Dies gibt Anlass zu der Frage, ob Unterbringungen von bis zu sechs Wochen überhaupt erforderlich sind oder nicht auch kürzere Fristen ausreichen würden. Hieraus könnten sich Konsequenzen für den Regelungsgehalt einer neuen Eingriffsnorm für das Widerrufsverfahren ergeben.

Ein möglicher Aspekt bei der Klärung dieser Frage könnte die historische Entwicklung der Vorschrift des § 81 StPO sein. In seiner gegenwärtigen Fassung erscheint das Gericht als die maßgeblich die psychiatrische Begutachtung eines Beschuldigten betreibende Kraft. Der Sachverständige wird zur Frage der Unterbringung zwar auch angehört, die Initiative geht aber maßgeblich vom Gericht („kann das Gericht anordnen") aus. Ein Blick in die Entstehungsgeschichte dieser Vorschrift zeigt jedoch, dass die Unterbringung ursprünglich nur auf Antrag eines Sachverständigen angeordnet werden konnte. Erst im Jahre 1950 wurde das Antragsrecht des Sachverständigen durch eine Gesetzesänderung beseitigt und es war nur noch die Anhörung eines Sachverständigen erforderlich[10]. Infolgedessen ist die Diskussion aufgekommen, inwieweit jetzt allen Prozessbeteiligten das

---

LR-Krause [12], § 81, Rn. 2. Dies könnte als Ausgangspunkt für die Überlegung dienen, ob im Falle der Rücknahme des Widerrufs nach den Regeln der Wiederaufnahme die Untersuchung nach § 81 StPO im Widerrufsverfahren nicht doch zulässig wäre.

10 LR-Krause [12], § 81, Rn. 7.

Recht zustünde, einen förmlichen Antrag auf Anordnung der Unterbringung zu stellen[11]. Vor der Gesetzesänderung ließ das Reichsgericht Beweisanträge der Prozessbeteiligten auf Unterbringung nach § 81 nicht zu, weil diese Vorschrift ursprünglich nur den Sachverständigen zur Stellung solcher Anträge ermächtigte[12].

Dieser Rückblick zeigt schon, dass die Frage der Unterbringung zur Beobachtung ursprünglich daran geknüpft sein sollte, dass sie aus ärztlicher Sicht überhaupt erforderlich war. Selbstverständlich ist auch nach der aktuellen Fassung des § 81 Abs. 1 StPO gewährleistet, dass die Meinung des Sachverständigen in die Entscheidung des Gerichts über die Anordnung der Unterbringung einfließt. Die in dem Gesetzestext zum Ausdruck kommende Wertung hat sich aber trotzdem verändert. Während sie nach der aktuellen Formulierung vor allem das Vorankommen des Verfahrens im Auge zu haben scheint, stand sie ursprünglich ganz im Zeichen der medizinischen Notwendigkeit.

Betrachtet man nun die weiteren Voraussetzungen, die bei einer rechtmäßigen Anordnung der Unterbringung des Beschuldigten erfüllt sein müssen, so erscheint schon die Unterbringung an sich als eine nur in besonders gelagerten Fällen zulässige Maßnahme, die erst recht keine über das Maß des unbedingt Notwendigen hinausgehende Dauer aufweisen darf. Vor diesem Hintergrund erscheint die vom Gesetzgeber festgelegte Dauer von bis zu sechs Wochen als unangemessen hoch, zumal nicht ersichtlich ist, von welcher Überlegung der Gesetzgeber sich überhaupt hat leiten lassen, als er die Dauer auf sechs Wochen festlegte. Diese Festlegung erscheint willkürlich und hätte die Höchstdauer ebenso gut mit vier, fünf oder sieben Wochen ansetzen können.

12.1.4 Eigene Sachkunde des Gerichts

Die Höchstdauer der Unterbringung ist schon deshalb zu hinterfragen, weil schon die sachverständige Begutachtung an sich nicht immer geboten ist. Sie darf dann nicht stattfinden, wenn die eigene Sachkunde des Gerichts ausreicht, um die zu klärenden Fragen selbst zu beantworten. Grund dafür ist die Regel des § 244 Abs. 4 StPO, wonach das Gericht einen Beweisantrag auf Vernehmung eines Sachverständigen dann ablehnen kann, wenn es selbst die erforderliche Sachkunde besitzt[13]. So kam das OLG Celle in einer Entscheidung zu dem

---

11 LR-Krause [12], § 81, Rn. 7.

12 LR-Krause [12], § 81, Rn. 6.

13 AnwK-Sommer [35], § 244, Rn. 120; KK-Krehl [25], § 244, Rn. 196ff.; LR-Becker [15], § 244, Rn. 68ff.; Meyer-Goßner/Schmitt [42], § 244, Rn. 73.

Ergebnis, der Senat könne aufgrund seines medizinischen und psychologischen Allgemeinwissens und insbesondere aufgrund der durch Fortbildung und wissenschaftliche Arbeit erworbenen Kenntnisse einiger seiner Mitglieder auf den Gebieten der Psychiatrie und der Psychologie selbst beurteilen, dass eine möglicherweise vorhandene psychopathologische Erkrankung oder psychische Abweichung des Angeklagten nur aufgrund einer Augenscheinsnahme oder rein körperlichen Untersuchung nicht festgestellt werden könne. Da weitere mitwirkungsbedürftige Untersuchungen des Angeklagten aufgrund dessen mangelnder Bereitschaft zur Mitwirkung ausgeschlossen seien, erübrige sich auch die Anhörung des Sachverständigen[14].

Es darf also nur dann ein Sachverständiger hinzugezogen werden, wenn die eigene Sachkunde des Gerichts nicht ausreicht. Der Sachverständige kann aber auch nicht sogleich die Anordnung der Unterbringung vorschlagen. Er muss sich dem zu Untersuchenden in gewisser Weise auf eine möglichst wenig eingriffsintensive Art nähern. Zunächst muss er im Rahmen eines ambulanten Untersuchungsgesprächs versuchen, sich einen Eindruck von dem Beschuldigten zu verschaffen. Die persönliche Begutachtung durch den Sachverständigen ist stets Voraussetzung[15]. Nach Erfahrung des Verfassers sind dies Gespräche von einigen Stunden Dauer, die an einem einzigen Tag abgeschlossen werden können.

Im Rahmen eines solchen Gesprächs muss der Sachverständige auch prüfen, ob eine Unterbingung des Beschuldigten überhaupt noch erforderlich ist, um das Gutachten zu erstellen. Wenn der Gutachter zu der Feststellung gelangt, dass dies so ist, muss er dies dem Gericht darlegen. Er muss aber nicht nur darlegen, aus welchen Gründen die Begutachtung nicht ohne eine Unterbringung fortgeführt werden kann. Er muss auch darlegen, welche Unterbringungsdauer voraussichtlich erforderlich sein wird, um die für das Gutachten erforderlichen Feststellungen zu treffen[16]. Selbstverständlich muss die Unterbringung des Beschuldigten nach Abschluss der Beobachtung sofort beendet werden. Sie darf nicht ohne Notwendigkeit bis zum Erreichen der in § 81 Abs. 5 StPO bestimmten Höchstdauer von sechs Wochen fortgesetzt werden. Vielmehr muss von vornherein feststehen, wie lange die Unterbringung dauern wird.

Dementsprechend hat das Gericht die Unterbringung auch nur für die von dem Sachverständigen veranschlagte Dauer anzuordnen. Können die Unter-

14 OLG Celle, Beschl. v. 4.3.1987, Az. OJs 28/86; StV 1987, S. 518f.

15 LR-Krause [12], § 81, Rn. 17.

16 OLG Düsseldorf, Beschl. v. 18.5.1993, StV 1993, S. 571.

suchungen schon vor Ablauf der festgesetzten Dauer beendet werden, ist der Beschuldigte sofort zu entlassen[17].

Diese Grundsätze zeigen schon, dass sich die Dauer der Unterbringung an dem Maß des unbedingt Erforderlichen zu orientieren hat. Die Rechtsprechung hat sich mit der Frage der höchstzulässigen Dauer der Unterbringung im Rahmen des § 81 StPO noch nicht befasst. Allerdings gibt es Rechtsprechung zu der Frage der Dauer der Unterbringung im Zusammenhang mit einer körperlichen Untersuchung nach § 81a StPO. Bevor allerdings die insoweit entwickelten Grundsätze dargestellt werden, ist vorauszuschicken, dass die Problematik der Dauer der Unterbringung im Zusammenhang mit § 81a StPO eine andere ist, als im Zusammenhang mit § 81 StPO.

12.1.5 Freiheitsbeschränkung und Freiheitsentziehung zu Zwecken der Untersuchung

Im Gegensatz zu § 81 StPO enthält § 81a StPO keine Regelung über die Dauer einer in Verbindung mit der körperlichen Untersuchung etwa erforderlichen Unterbringung. Dies liegt daran, dass § 81a StPO nicht nur keine Regelung über die Unterbringungsdauer enthält sondern noch nicht einmal eine Ermächtigungsgrundlage dafür, den Beschuldigten überhaupt unterzubringen. Gleichwohl steht fest, dass eine körperliche Untersuchung nicht durchgeführt werden kann, ohne den zu Untersuchenden zumindest für die Dauer der Untersuchung an sich in seiner Handlungsfreiheit zu beschränken, nämlich dadurch, dass er sich während der Untersuchung im Untersuchungszimmer aufhalten muss, auch wenn ansonsten keine Unterbringung stattfindet. Es wird daher unterschieden zwischen einer zur Durchführung der Untersuchung notwendigen Freiheitsbeschränkung und einer Freiheitsentziehung. Für die bloße Freiheitsbeschränkung enthält § 81a StPO nach herrschender Meinung eine konkludente Ermächtigung[18]. Sobald eine bloße Freiheitsbeschränkung aber nicht ausreicht und eine Freiheitsentziehung erforderlich wird, wird z. T. angenommen, dass § 81a StPO auch zu einer vorübergehenden Unterbringung des Beschuldigten ermächtigt, soweit sie zur fachgerechten Vorbereitung der Untersuchung und notwendigen Nachbehandlung des Untersuchten erforderlich ist[19]. Andererseits

---

17 Vgl. LR-Krause [12], § 81, Rn. 17–20.

18 LR-Krause [12], § 81a, Rn. 34; SK (StPO) Rogall [71], § 81a, Rn. 112; vgl. auch Meyer-Goßner/Schmitt [42], § 81a, Rn. 29.

19 SK (StPO) Rogall [71], § 81a, Rn. 112; LR-Krause [12], § 81a, Rn. 34; Meyer-Goßner/Schmitt [42], § 81a, Rn. 29, jew. m. w. N.

wird angenommen, dass § 81a StPO schließlich keine Ermächtigungsgrundlage für eine Freiheitsentziehung enthalte und eine solche daher schlicht unzulässig ist und deshalb zu unterbleiben habe. Möglich wäre eine körperliche Untersuchung dann nur, wenn zugleich auch eine Anordnung nach § 81 StPO oder die Voraussetzungen der Untersuchungshaft vorlägen[20].

Jedenfalls wird im Rahmen des § 81a StPO angenommen, dass eine vorübergehende Unterbringung des Beschuldigten zur fachgerechten Vorbereitung und zur notwendigen Nachbehandlung maximal vier bis fünf Tage dauern darf. Eine vierzehntägige Unterbringung wird dagegen schon als zu lange und vom Gesetz nicht mehr gedeckt angesehen[21].

Insoweit sind die §§ 81, 81a StPO nicht miteinander vergleichbar, weil im Vergleich dieser beiden Vorschriften im Vordergrund steht, dass erstere eine Ermächtigungsgrundlage zu einer Freiheitsentziehung enthält, die andere aber nicht. Wenn sich also die Rechtsprechung unter dem Gesichtspunkt der Verhältnismäßigkeit mit § 81a StPO befasst, dann nicht, um zu prüfen, wie lange eine an sich zulässige Freiheitsentziehung dauern darf, sondern wie lange eine an sich unzulässige Freiheitsentziehung unter dem Gesichtspunkt der Notwendigkeit der Unterbringung und der Verhältnismäßigkeit im Blick auf die Verletzung des Freiheitsrechts des Beschuldigten höchstens dauern darf.

Der zweite Gesichtspunkt, unter dem die beiden Vorschriften nicht vergleichbar sind, ist, dass körperliche Untersuchungen praktisch sofort zu objektiven Ergebnissen führen, da die zu erhebenden Befunde anhand der objektiven Gegebenheiten im menschlichen Körper gewonnen werden. Allenfalls die Auswertung von Untersuchungsergebnissen, z. B. Röntgenbilder oder das Abwarten von Laborergebnissen, kann einige Zeit in Anspruch nehmen, was die Unterbringung des Beschuldigten aber nicht verlängert, da die Unterbringung nach Abschluss der eigentlichen Untersuchungshandlung ja beendet werden kann, während die Auswertung der Untersuchung auch in Abwesenheit des Beschuldigten durchgeführt werden kann.

12.1.6 Untersuchungsverweigerer

Bei der Überlegung, wie eine Lex ferenda aussehen müsste, ist auch der Frage nachzugehen, welche Handlungsmöglichkeiten dem Gericht Untersuchungsverweigerern gegenüber zur Verfügung stehen. Dieser Fragestellung könnte entgegengehalten werden, dass dies kein neuer Aspekt sei, sondern der vorliegenden

20 A. a. O.
21 SK (StPO) Rogall [71], § 81a, Rn. 112 m. w. N.

Untersuchung von Anfang an zugrunde liegt. Schließlich betrifft die Frage der Zulässigkeit von Zwangsmaßnahmen im Widerrufsverfahren gerade und ausschließlich Untersuchungsverweigerer. Läge keine Verweigerungshaltung vor, bestünde auch keine Notwendigkeit zur Zwangsanwendung. Die Frage ist an dieser Stelle aber noch eine ganz andere. Von Interesse wäre, ob es möglich ist, unabhängig von der Frage der Zulässigkeit von Zwangsmaßnahmen auch ohne deren Anwendung die gewünschten Erkenntnisse über den Probanden zu erlangen und somit auf die Anwendung von Zwang zu verzichten. Es stellt sich mithin die Frage der Vermeidbarkeit der Zwangsanwendung.

Hintergrund für diese Überlegung ist kein juristischer, sondern ein medizinischer Aspekt. Die Beobachtung in einem psychiatrischen Krankenhaus soll ja Erkenntnisse liefern, die Auskunft über die psychische bzw. seelische Verfassung des Probanden geben. Es wird allerdings schwierig sein, hierüber verlässliche Erkenntnisse zu gewinnen, wenn sich der Proband jeder Untersuchung widersetzt und nicht gesprächsbereit ist. Jemandem z. B. eine Blutprobe zu entnehmen, ist selbst dann möglich, wenn er sich dem Eingriff widersetzt. Es ist rein tatsächlich kein Problem, ihn körperlich zu fixieren und ihm die Blutprobe auch ohne sein Zutun zu entnehmen. Bei psychischen oder seelischen Befunden ist dies allerdings anders. Wenn der zu Untersuchende sich jedem Gespräch widersetzt und selber in keiner Weise mitzuwirken bereit ist, ist es faktisch nicht möglich, Einblicke in seine seelische Verfassung bzw. Seelenlage zu bekommen. Ein gewisses Mindestmaß an Bereitschaft zur Offenlegung des eigenen Innersten und Mitwirkung an der Untersuchung ist also unerlässlich.

Zu dieser Feststellung gelangt auch das psychologisch-fachliche Schrifttum. Das Gericht kann die ambulante oder stationäre Untersuchung des Beschuldigten (hier: des Probanden) zur Begutachtung seines psychischen Zustandes zwar anordnen und einen untersuchungsunwilligen Probanden beim Gutachter vorführen bzw. ihn in einer psychiatrischen Klinik unterbringen lassen; die für jede psychiatrische Diagnostik unentbehrliche Gesprächsbereitschaft und die Mitarbeit des Probanden können jedoch auch durch Zwangsmaßnahmen grundsätzlich nicht erreicht werden[22]. Anders als bei Zwangsuntersuchungen im Rahmen öffentlich-rechtlicher Unterbringungsverfahren hat die Zwangsdiagnostik im strafrechtlichen Verfahren nur selten eine klinische Behandlung des Probanden zur Folge. In Anbetracht dessen stellt sich die Frage, ob eine mit

22 Barbey [2], S. 41.

Zwang durchgesetzte Diagnostik überhaupt sinnvoll und erstrebenswert ist und auch nach den Gründen des Ablehnungsverhaltens der jeweiligen Probanden[23].

12.1.7 Erhebung über Zwangsanwendung gegenüber untersuchungsunwilligen Probanden

In diesem Zusammenhang könnte eine Erhebung aufschlussreich sein, die in den Jahren 1985–1989 durch den Landgerichtsärztlichen Dienst München durchgeführt wurde. Sie befasste sich mit den strafrechtlichen Begutachtungen von insges. 796 Personen. Davon wurde ein Anteil von 30 Probanden (was einer Quote von 3,8 Prozent entspricht) durch die Polizei zwangsweise der Untersuchung zur Begutachtung der Schuldfähigkeit zugeführt. Der Zwang erstreckte sich allerdings nur auf die Zuführung zur Begutachtung, nicht dagegen auf die Durchführung der Begutachtung selbst[24].

Interessanterweise konnten 29 Probanden nach ihrer zwangsweise Vorführung ohne Zwangsanwendung bei der eigentlichen Untersuchung gutachterlich untersucht werden. Nur ein Proband verweigerte die Untersuchung, was einem Anteil von 3,3 Prozent entspricht. Im Vergleich zu solchen Probanden, die ohne Zwangsanwendung der Einladung zur Begutachtung folgten und beim Gutachter erschienen waren, ist der prozentuale Anteil nicht höher. Dort betrug er 0,8 Prozent[25].

Eine andere Ähnlichkeit zwischen zwangsweise vorgeführten und ohne Zwang zur Begutachtung erschienenen Probanden besteht in dem Anteil an Rückfall- bzw. Ersttätern. Der Anteil der Rückfalltäter war bei den vorgeführten Probanden nicht höher, als bei den nicht vorgeführten Tätern[26].

Entsprechendes gilt hinsichtlich der Verteilung von Delikten, die als Aggressionsdelikte beschrieben werden. Hierunter fallen Bedrohung, § 241 StGB, Körperverletzung, § 223 StGB, Raub, § 249 StGB und Sachbeschädigung, § 303 StGB. Täter von Aggressionsdelikten (lediglich fünf Personen) waren gegenüber Tätern von nichtaggressiven Delikten (25 Personen) in deutlich geringerer Anzahl vertreten. Damit weicht auch die Deliktverteilung bei den zwangsbegutachteten Probanden nicht grundsätzlich von der allgemeinen Delktverteilung bei forensisch-psychiatrischen Probanden ab[27].

23 A. a. O.
24 Barbey [2], S. 42.
25 A. a. O.
26 Barbey [2], S. 43.
27 A. a. O.

Diese Beobachtung wird unterstützt durch die Auswertung entsprechender Untersuchungen in einer anderen Gruppe zu begutachtender Personen, einem sog. „Probandenkollektiv". Aus einem Kreis von 362 Personen betrug der Anteil der Täter von Aggressionsdelikten, die zwangsweise vorgeführt werden mussten, 29,0 Prozent, der Täter von nichtaggressivern Delikten dagegen 71,0 Prozent[28]. Der eigentlichen Untersuchung verweigert hat sich letztlich nur ein Proband, mithin weniger als ein Prozent[29].

Indikation für die Anordnung der polizeilichen Vorführung war ausnahmslos das Nichterscheinen der Beschuldigten beim Gutachter. Warum die Probanden den zumeist wiederholten Einbestellungen durch den Gutachter nicht gefolgt waren, ließ sich nicht in allen Fällen ermitteln. In 24 von 30 Fällen und somit in 80 Prozent der Fälle benachrichtigten die Probanden den Gutachter nicht darüber, dass sie nicht kommen würden[30]. Jedoch hat die Verfasserin der genannten Studie dies anhand eigener Fälle zu ermitteln versucht. Bei 19 Fällen von Zwangsbegutachtung aus einem Zeitraum von zehn Jahren hatten die Probanden folgende Gründe für das Nichterscheinen angegeben: vier (21 Prozent) gaben an, das (mit Postzustellungsurkunde übersandte) Einbestellungsschreiben nicht erhalten zu haben. Den Untersuchungstermin vergessen hatten drei Probanden (16 Prozent). Ein Proband (fünf Prozent) hatte keine Zeit. Drei Probanden (16 Prozent) konnten die Fahrtkosten nicht aufbringen oder den Untersuchungsort aufgrund ungünstiger Verkehrsverbindungen nicht erreichen. Keinen besonderen Grund hatten zwei Probanden (11 Prozent). Lediglich sechs Probanden haben die Untersuchung nicht gewollt, was einem Anteil von 32 Prozent entspricht[31].

Die Probanden reagierten unterschiedlich auf ihre zwangsweise Vorführung. Soweit die Gutachter hierüber Vermerke angefertigt haben, waren Irritationen, Verunsicherung, Zurückhaltung, Gereiztheit, vorübergehende Erregtheit, aber auch Aufgeschlossenheit und Kooperationsbereitschaft zu verzeichnen. Bei keinem Probanden waren Hinweise auf extreme psychische Reaktionen auf die zwangsweise Vorführung festzustellen. Lediglich ein Proband blieb bei seiner ablehnenden Haltung und bat den Gutachter hierfür sogar noch um Verständnis[32].

---

28 A. a. O.
29 A. a. O.
30 Barbey [2], S. 45.
31 A. a. O.
32 A. a. O.

Im letzten Schritt wurden die in der Gruppe der Probanden vorgefundenen Merkmale mit den entsprechenden Merkmalen bei in anderem Zusammenhang untersuchten Straftätern verglichen und manche Übereinstimmung festgestellt. So wurden Rückfalltäter häufiger angetroffen als Ersttäter, Täter nichtaggressiver Delikte häufiger als Aggressionstäter. In strafrechtlicher Hinsicht traten die Zwangsuntersuchten auch nicht bevorzugt durch Gewaltdelikte, sondern vor allem durch Eigentums- oder Vermögensdelikte in Erscheinung. Weder unter psychopathologischen noch unter kriminologischen Aspekten bildeten die Probanden, die es abgelehnt hatten, zur Untersuchung zu erscheinen und dem Gutachter deshalb zwangsweise zugeführt worden waren, eine sich von der Gesamtheit der forensisch untersuchten Probanden abhebende Gruppe von Straftätern[33].

Bei der Bewertung der Ergebnisse dieser Untersuchung ist nochmal hervorzuheben, dass die insges. 30 Probanden zwar zwangsweise der Begutachtungsuntersuchung zugeführt worden waren, dass bei der Durchführung der Untersuchung an sich aber kein Zwang angewendet wurde und auch nicht erforderlich war. Unter Hinweis auf Rasch wird ausgeführt, dass die polizeilich zur Begutachtung vorgeführten Probanden allgemein durchaus kooperativ sind[34].

Diese Feststellung ist zunächst ein wenig überraschend, weil man eher erwartet, dass eine zwangsweise Zuführung zur Untersuchung den Widerstand gegen dieselbe an sich verstärken müsste, zumal für einige Probanden mit der zwangsweisen Vorführung einige Unannehmlichkeiten verbunden waren, wie z. B. Abholung sehr früh am Morgen oder lange Wartezeiten auf der Polizeidienststelle.

12.1.8 Gründe für das Nichtbefolgen einer Vorladung zur gutachterlichen Untersuchung

Hieran knüpft sich natürlich unmittelbar die Frage an, was der Grund für das Ausbleiben der Probanden war, wenn sie sich der Untersuchung an sich letztlich doch nicht widersetzt haben. Relevante körperliche, psychische oder soziale Hinderungsgründe haben im Allgemeinen nicht bestanden. Vielmehr erscheint das Fernbleiben von der Untersuchung nicht als das Ergebnis eines auf vernünftigen Erwägungen beruhenden Entscheidungsprozesses, sondern als unreflektiertes Ausweichen vor einer als unangenehm empfundenen, u. U. angstauslösenden Situation. Da die Probanden gegen die Untersuchung an sich eigentlich nichts einzuwenden hatten, haben die zwangsweise Vorführung und vielleicht sogar

33 Barbey [2], S. 45 unten / 46 oben.

34 Barbey [2], S. 46.

angstreduzierendes Verhalten des Gutachters dazu beigetragen, den Widerstand gegen die Untersuchung zu mindern und die Entscheidung zugunsten einer Mitwirkung bei der Untersuchung zu beeinflussen.

Unter diesen Gegebenheiten stellt sich die Frage, ob überhaupt noch von einer „freien" Entscheidung für die kooperative Teilnahme an der Untersuchung die Rede sein kann. Andererseits wird man dies bei solchen Probanden, die ohne Zwang zur Untersuchung erscheinen, auch nicht in jedem Fall sagen können. Immerhin ist es auch in diesen Fällen möglich, dass ein Proband nicht aus freien Stücken zur Untersuchung erscheint sondern sich nur deshalb dazu entschließt, so zu handeln, weil er noch größere Unannehmlichkeiten (wie eben die zwangsweise Vorführung) vermeiden möchte und deshalb gewissermaßen nur das kleinere Übel wählt. I. Ü. ist kaum vorstellbar, dass es überhaupt jemanden gibt, der zwar „freiwillig" an einer gutachtlichen Untersuchung teilnimmt, dabei aber überhaupt keinen Zwang empfindet. So gesehen ist die Tatsache, dass jemand im Einzelfall zwangsweise der Begutachtung zugeführt werden muss, kein Anzeichen dafür, dass es sich bei diesem Kreis von Probanden um solche handelt, von denen besonders schwere Straftaten zu erwarten wären, welche die Interessen und Rechtsgüter der Allgemeinheit in besonders massiver Weise beeinträchtigen und vor denen die Allgemeinheit in besonderer Weise zu schützen wäre[35].

Aus diesen Überlegungen könnte natürlich die Verpflichtung des Gutachters herzuleiten sein, den zu Untersuchenden in einer Weise zu behandeln, die ihm nach Möglichkeit nicht das Gefühl gibt, einem Zwang ausgesetzt zu sein. Der Gutachter sollte also auf der psychologischen Ebene „minimalintensiv" handeln. Unter Hinweis auf Rasch weist Barbey darauf hin, dass eine Zwangsuntersuchung keine gegen den Täter gerichtete Maßnahme sein muss sondern immer auch eine Chance zur Begutachtung darstellt[36]. Ungeachtet dessen tangiert jeder Zwang im Zusammenhang mit ärztlichen Maßnahmen das Selbstbestimmungsrecht des Betroffenen.

Ein Proband, der die Aufforderung, zu einer gutachterlichen Untersuchung zu erscheinen, ignoriert, bringt damit zum Ausdruck, dass er sich (aus welchen Gründen auch immer) nicht untersuchen lassen möchte. Wenn man nun von der Prämisse ausgeht, dass jede Untersuchung auch eine Chance zur Begutachtung (und somit eine Chance zur Erkennung von Behandlungsbedürftigkeiten) ist, drängt sich die Frage in den Vordergrund, warum die ablehnende Haltung des Probanden nicht einfach akzeptiert werden kann. Auch in der somatischen

35 Vgl. a. a. O.

36 A. a. O.

Medizin haben es die Ärzte immer wieder auch mit „unvernünftigen“ Patienten zu tun, die (obwohl einsichts- und einwilligungsfähig) indizierte diagnostische und therapeutische Eingriffe aus unvernünftigen Gründen ablehnen, oft einfach dadurch, dass sie gar nicht mehr bei dem Arzt zur weiteren Behandlung erscheinen. Solche Patienten werden daraufhin ja auch nicht zwangsweise behandelt. Das Recht, ärztliche Behandlung abzulehnen, steht auch psychisch Kranken zu, wenn sie einwilligungsfähig sind.

Die geschilderte Erhebung über die zwangsweise beim Gutachter vorgeführten Straftäter hat gezeigt, dass es eher die Ausnahme darstellt, wenn sich unter den zu untersuchenden Probanden einwilligungsunfähige Personnen befinden. Daraus folgt, dass der forensische Proband (wie jeder „mündige“ Patient) mögliche Nachteile, die aus seiner Verweigerung in strafrechtlicher oder medizinischer Hinsicht resultieren können, einschätzen können und in Kauf nehmen muss. Dies ist die andere Seite des ihm zustehenden Selbstbestimmungsrechts, das immer auch die Selbstverantwortlichkeit für die Folgen einer Entscheidung beinhaltet[37].

Die forensisch-psychiatrische Erfahrung zeigt jedoch, dass nicht jeder Proband, der es ablehnt, beim Gutachter zu erscheinen, auch zwangsweise zu diesem gebracht wird. Beantragung und Anordnung einer psychiatrischen Begutachtung werden zumeist durch Besonderheiten der Tat und durch den Verdacht einer psychischen Erkrankung bzw. Störung beim Täter bestimmt. Diese Merkmale liegen sicher auch der zwangsweisen Vorführung beim Gutachter zugrunde. Unterschiedlich werden aber auch die Rechtsgrundlagen für die psychiatrische Zwangsbegutachtung beurteilt. So vertrat das OLG Celle die Ansicht, § 81a StPO sei als Grundlage für die zwangsweise Vorführung eines untersuchungsunwilligen Beschuldigten vor den psychiatrischen Sachverständigen ungeeignet und verwies darauf, dass der Sachverständige zur Vorbereitung des Gutachtens die Möglichkeit habe, sich über § 80 StPO weitere Aufklärung zu verschaffen[38].

12.1.9 Strategien zur Vermeidung von Zwangsvorführungen

Die Teilnahme des Psychiaters an einer Vernehmung durch den Richter, welche i. d. R. in einer Hauptverhandlung erfolgt, und die Befragung des zu Untersuchenden durch den Sachverständigen während der Hauptverhandlung können ein Untersuchungsgespräch nicht ersetzen und sind keine ausreichende

37 Barbey [2], S. 46 u./47 o.

38 Barbey [2], S. 47, unter Hinweis auf OLG Celle, NJW 1989, S. 2339f.

Grundlage für eine gutachterliche Beurteilung. Im Falle eines untersuchungsunwilligen Probanden können sie dennoch dazu beitragen, Zwangsmaßnahmen zu verhindern. Denn im Dialog der am Verfahren Beteiligten können unterschiedliche Standpunkte abgeklärt und dadurch Voraussetzungen geschaffen werden, entweder auf die Begutachtung zu verzichten oder die Untersuchung des Betroffenen ohne äußeren Zwang zu erreichen. Als letzte Zwangsmaßnahme bliebe dann nur noch die Unterbringung des Betroffenen zur Begutachtung nach § 81 StPO. Diese Fälle sind natürlich sehr zeitaufwändig und setzen die Kooperationsbereitschaft aller Beteiligten voraus und werden daher die Ausnahme im Gerichtsalltag bleiben. Sie eröffnen aber auch die Möglichkeit einer angemessenen Vorgehensweise, die auch den juristischen Sicherungsbedürfnissen gerecht zu werden vermag[39].

An dieser Stelle muss nochmal auf das bereits oben erwähnte Selbstbestimmungsrecht einer jeden zwangsweise vorgeführten oder untersuchten Person hingewiesen werden. Gerade eben wurde ausgeführt, dass es Strategien geben kann, die es ermöglichen, sich einer untersuchungsunwilligen Person in der Weise zu nähern, dass man die benötigten Erkenntnisse über sie auch ohne Zwangsausübung erlangen oder aber auf die Untersuchung überhaupt verzichten kann. Vor diesem Hintergrund und im Hinblick auf das Selbstbestimmungsrecht ist daher vorab stets zu prüfen, ob Zwangsmaßnahmen nicht vermeidbar sind. Die Untersuchung von Barbey hat gezeigt, dass es sich bei den zwangsweise untersuchten Probanden nicht um eine Gruppe ganz außergewöhnlicher Straftäter handelte. Natürlich sollte versucht werden, sie davon zu überzeugen, sich ohne Zwang einer Begutachtung zu unterziehen. Im Einzelfall kann es vielleicht sogar gelingen, sie von der oben erwähnten „Chance einer Begutachtung“ zu überzeugen. Hinzu kommt, dass die Zahl derer, die sich der Untersuchung an sich widersetzt haben, gering ist. Von 796 Probanden wurden nur 30 unter Zwang der Untersuchung zugeführt. Dies entspricht 3,8 Prozent. Hiervon verweigerte nur einer die Untersuchung an sich, was (bezogen auf den Kreis der unter Zwang Vorgeführten) einem Anteil von 3,3 Prozent entspricht, bezogen auf den gesamten Kreis der 796 Probanden einem Anteil von weniger als 0,2 Prozent. Hinzu kommt, dass die zugrunde liegende Erhebung in den Jahren von 1985–1989 durchgeführt wurde[40], also über einen Zeitraum von vier bis fünf Jahren. Außerdem wurde die Untersuchung von dem Landgerichtsärztlichen

39 Barbey [2], S. 47.
40 Barbey [2], S. 42.

Dienst München durchgeführt[41], also an einem Ort, an dem mit seinen beiden Landgerichten München I u. II Fälle dieser Art häufiger und mit einer größeren Wahrscheinlichkeit vorkommen dürften, als in Gerichtsbezirken kleineren Zuschnitts.

Vor diesem Hintergrund stellt sich die Frage der Verhältnismäßigkeit. Wenn es in einem Zeitraum von vier bis fünf Jahren nur einmal vorkommt, dass sich jemand der gutachterlichen Untersuchung verweigert, und wenn diese Person einer Personengruppe angehört, die sich (wie oben ausgeführt) nicht in außergewöhnlicher Weise von anderen Straftätern abhebt und nichts dafür spricht, dass es sich bei dieser Person um einen besonders rückfallgeneigten Straftäter handelt oder um einen solchen, von dem besonders schwerwiegende Taten zu erwarten sind, dann sind keine Gründe ersichtlich, weshalb das Selbstbestimmungsrecht dieser Person in Anbetracht der nur sehr vagen und geringen Rückfallwahrscheinlichkeit gleichsam aufgehoben werden sollte, obwohl es sehr unwahrscheinlich ist, dass dies im Nachhinein dadurch gerechtfertigt wird, dass diese Person wider Erwarten eine außergewöhnlich starke Rückfallneigung an den Tag legt oder die zu erwartenden Straftaten besonders schwerwiegend wären.

Das geltende Recht sieht ohnehin nur die Möglichkeit der Unterbringung zu Zwecken der Beobachtung sowie die körperliche Untersuchung vor, §§ 81, 81a StPO. Abgesehen davon, dass diese Vorschriften ohnehin nicht zur Zwangsanwendung während der gutachterlichen Untersuchung an sich ermächtigen, erscheint die Schaffung einer solchen Vorschrift auch nicht erstrebenswert. Die Notwendigkeit, Untersuchungsverweigerer nicht nur unter Anwendung von Zwang der Untersuchung zuzuführen sondern auch die Untersuchung selbst unter Zwang durchzuführen, besteht letztlich nicht.

12.1.10 Rückschlüsse aus der Verweigerung der Untersuchung

Letztlich stellt sich die Frage, welche Schlüsse der Richter aus der Tatsache ziehen kann, dass der Verurteilte die Untersuchung verweigert. Unter dem Gesichtspunkt der richterlichen Aufklärungspflicht wird man sagen müssen, dass der die Untersuchung verweigernde Verurteilte kein für den Richter „erreichbares Beweismittel" mehr ist. Eine Entscheidung, die unter Verzicht auf die zwangsweise Durchsetzung der Untersuchung des Probanden ergeht, ist daher unter diesem Gesichtspunkt nicht fehlerhaft. Der Verzicht auf die zwangsweise Durchführung der Untersuchung hindert den Richter auch nicht, nach den oben in 8.2 auf S. 102ff. dargestellten Grundsätzen den Zweifelssatz auf die Prognose-

41 A. a. O.

entscheidung anzuwenden. Zwar ist die Basis der Prognosetatsachen in diesem Falle kleiner, als sie es wäre, wenn die Untersuchung durchgeführt würde und dadurch Erkenntnisse gewonnen würden, welche die Basis der Prognosetatsachen verbreiterten. Die auf dieser Basis ergehende Prognoseentscheidung ist aber schon deshalb nicht fehlerhaft, weil der Richter (wie ausgeführt) alle für ihn erreichbaren Erkenntnisquellen ausschöpft und die Gewinnung weiterer Prognosetatsachen einfach nicht möglich ist.

Dass der Richter letztlich auf der Grundlage dieser infolge der Verweigerungshaltung des Probanden möglicherweise verkleinerten Basis von Prognosetatsachen entscheidet, ist der Ausfluss des oben S. 162/163 geschilderten Selbstbestimmungsrechts des verurteilten Probanden. Es liegt nahe, dieses Selbstbestimungsrecht mit dem Recht eines Beschuldigten, sich selbst nicht belasten zu müssen und zu den gegen ihn erhobenen Vorwürfen schweigen zu dürfen, zu vergleichen. In beiden Fällen vermeidet es der Betroffene, etwas preiszugeben, was sich zu seinen Ungunsten auswirkt, und gleichzeitig gibt er die Möglichkeit aus der Hand, dass Umstände zur Sprache kommen, die günstig für ihn sind. Jedenfalls könnte die Tatsache, dass ein verurteilter Proband sich der psychiatrischen Untersuchung widersetzt, nicht zu seinem Nachteil verwertbar sein.

In einem Punkte unterscheiden sich diese Rechte des Beschuldigten und des verurteilten Probanden jedoch voneinander. Der Beschuldigte müsste sich (wenn er nicht von seinem Schweigerecht Gebrauch macht) zu tatsächlichen Vorgängen und/oder seinen inneren Beweggründen, die ihn zu seinem Handeln motiviert haben, äußern. Er hat (wenngleich in laienhafter Weise) zumindest die Möglichkeit, die Bedeutung dessen, was er äußert, in Bezug auf die Frage, ob es ihn in irgendeiner Weise belastet, zu beurteilen. Der verurteilte Proband hingegen gibt dem Untersuchenden Psychiater Einblicke in sein Seelenleben und/oder seinen persönlichen Werdegang, ohne selber beurteilen zu können, welche Bedeutung die von ihm mitgeteilten inneren und äußeren Tatsachen für die psychatrisch-fachliche Beurteilung haben. Interessant ist in diesem Zusammenhang, dass sich nach der eigenen Erfahrung des Verfassers Angeklagte i. d. R. spontan und sogar „gerne“ zu Untersuchungen durch einen Psychiater bereit erklären und es anscheinend sogar für wichtig und erforderlich halten, dass dies mit einer gewissen Ausführlichkeit und Gründlichkeit geschieht. Der Untersuchungsverweigerer wird also i. d. R. selber nicht einschätzen können, ob es tatsächlich klug ist, sich der Untersuchung zu verweigern. Daher darf ihm die Tatsache der Verweigerung nicht zu seinen Ungunsten ausgelegt werden.

12.1.11 Konsequenzen für das Widerrufsverfahren

Es spricht also alles dafür, dass das Gericht im Falle der Verweigerung der psychiatrischen Untersuchung den verurteilten Probanden zwar mit Zwang der Untersuchung zuführen, die Untersuchung selbst aber nicht unter Zwang durchführen darf. Anderenfalls wäre dessen Selbstbestimmungsrecht, das auch das Recht umfasst, eine psychiatrische Untersuchung zu verweigern, verletzt. Fraglich ist, welche Konsequenzen dies für die Entscheidung über den Widerruf hat. Darf der Richter von der belastenden Hypothese ausgehen, dass sich gerade bei diesem einen Probanden der schlimmste vorstellbare Fall realisiert, es zu einem Rückfall kommt und deswegen den Widerruf aussprechen, selbst wenn nicht ausgeschlossen werden kann, dass man im konkreten Fall auf den Widerruf ebensogut verzichten könnte? Gilt hier nicht auch eine Art Unschuldsvermutung? Hier sei zunächst auf die Ausführung oben S. 109/110 verwiesen. Dort wird ausgeführt, dass es im Widerrufsverfahren nicht um Schuld oder Unschuld des verurteilten Probanden geht. Ferner wird auf die Ausführungen oben S. 86 verwiesen. Dort wird ausgeführt, dass bei der Widerrufsentscheidung immer auch zu berücksichtigen ist, welche Art von Rechtsgütern von einem etwaigen Rückfall betroffen wären. Der Fall, dass sich ein Verurteilter der Untersuchung durch einen Psychiater widersetzt, ist daher letztlich mit dem Fall gleichzusetzen, dass die Feststellung der Prognosetatsachen zu keinem eindeutigen Ergebnis führt und Zweifel verbleiben. Die Konsequenz ist, dass das Gericht sich an dem Gewicht der im Falle eines Rückfalls zu erwartenden Taten orientieren muss. Unterschiedlich ist nur, dass in dem einen Fall deshalb Zweifel verblieben, weil trotz aller möglichen und getroffenen Feststellungen keine Klarheit gewonnen werden konnte, während in dem anderen Fall nur deshalb keine abschließende Gewissheit gewonnen werden konnte, weil sich der Verurteilte durch seine Verweigerungshaltung als potentielle Erkenntnisquelle entzieht. Die Untersuchung von Barbey hat gezeigt, dass die Zahl derjenigen zu Untersuchenden, die der Untersuchung unter Zwang zugeführt werden mussten, unter vier Prozent lag[42]. Ferner wurde deutlich, dass das Fernbleiben von der Untersuchung oft nicht das Ergebnis eines auf vernünftigen Erwägungen beruhenden Entscheidungsprozesses sondern meist nur ein unreflektiertes Ausweichen vor einer als unangenehm empfundenen Situation war. Durch die Vorführung vor den Gutachter und dessen geschicktes Verhalten konnte der Widerstand gegen die Untersuchung meist beseitigt werden, sodass sich der zu Untersuchende der Untersuchung öffnete

42 Vgl. S. 159.

und an ihr mitwirkte[43]. Daher kann die anfängliche Verweigerung, sich untersuchen zu lassen, nicht als auf einer bewussten Entscheidung des Verurteilten beruhend angesehen werden, mit der Folge, dass er der Verkleinerung der Basis der die Entscheidung tragenden Tatsachen zustimmt und im Zweifel der Widerruf zu seinen Lasten erfolgen dürfte. Da die Untersuchung von Barbey gezeigt hat, dass nach einer zwangsweisen Vorführung des zu Untersuchenden vor den Gutachter meist auch die Mitwirkung an der Untersuchung bereitwillig erfolgte, erscheint die Schaffung einer Zwangsmaßnahme im Widerrufsverfahren als sachgerecht, welche die Zwangsanwendung ermöglicht, diese aber auf die Möglichkeit der Vorführung vor den Sachverständigen beschränkt.

43 Vgl. S. 161.

Kapitel 13
Gesamtergebnis

Die Untersuchung hat ergeben, dass die Anwendung von Zwangsmaßnahmen im Widerrufsverfahren unzulässig ist. Die in der StPO enthaltenen Ermächtigungsgrundlagen erlauben die Anwendung von Zwangsmaßnahmen nur solchen Personen gegenüber, die als Beschuldigte noch nicht rechtskräftig verurteilt sind. Dies kann auch nicht dadurch umgangen werden, dass Zwangsmaßnahmen im Rahmen eines gleichzeitig mit dem Widerrufsverfahren stattfindenden Erkenntnisverfahrens durchgeführt werden. Der ersuchte Richter könnte im Wege der Amtshilfe keine Maßnahmen durchführen, die schon dem ersuchenden Richter des Widerrufsgerichtes nicht erlaubt wären. Auch kann die unter Zwang durchgesetzte Untersuchung oder Beobachtung eines inhaftierten Verurteilten nicht damit gerechtfertigt werden, dass er ja ohnehin schon einen Zwangseingriff erleide, wenn auch auf einer Grundlage, die zur Beobachtung und Untersuchung nicht ermächtigt.

Gleichwohl ist das Widerrufsgericht gehalten, der richterlichen Sachaufklärungspflicht, die auch im Widerrufsverfahren gilt, zu genügen und das Vorliegen der Widerrufsvoraussetzungen umfassend zu erforschen. Die Sachaufklärungspflicht korrespondiert mit dem Recht des Verurteilten auf ein seine Freiheitsrechte gewährleistendes Verfahren. Gerade weil der die Vollstreckungsaussetzung widerrufende Beschluss zum Freiheitsentzug führt, sind besonders hohe Anforderungen an die richterliche Sachaufklärung zu stellen, die der Richter mangels eigener gutachterlicher Sachkunde ohne sachverständige Hilfe oft nicht erfüllen kann. Zwar hat das Gericht die Möglichkeit, Zweifel über das Vorliegen der Widerrufsvoraussetzungen unter Anwendung des Grundsatzes „in dubio pro reo" zugunsten des Verurteilten auszuräumen. Die Beweisregel in Gestalt des Zweifelssatzes enthebt den Richter jedoch nicht von der vorigen Ausschöpfung sämtlicher erreichbarer Erkenntnisquellen, weswegen auf eine sachverständige Stellungnahme auch unter dem Gesichtspunkt des Zweifelssatzes nicht verzichtet werden kann.

Aber nicht nur das Fehlen von Ermächtigungsgrundlagen schließt die Zwangsanwendung aus. Auch nach dem Vorbild des Öffentlichen Rechts ausgerichtete Konstruktionen, wie z. B. die Einstufung des Verurteilten als Störer, erlauben die Anwendung von Zwangsmaßnahmen nicht. Der Verurteilte wäre stets wie ein Nichtstörer zu behandeln, weswegen Zwangsanwendungen ausgeschlossen wären.

Gleichwohl wäre die Schaffung entsprechender Ermächtigungsgrundlagen durch den Gesetzgeber wünschenswert, wenngleich eine entsprechende verfassungsmäßige Pflicht des Gesetzgebers zum Tätigwerden nicht festgestellt werden kann. Die Vielzahl derjenigen strafrechtlichen Vorschriften, welche die Erstellung einer richterlichen Prognose unter Beachtung persönlichkeitsbezogener Faktoren des Verurteilten voraussetzen, macht entsprechende Vorschriften erforderlich. Selbst zur Feststellung der für die Einleitung eines Widerrufsverfahrens notwendigen Voraussetzungen können Zwangsmaßnahmen sachgerecht sein.

Allerdings müsste eine entsprechende Vorschrift die Regelung beinhalten, dass die Verbringung in ein öffentliches psychiatrisches Krankenhaus zu Beobachtungszwecken nur erfolgen darf, wenn sie erforderlich ist, um die für eine Widerrufsentscheidung notwendigen Feststellungen zu treffen und es dem Gericht unmöglich ist, diese aus eigener Sachkunde zu treffen. Außerdem muss die Regelung getroffen werden, dass sich die Dauer der Unterbringung nach der für die zu treffenden Feststellungen erforderlichen Zeit richtet. Dies ist ein Ausdruck der Verhältnismäßigkeit. Die Verhältnismäßigkeit betrifft die Eingriffsintensität der Zwangsmaßnahme im Verhältnis zur Bedeutung der Sache bzw. zur Dauer der zu vollstreckenden Strafe. Sie ist spätestens dann nicht mehr gewährleistet, wenn anstelle des Widerrufs auch weniger einschneidende Maßnahmen wie die Erteilung von Auflagen oder Weisungen oder die Verlängerung der Bewährungszeit genügen würden, um zu erreichen, dass der Verurteilte in Zukunft keine Straftaten mehr begeht. In diesem Zusammenhang ist auch zu beachten, dass der Widerruf der Strafaussetzung in Anbetracht der Art des gefährdeten Rechtsguts aus Gründen der Prävention geboten sein kann.

Im Übrigen hat es der Verurteilte in der Hand, selbst durch kooperierendes Verhalten für die Wahrnehmung seiner berechtigten Interessen zu sorgen. Es obliegt ihm insbesondere, diejenigen Anhörungsrechte wahrzunehmen, die ihm die bestehenden gesetzlichen Regelungen gewähren. Schlägt er diese Möglichkeiten aus, indem er sich der Untersuchung durch einen Sachverständigen entzieht, kann dies jedoch nicht unbedingt als Anzeichen dafür gesehen werden, dass er bewusst auf gesetzlich gewährleistete Äußerungsmöglichkeiten verzichtet, mit der Folge, dass keine Verpflichtung bestünde, ihn durch Zwang zur Wahrnehmung dieser Rechte anzuhalten. Oft bleibt der zu Untersuchende der Untersuchung nur fern, weil er (bewusst oder unbewusst) einer unangenehmen Situation ausweichen will. Eine bewusste Entscheidung, sich der Untersuchung entziehen zu wollen, wird meist nicht getroffen. Daher können daraus auch keine Konsequenzen gezogen werden, die zulasten des Probanden ausfallen.

Schließlich lehnt er die Untersuchung an sich nicht bewusst ab. Vielmehr ist es die Aufgabe des Gesetzgebers (und schließlich auch der Gerichte), dafür zu sorgen, dass die Untersuchung des Probanden nicht lediglich daran scheitert, dass er eine Situation einfach nur als unangenehm empfindet, obwohl er gegen die Untersuchung an sich noch nicht einmal etwas einzuwenden hätte. Dies kann dadurch erreicht werden, dass im Rahmen einer lex ferenda eine Regelung geschaffen wird, welche die Zwangsausübung im Hinblick auf eine sachverständige Begutachtung im Widerrufsverfahren ermöglicht, diese aber auf die Vorführung vor den Sachverständigen beschränkt.

Literaturverzeichnis

[1] Amelung, Kurt: *Zur dogmatischen Einordnung strafprozessualer Grundrechtseingriffe*; JZ 1987, S. 737ff. (zit.: Amelung, S. ...).

[2] Barbey, Ilse: *Zwang in der forensischen Begutachtung – eine Notwendigkeit?*; Monatsschrift für Kriminologie und Strafrechtsreform 1991, S. 41ff. (zit.: Barbey, S. ...).

[3] Baur, Fritz Rolf: *Probleme der unbefristeten Unterbringung und der Entlassungsprognose bei psychisch kranken Tätern (§ 63 StGB)*; MDR 1990, S. 473ff. (zit.: Baur, S. ...).

[4] Bockemühl, Jan (Hrsg.): *Handbuch des Fachanwalts Strafrecht*; 6. Aufl., Köln 2015 (zit.: Bockemühl-Bearb., Teil ..., Rn. ...).

[5] Bresser, P. H.: *Die Begutachtung zur Sozialprognose „Lebenslänglicher" und Sicherungsverwahrter*; JR 1974, S. 265ff. (zit.: Bresser, S. ...).

[6] Brüssow, Rainer; Gatzweiler, Norbert; Krekeler, Wilhelm u. Mehle, Volkmar (Hrsg.): *Strafverteidigung in der Praxis*, Bd. 2: Besondere Verfahrensarten; 2. Aufl., Bonn 2000 (zit.: Brüssow-Bearb., §..., Rn. ...).

[7] Dahs, Hans: *Das rechtliche Gehör im Strafprozess*; München, Berlin, 1965 (zit.: Dahs, S. ...).

[8] Drews, Bill; Wacke, Gerhard; Vogel, Klaus u. Martens, Wolfgang: *Gefahrenabwehr. Allgemeines Polizeirecht (Ordnungsrecht) des Bundes und der Länder*; 9. Aufl., Köln, Berlin, Bonn u. München, 1986 (zit.: Drews/Wacke/Vogel/Martens, S. ...).

[9] Eisenberg, Ulrich: *Persönliche Beweismittel in der StPO*; 1. Aufl., München 1993 (zit.: Eisenberg, Rn. ...).

[10] Erb, Volker; Esser, Robert; Franke, Ulrich; Graalmann-Scherer, Kirsten; Hilger, Hans u. Ignor, Alexander (Hrsg.): *Löwe-Rosenberg, Strafprozessordnung und Gerichtsverfassungsgesetz (Kommentar)*, Bd. 1, Einleitung; §§ 1–47; Sachregister; 26. Aufl., Berlin 2006 (zit.: LR-Bearb., §..., Rn. ...).

[11] Erb, Volker; Esser, Robert; Franke, Ulrich; Graalmann-Scherer, Kisten; Hilger, Hans u. Ignor, Alexander (Hrsg.): *Löwe-Rosenberg, Strafprozessordnung und Gerichtsverfassungsgesetz (Kommentar)*, Bd. 4, §§ 112–150; Sachregister; 26. Aufl., Berlin 2007. (zit.: LR-Bearb., §..., Rn. ...).

[12] Erb, Volker; Esser, Robert; Franke, Ulrich; Graalmann-Scherer, Kirsten; Hilger, Hans, u. Ignor, Alexander (Hrsg.): *Löwe-Rosenberg, Strafprozessordnung und Gerichtsverfassungsgesetz (Kommentar)*, Bd. 2, §§ 48–93; 26. Aufl., Berlin 2008 (zit.: LR-Bearb., §..., Rn. ...).

[13] Erb, Volker; Esser, Robert; Franke, Ulrich; Graalmann-Scherer, Kirsten; Hilger, Hans u. Ignor, Alexander (Hrsg.): *Löwe-Rosenberg, Strafprozessordnung und Gerichtsverfassungsgesetz (Kommentar)*, Bd. 5, §§ 151–212b; 26. Aufl., Berlin 2008. (zit.: LR-Bearb., §..., Rn. ...).

[14] Erb, Volker; Esser, Robert; Franke, Ulrich; Graalmann-Scherer, Kirsten; Hilger, Hans u. Ignor, Alexander (Hrsg.): *Löwe-Rosenberg, Strafprozessordnung und Gerichtsverfassungsgesetz (Kommentar)*, Bd. 10, GVG; EGGVG; 26. Aufl., Berlin, New York, 2010 (zit.: LR-Bearb., §..., Rn. ...).

[15] Erb, Volker; Esser, Robert; Franke, Ulrich; Graalmann-Scherer, Kirsten; Hilger, Hans u. Ignor, Alexander (Hrsg.): *Löwe-Rosenberg, Strafprozessordnung und Gerichtsverfassungsgesetz (Kommentar)*, Bd. 6, Teilbd. 1, §§ 213–255a; 26. Aufl., Berlin 2010 (zit.: LR-Bearb., §..., Rn. ...).

[16] Erb, Volker; Esser, Robert; Franke, Ulrich; Graalmann-Scherer, Kirsten; Hilger, Hans u. Ignor, Alexander (Hrsg.): *Löwe-Rosenberg, Strafprozessordnung und Gerichtsverfassungsgesetz (Kommentar)*, Bd. 9, §§ 449–495; EG StPO, 26. Aufl., Berlin, New York, 2010 (zit.: LR-Bearb., §..., Rn. ...).

[17] Erb, Volker; Esser, Robert; Franke, Ulrich; Graalmann-Scherer, Kirsten; Hilger, Hans, u. Ignor, Alexander (Hrsg.): *Löwe-Rosenberg, Strafprozessordnung und Gerichtsverfassungsgesetz (Kommentar)*, Bd. 6, Teilbd. 2, §§ 256–295; 26. Aufl., Berlin, Boston, 2013 (zit.: LR-Bearb., §..., Rn. ...).

[18] Erb, Volker; Esser, Robert; Franke, Ulrich; Graalmann-Scherer, Kirsten; Hilger, Hans u. Ignor, Alexander (Hrsg.): *Löwe-Rosenberg, Strafprozessordnung und Gerichtsverfassungsgesetz (Kommentar)*, Bd. 3, §§ 94–111p; 26. Aufl., Berlin, Boston, 2014 (zit.: LR-Bearb., §..., Rn. ...).

[19] Eser, Albin (Gesamtredaktion) u. a.: *Schönke/Schröder: Strafgesetzbuch (Kommentar)*; 28. Aufl., München 2010 (zit.: Sch./Sch.-Bearb., 28. Aufl., §..., Rn. ...).

[20] Eser, Albin (Gesamtredaktion) u. a.: *Schönke/Schröder: Strafgesetzbuch (Kommentar)*; 29. Aufl., München 2014 (zit.: Sch./Sch.-Bearb., §..., Rn. ...).

[21] Fischer, Thomas: *Strafgesetzbuch (Kommentar)*; 63. Aufl., München 2016 (zit.: Fischer, §..., Rn. ...).

[22] Götz, Volkmar: *Allgemeines Polizei- und Ordnungsrecht*; 15. Aufl., München 2013 (zit.: Götz, S. ...).

[23] Hanack, Ernst-Walter: *Rechtliches Gehör, Vollstreckbarkeit und Verhaftung beim Widerruf der Strafaussetzung zur Bewährung*; JZ 1966, S. 43ff. (zit.: Hanack, S. ...).

[24] Hanack, Ernst-Walter: *Anmerkungen zum Urteil des BGH vom 23.6.1976 (JR 1977, S. 169)*; JR 1977, S. 170ff. (zit.: Hanack (zu BGH), S. ...).

[25] Hannich, Rolf (Hrsg.): *Karlsruher Kommentar zur Strafprozessordnung*; 7. Aufl., München 2013 (zit.: KK-Bearb., §..., Rn. ...).

[26] Herzog, Roman; Scholz, Rupert; Herdegen, Matthias u. Klein, Hans H. (Hrsg.): *Maunz/Dürig: Grundgesetz (Kommentar)*, Bd. 1, Art. 1–5; 75. Lieferung, München, Feb. 2015 (zit.: Maunz/Dürig-Bearb., Art. ..., Rn. ...).

[27] Herzog, Roman; Scholz, Rupert; Herdegen, Matthias u. Klein, Hans H. (Hrsg.): *Maunz/Dürig: Grundgesetz (Kommentar)*, Bd. 4, Art. 23–53a; 75. Lieferung, München, September 2015 (zit.: Maunz/Dürig-Bearb., Art. ..., Rn. ...).

[28] Hoffmann-Riem, Wolfgang: *„Anscheingefahr" und „Anscheinverursachung" im Polizeirecht; in: Festschrift für Wacke, herausgegeben von Vogel, Klaus u. Tipke, Klaus*; Köln-Marienburg, 1972, S. 327ff. (zit.: Hoffmann-Riem, S. ...).

[29] Jeschek, Hans-Heinrich; Ruß, Wolfgang u. Willms, Günther (Hrsg.): *Leipziger Kommentar zum Strafgesetzbuch*, Bd. 3, §§ 61–79b; 10. Aufl., Berlin, New York, 1985 (zit.: LK-Bearb. (10. Aufl.), §..., Rn. ...).

[30] Joecks, Wolfgang u. Miebach, Klaus (Hrsg.): *Münchener Kommentar zum Strafgesetzbuch*, Bd. 2, §§ 38–79b; 2. Aufl., München 2012 (zit.: MK-Bearb., §..., Rn. ...).

[31] Joecks, Wolfgang u. Miebach, Klaus (Hrsg): *Münchener Kommentar zum Strafgesetzbuch*, Bd. 4, §§ 185–262; 2. Aufl., München 2012 (zit.: MK-Bearb., §..., Rn. ...).

[32] Kühl, Kristian u. Heger, Martin: *Lackner/Kühl: Strafgesetzbuch (Kommentar)*; 28. Aufl., München 2014 (zit.: Lackner/Kühl, §..., Rn. ...).

[33] Krauß, Detlef: *Der Grundsatz der Unschuldsvermutung im Strafverfahren; in: Strafrechtsdogmatik und Kriminalpolitik, herausgegeben von Müller-Dietz, Heinz*; München, 1971, S. 153ff. (zit.: Krauß, S. ...).

[34] Krekeler, Wilhelm: *Beeinträchtigungen der Rechte des Mandanten durch Strafverfolgungsmaßnahmen gegen den Rechtsanwalt*; NJW 1977, S. 1417ff. (zit.: Krekeler, S. ...).

[35] Krekeler, Wilhelm; Löffelmann, Markus u. Sommer, Ulrich (Hrsg.): *Strafprozessordnung (Kommentar)*; 2. Aufl., Bonn 2010 (zit.: AnwK-Bearb., §..., Rn. ...).

[36] Laubenthal, Klaus; Nestler, Nina; Neubacher, Frank u. Verrel, Torsten (Hrsg.): *Strafvollzugsgesetze (Kommentar)*; 12. Aufl., München 2015 (zit.: Laubenthal-Bearb., §..., Rn. ...).

[37] Laufhütte, Heinrich; Rissing-van Saan, Ruth u. Tiedemann, Klaus: *Leipziger Kommentar zum Strafgesetzbuch*, Bd. 2, §§ 56–79b; 12. Aufl., Berlin 2008 (zit.: LK-Bearb., §..., Rn. ...).

[38] Laufhütte, Heinrich; Rissing-van Saan, Ruth u. Tiedemann, Klaus: *Leipziger Kommentar zum Strafgesetzbuch*, Bd. 7, Teilbd. 2, §§ 232–241a; 12. Aufl., Berlin, Boston, 2015 (zit.: LK-Bearb., §..., Rn. ...).

[39] Laufhütte, Heinrich-Wilhelm; Rissing-van Saan; Ruth u. Tiedemann, Klaus: *Leipziger Kommentar zum Strafgesetzbuch*, Bd. 2, §§ 32–55; 12. Aufl., Berlin 2006 (zit.: LK-Bearb., §..., Rn. ...).

[40] Laufhütte, Heinrich-Wilhelm; Rissing-van Saan, Ruth u. Tiedemann, Klaus: *Leipziger Kommentar zum Strafgesetzbuch*, Bd. 7, Teilbd. 1, §§ 211–231; 12. Aufl., Berlin, Boston, 2015 (zit.: LK-Bearb., §..., Rn. ...).

[41] Malek, Klaus u. Wohlers, Wolfgang: *Zwangsmaßnahmen und Grundrechtseingriffe im Ermittlungsverfahren*; 2. Aufl., Heidelberg 2001 (zit.: Malek/Wohlers, Rn. ...).

[42] Meyer-Goßner, Lutz u. Schmitt, Bertram: *Strafprozessordnung (Kommentar)*; 59. Aufl., München 2016 (zit.: Meyer-Goßner/Schmitt, §..., Rn. ...).

[43] Mrozynski, Peter: *Zur Problematik strafrechtlicher Weisungen*; JR 1983, W. 397ff. (zit.: Mrozynski, S. ...).

[44] Peters, Karl: *Die Schwierigkeiten bei der Feststellung abnormer Zustände im Strafverfahren; in: Erinnerungsgabe für Max Grünhut, herausgegeben von Kaufmann, Hilde, Schwinge, Erich u. Welzel, Hans*; Marburg, 1965, S. 129ff. (zit.: Peters, S. ...).

[45] Pfeiffer, Gerd: *Strafprozessordnung (Kommentar)*; 5. Aufl., München 2005 (zit.: Pfeiffer, §..., Rn. ...).

[46] Potrykus, Gerhard: *Jugendgerichtsgesetz (Kommentar)*; 4. Aufl., Nürnberg, Düsseldorf, Berlin u. Frankfurt, 1955 (zit.: Potrykus, S. ...).

[47] Ranft, Otfried: *Strafprozessrecht*; 3. Aufl., Stuttgart 2005 (zit.: Ranft, S. ...).

[48] Rieß, Peter (Hrsg.): *Löwe-Rosenberg, Strafprozessordnung und Gerichtsverfassungsgesetz (Kommentar)*, Bd. 6, §§ 374–495; EG StPO; 25. Aufl., Berlin, New York, 2001 (zit.: LR-Bearb., §..., Rn. ...).

[49] Rudolphi, Hans-Joachim u. a. (Hrsg.): *Systematischer Kommentar zum Strafgesetzbuch*, Bd. 1, Teilbd. 2, §§ 38–79b; 33. Lieferung zur 7. Aufl., Neuwied, Kriftel, Berlin, September 2000 (zit.: SK-Bearb., §..., Rn. ...).

[50] Sarstedt, Werner u. Hamm, Rainer: *Die Revision in Strafsachen*; 5. Aufl., Berlin, New York, 1983 (zit.: Sarstedt, S. ...).

[51] Schenke, Wolf-Rüdiger: *Polizei- und Ordnungsrecht*; 6. Aufl., Heidelberg, 2009 (zit.: Schenke, Rn. ...).

[52] Schöneborn, Christian: *Verfassungsrechtliche Aspekte des strafprozessualen Wiederaufnahmeverfahrens*; MDR 1975, S. 441ff. (zit.: Schöneborn, S. ...).

[53] Schneider, Ursula: *Die Reform des Maßregelrechts*; NStZ 2008, S. 68ff. (zit.: Schneider, S. ...).

[54] Schroeder, Friedrich-Christian: *Eine funktionelle Analyse der strafprozessualen Zwangsmittel*; JZ 1985, S. 1028ff. (zit.: Schroeder, S. ...).

[55] Senge, Lothar: *Die Neuregelung der forensischen DNA-Analyse*; NJW 2005, S. 3028ff. (zit.: Senge, S. ...).

[56] Sodan, Helge (Hrsg.): *Grundgesetz (Kommentar)*; 1. Aufl., München 2009 (zit.: Sodan-Bearb., Art. ..., Rn. ...).

[57] Spiess, Kerstin: *Das Gesetz zur Sicherung der Unterbringung in einem psychiatrischen Krankenhaus und in einer Entziehungsanstalt*; StV 2008, S. 160ff. (zit.: Spiess, S. ...).

[58] Stree, Walter: *Probleme des Widerrufs eines Strafaussetzung wegen einer Straftat*; NStZ 1992, S. 153ff. (zit.: Stree, S. ...).

[59] Streng, Franz: *Strafrechtliche Sanktionen. Grundlagen und Anwendung*; 1. Aufl., Stuttgart 1991 (zit.: Streng, S. ...).

[60] Terhorst, Bruno: *Bewährungsprognosen und der Grundsatz „in dubio pro reo"*; MDR 1978, S. 973ff. (zit.: Terhorst, S. ...).

[61] von Heintschel-Heinegg, Bernd u. Stöckel, Heinz (Hrsg.): *Kleinknecht, Müller, Reitberger (KMR): Kommentar zur Strafprozessordnung*, Bd. 1, §§ 1–93; 78. Lieferung, Köln, Dezember 2015 (zit.: KMR-Bearb., §..., Rn. ...).

[62] von Heintschel-Heinegg, Bernd u. Stöckel, Heinz (Hrsg.): *Kleinknecht, Müller, Reitberger (KMR): Kommentar zur Strafprozessordnung*, Bd. 2, §§ 94–150; 78. Lieferung, Köln, Dezember 2015 (zit.: KMR-Bearb., §..., Rn. ...).

[63] von Heintschel-Heinegg, Bernd u. Stöckel, Heinz (Hrsg.): *Kleinknecht, Müller, Reitberger (KMR): Kommentar zur Strafprozessordnung*, Bd. 4, §§ 226–295; 78. Lieferung, Köln, Dezember 2015 (zit.: KMR-Bearb., §..., Rn. ...).

[64] Welp, Jürgen: *„Vereinfachter" Geheimschutz im Strafverfahren?*; JZ 1972, S. 423ff. (zit.: Welp, S. ...).

[65] Wohlers, Wolfgang: *Anm. zu OLG Celle, Beschl. v. 18.6.1991 (NStZ 1991, S. 598ff.)*; NStZ 1992, S. 347ff. (zit.: Wohlers, S. ...).

[66] Wolff, Hans J. u. Bachof, Otto: *Verwaltungsrecht III*; 4. Aufl., München 1978 (zit.: Wolff/Bachof, S. ...).

[67] Wolter, Jürgen u. a. (Hrsg.): *Systematischer Kommentar zur Strafprozessordnung*, Bd. 5, §§ 246a-295; 4. Aufl., Köln, Dezember 2012 (zit.: SK (StPO)-Bearb., §..., Rn. ...).

[68] Wolter, Jürgen u. a. (Hrsg.): *Systematischer Kommentar zur Strafprozessordnung*, Bd. 9, GVG; 4. Aufl., Köln, Dezember 2013 (zit.: SK (StPO)-Bearb., §..., Rn. ...).

[69] Wolter, Jürgen u. a. (Hrsg.): *Systematischer Kommentar zum Strafgesetzbuch*, Bd. 2, §§ 46–122; 148. Lieferung zur 8. Aufl., Köln, Dezember 2014 (zit.: SK-Bearb., §..., Rn. ...).

[70] Wolter, Jürgen u. a. (Hrsg.): *Systematischer Kommentar zum Strafgesetzbuch*, Bd. 4, §§ 212–266b; 148. Lieferung zur 8. Aufl., Köln, Dezember 2014 (zit.: SK-Bearb., §..., Rn. ...).

[71] Wolter, Jürgen u. a. (Hrsg.): *Systematischer Kommentar zur Strafprozessordnung*, Bd. 1, §§ 1–93; 4. Aufl., Köln, Dezember 2014 (zit.: SK (StPO)-Bearb., §..., Rn. ...).

[72] Wolter, Jürgen u. a. (Hrsg.): *Systematischer Kommentar zur Strafprozessordnung*, Bd. 4, §§ 198–246; 5. Aufl., Köln, Dezember 2015 (zit.: SK (StPO) Bearb., §..., Rn. ...).

[73] Wolter, Jürgen u. a. Wolter (Hrsg.): *Systematischer Kommentar zur Strafprozessordnung*, Bd. 2, §§ 94–136a; 5. Aufl., Köln, Dezember 2016 (zit.: SK (StPO)-Bearb., §..., Rn. ...).

9 783631 746776